Research on Transit-Oriented
Development in China

我国城市公共交通引导城市发展研究

周 康 彭 虓 编著

人民交通出版社股份有限公司

北 京

内容提要

本书针对目前我国城市公共交通发展现状，在分析借鉴国外城市通过公共交通系统建设引导城市发展模式的基础上，以我国新型城镇化发展战略作为研究背景，以推动和促进"公交都市"建设为契机，以公共交通引导城市发展（TOD）模式、TOD模式下的国土空间规划、促进城市公共交通引导城市发展指数及运行机制、合理引导城市发展的对策措施为研究核心，提出我国新型城镇化战略下公共交通引导城市发展模式、规划方法、推动公共交通引导城市发展的指标体系以及保障措施。

本书可为城市政府制定公共交通发展政策提供参考，也可供城市规划、城市交通规划、设计等人员及高校城市规划、城市交通相关专业师生阅读使用。

图书在版编目（CIP）数据

我国城市公共交通引导城市发展研究 / 周康，彭虓编著. — 北京：人民交通出版社股份有限公司，2022.6
ISBN 978-7-114-17845-0

Ⅰ.①我… Ⅱ.①周…②彭… Ⅲ.①城市交通系统—公共交通系统—研究—中国 Ⅳ.①U491.1

中国版本图书馆 CIP 数据核字（2022）第 024256 号

Woguo Chengshi Gonggong Jiaotong Yindao Chengshi Fazhan Yanjiu

书　　名：	我国城市公共交通引导城市发展研究
著 作 者：	周　康　彭　虓
责任编辑：	杨丽改
责任校对：	赵媛媛
责任印制：	张　凯
出版发行：	人民交通出版社股份有限公司
地　　址：	（100011）北京市朝阳区安定门外外馆斜街3号
网　　址：	http://www.ccpcl.com.cn
销售电话：	（010）59757973
总 经 销：	人民交通出版社股份有限公司发行部
经　　销：	各地新华书店
印　　刷：	北京虎彩文化传播有限公司
开　　本：	787×1092　1/16
印　　张：	12.5
字　　数：	250 千
版　　次：	2022年6月　第1版
印　　次：	2023年5月　第2次印刷
书　　号：	ISBN 978-7-114-17845-0
定　　价：	90.00 元

（有印刷、装订质量问题的图书，由本公司负责调换）

前言

城镇化是现代化的必由之路，大力推进以人为核心的新型城镇化，是解决新时代我国社会主要矛盾、推动区域协调发展和经济高质量发展的强大引擎，也是扩大内需和促进产业升级的重要抓手，把人在新型城镇化中的核心地位落到实处，使新型城镇化成为我国迈向社会主义现代化强国的强大推动力量，对于全面建设社会主义现代化国家具有重大现实意义和深远历史意义。《中华人民共和国国民经济和社会发展第十四个五年规划和2035年远景目标纲要》提出"深入推进以人为核心的新型城镇化战略"，明确了新型城镇化目标任务和政策举措。为"十四五"及未来一段时期新型城镇化工作指明了前进方向、提供了基本遵循。

1996年，联合国全球人类住区报告《城市化的世界》明确指出：在我们即将迈进新千年之际，全世界处在了一个具有历史性的十字路口上。城镇化既可能带来无可比拟的光明前景，也可能导致前所未有的灾难。伴随着新的时代背景，我国城市的发展模式面临着新的机遇和挑战。2014年3月，《国家新型城镇化规划（2014—2020年）》印发，提出了密度较高、功能混用和公交导向的集约紧凑型开发的城市模式，要求人均城市建设用地严格控制在100m²以内。2016年2月，《中共中央 国务院关于进一步加强城市规划建设管理工作的若干意见》明确要求加强空间开发管制，划定城市开发边界，根据资源禀赋和环境承载能力，引导调控城市规模，优化城市空间布局和形态功能，确定城市建设约束性指标。2020年10月，党的十九届五中全会提出，优化国土空间布局，推进区域协调发展和新型城镇化。要构建国土空间开发保护新格局，推动区域协调发展，推进以人为核心的新型城镇化。使更多人民群众享有安全健康、较高品质的城市生活，促进经济行稳致远、社会安定和谐，为2035年基本实现社会主义现代化提供强大动力和坚实支撑。

近些年来，我国城市化建设取得的重大成绩，成为人口和产业转移、城市空间扩展以及促进区域发展的新的增长极。但同时在传统规划理论指导下，城市发展陷入困境：城市建设非法用地屡见不鲜，城市建设对自然环境的破坏触目惊心，私人小汽车数量的急剧增长导致大量新建城市成为"卧城"，花费大量人力、物力创建的城市背离了为居民提供舒适生存环境的初衷。因此，在新型城镇化建设和发展过程中，改变传统的发展模式，采用新发展理念引导城市发展已成为当务之急。以公共交通引导城市发展是增强城市韧性、提升城市承载力的重要举措，对于优化城市结构，促进城市良好发展具有决定性的意义：一是提高城市居民出行效率；二是降低能源消耗，符合发展资源节约型经济的需要；三是缓解环境压力，提高空气质量；四是减少交通拥堵，提高出行安全性。国内外长期的实践证明，合理的公共交通作为绿色、低碳的交通方式，在引导城市集约利用土地和节约能源、保护和改善人居环境、促进城乡公共服务均等化方面具有重要作用，已成为城市发展的必然选择。

针对目前国内公共交通发展现状，本书在分析国外城市通过公共交通系统建设引导城市发展的模式基础上，以我国新型城镇化战略发展作为研究背景，以推动和促进"公交都市"建设为突破口，以公共交通引导城市发展（Transit-Oriented Development，简称 TOD）模式、促进城市公共交通引导城市发展指数及运行机制、合理引导城市发展的对策措施为研究核心，基于新型城镇化发展及未来城市宜居需求，分别从宏观、中观及微观角度对 TOD 规划及设计的方法理论进行深入、细致的梳理分析，研究提出我国新型城镇化战略下公共交通引导城市发展模式和重要举措。

本书是作者多年研究工作的经验积累，也是课题组研究人员共同智慧的结晶。书中部分理论、方法和典型案例借鉴了相关学科领域已有的研究成果，融合了国内部分城市的实际工作成果，正是这些研究积累和实践工作支撑推动了城市公共交通引导城市发展的方法和政策制度的不断创新和发展。另外，本书的出版和相关研究工作得到了国家自然科学基金（41471459）的资助与支持，作者在此一并表示感谢。

由于作者学识水平有限，且编写时间仓促，书中难免存在错误和不足之处，敬请读者批评指正，笔者将不胜感激。

作　者

2022 年 1 月

目 录

第一章 概论 ………………………………………………………………… 1
  第一节 新型城镇化 …………………………………………………… 2
  第二节 城市公共交通 ………………………………………………… 4
  第三节 公共交通引导城市发展（TOD）……………………………… 5

第二章 我国城市公共交通及其引导城市发展现状 …………………… 9
  第一节 我国城市交通外部环境发展 ………………………………… 10
  第二节 我国城市交通发展现状 ……………………………………… 17
  第三节 我国城市交通出行特征 ……………………………………… 19
  第四节 我国城市公共交通发展现状及问题分析 …………………… 25
  第五节 我国城市公共交通引导城市发展现状 ……………………… 30

第三章 国内外城市公共交通引导城市发展经验 ……………………… 33
  第一节 国外城市公共交通引导城市发展研究及经验 ……………… 34
  第二节 国内城市公共交通引导城市发展研究及经验 ……………… 44

第四章 新型城镇化战略下公共交通引导城市发展形势 ……………… 55
  第一节 新型城镇化下土地利用及其对 TOD 的需求 ………………… 56
  第二节 新型城镇化下城市人口结构对 TOD 的需求 ………………… 61
  第三节 新型城镇化下城市经济发展水平对 TOD 的需求 …………… 63
  第四节 新型城镇化下交通基础设施对 TOD 的需求 ………………… 65

第五章 新型城镇化下公共交通引导城市发展模式 …………………… 69
  第一节 城市分类 ……………………………………………………… 70
  第二节 不同类型城市交通发展对策 ………………………………… 71
  第三节 城市交通对城市发展的引导作用 …………………………… 76
  第四节 我国开展 TOD 的优势 ………………………………………… 77
  第五节 不同类型城市 TOD 模式规划 ………………………………… 78
  第六节 TOD 实施保障措施 …………………………………………… 82

第六章 公共交通引导城市发展模式下的国土空间宏观规划 91
第一节 新型城镇化发展的核心问题 92
第二节 公共交通引导城市发展的空间规划 93
第三节 宏观视角下公共交通引导城市发展规划关键要素 113

第七章 公共交通引导城市发展模式下的国土空间中微观规划 117
第一节 中心区站点及周边国土空间规划 118
第二节 住宅区域站点及周边国土空间规划 127
第三节 特殊区域站点及周边国土空间规划 134

第八章 新型城镇化下推动公共交通引导城市发展的指标体系 143
第一节 美国"公共交通引导城市发展"效果的评价方法 144
第二节 新型城镇化下我国TOD评价指标体系的构建 150
第三节 基于指标体系的评价方法选择及应用 155
第四节 评价结果发布及反馈 157

第九章 典型城市TOD成效分析 161
第一节 典型城市TOD分析 162
第二节 TOD的经验与启示 171

附录A TOD评价指标权重打分结果 177

附录B TOD评价指标的区间测度范围 185
济南市 186
深圳市 187

参考文献 188

第一章

概论

第一节　新型城镇化

随着我国城市化进程的不断加快，城市数量迅速增加，城市规模不断扩大，城市居民的出行需求以及出行距离显著增长。与此同时，城市交通结构也明显改变，机动化出行尤其私人小汽车出行比例迅速上升，绿色非机动车出行比例持续下降，城市交通拥堵日益严重，环境污染和能源消耗压力不断加剧。为了避免以牺牲农业和生态环境为代价的传统城镇化发展带来的弊端，我国积极采取新型城镇化发展战略，不断提升城镇化建设的质量内涵。2014年3月，我国发布了《国家新型城镇化规划（2014—2020年）》，提出实施新型城镇化战略，新型城镇化战略是实现经济转型、打造中国经济升级版的重要抓手，是全面建成小康社会、实现中华民族伟大复兴的中国梦的重要基础。

一、新型城镇化下我国城市发展方向

党的十八大报告明确提出了我国新型城镇化的战略重点，"坚持走中国特色新型工业化、信息化、城镇化、农业现代化道路，推动信息化和工业化深度融合、工业化和城镇化良性互动、城镇化和农业现代化相互协调，促进工业化、信息化、城镇化、农业现代化同步发展"。并且进一步强调在推动新型城镇化方面的全国"一盘棋"行动，"加快实施主体功能区战略，推动各地区严格按照主体功能定位发展，构建科学合理的城市化格局、农业发展格局、生态安全格局"。必须通过构建"科学合理的城市化格局"来推进新型城镇化战略，促使大中小城市、小城镇形成一个有机的网络体系，从而推进大行政区域内以及经济区域内的城乡一体、产城互动、节约集约、生态宜居、和谐发展。报告明确阐述要充分认识到当前我国城镇化存在的不同规模、不同层次发展的不协调问题，如中小城市发育不够，小城镇数量多却规模小等，同时对城市群、都市圈的发展提出了要求。在新型城镇化战略下要实现"大中小城市和小城镇的合理分工"，就必须通过提高大中城市的发展质量来带动区域的科学发展。作为城镇化的高级阶段和"高级形态"的城市转型发展，具体体现为城市的现代化，在新型城镇化战略下加快城市转型发展步伐，培育以中心城市为引领的新的城市群。新型城镇化战略也对当前我国城市向高质量、集约化、生态化的转型发展提出了新的更高要求。《国家新型城镇化规划（2014—2020年）》明确强调，以人为本，推进以人为核心的城镇化，城市发展模式科学合理。密度较高、功能混用和公交导向的集约紧凑型开发模式成为主导，人均城市建设用地严格控制在100m²以内，建成区人口密度逐步提高。未来我国将有近20年的城镇化"加速期"，新型城镇化战略在推进我国先行发展的大中城市真正转变发展方式上具有积极作用，在城市转型发展过程中，又将带动科学的城镇化体系的形成，协同推进我国整体的现代化进程。

党的十八大报告突出强调了我国区域协调发展战略、城乡一体化战略。新一轮城镇化

把区域协调、城乡一体化作为重点内容，让中心城市与城市群、都市圈形成互动、融合的发展态势，以实现空间资源效益最大化。"十一五"以来，尤其是国际金融危机之后，我国在高速铁路、城市轨道交通、航空运输、水上航运交通等现代化交通基础设施等项目方面开展了新一轮的大规模建设，为区域发展、城市功能提升注入了新动力。伴随着我国区域一体化、同城化时代的到来，大中城市在发展新兴产业和功能升级方面迎来了新的机遇。一方面，交通的快速网络化，特别是高速铁路的网络化，进一步集聚了知识、资本、技术等新产业的发展要素，加剧了中心城市、大城市的"虹吸效应"。另一方面，由高铁站、空港带动的新产业区，又成为新兴产业和现代服务业的新载体。因此，针对当前和未来纳入高铁网络的中心城市、枢纽城市，应当谋划好新产业集聚区的建设，以此为抓手来优化产业的空间布局。同时，随着国内大城市轨道交通建设的持续推进，城市以及都市圈的产业空间、生活空间将被直接重组，从而有利于对城市现代服务业的"空间落点"的重新规划、布局，能够积极促进服务业结构升级，经济容积率大幅提升。因此，在新型城镇化战略中，高速铁路应当是大区域范围整合高端资源要素的"通道"，地铁应当是促进城市机体内部循环的"血管"。通过将对外"通道"与内在"血管"的有机结合，能高速、高效地整合资源要素，培育和壮大高端产业，持续强化城市的核心竞争优势。

2012年中央经济工作会议指出，城镇化是我国现代化建设的历史任务，也是扩大内需的最大潜力所在，要围绕提高城镇化质量，因势利导、趋利避害，积极引导城镇化健康发展。构建科学合理的城市格局，有序推进农业转移人口市民化，走集约、智能、绿色、低碳的新型城镇化道路。党的十九大报告进一步明确了在以城市群为主体的基础上构建大中小城市和小城镇协调发展的城镇格局，加快农业转移人口市民化。体现了党中央对区域协调发展规律和城乡发展规律的深刻而准确的把握。也进一步明确了我国未来城镇化的路径和方向。

二、新型城镇化下我国城市交通发展方向

新型城镇化是体现以人民为中心，以四化同步发展为方式，以资源环境承载力、综合交通网络和信息网络为依托，以维护生态平衡为理念，以传承优良文化为前提，以市场机制为主导，有序推进农村转移人口城镇化、稳步推进城镇基本公共服务常住人口全覆盖，促进城镇化与工业化、农业现代化、信息化产业联动，科学规划城镇化宏观布局，节约集约利用资源、促进可持续发展，积淀文化底蕴、提高国民素养，遵从经济发展规律，统筹城乡、互促共进的大、中、小城市和小城镇协调发展的城镇化道路。新型城镇化区别于传统城镇化的表现主要体现在以下两方面。发展理念方面：新型城镇化更强调以人为本，注重发展速度和质量的稳步提升。发展目标方面：实现农村人口合理地向城镇转移，推动第二、第三产业不断向城镇聚集，从而使城镇数量增加、规模扩大、格局更加优化、模式更加科学、生活更加和谐宜人、体制机制不断完善。

以人为本、可持续发展的宜居城市的发展模式为我国新型城镇化建设指明了方向：着力把握发展规律、转变发展方式、创新发展理念、破解发展难题，坚持速度与结构、质量、效益相统一、经济发展与人口、资源、环境相协调。城市交通作为影响城市发展的关键要素已经受到广泛关注，交通与城市的协调发展成为交通领域的重要研究方向。作为城市客运交通系统重要组成部分的城市公共交通能有效确保城市生产、生活正常运转，提高城市总体功能。以公共交通引导城市发展是建设资源节约型和环境友好型社会的重要举措，对于优化城市结构，促进城市良好发展具有决定性的意义：①提高城市居民出行效率；②降低能源消耗，符合发展资源节约型经济的需要；③缓解环境压力，提高空气质量；④减少交通拥堵、提高出行安全率。国内外长期的实践证明，合理的公共交通作为绿色、低碳的交通方式，在引导城市集约利用土地和节约能源、保护和改善人居环境、促进城乡公共服务均等方面具有重要作用，已成为城市发展的必然选择。

第二节 城市公共交通

城市公共交通是与城市私人小汽车出行相对的一种出行方式，是城市及其所辖区域范围内供公众出行乘用的各种客运交通方式的统称，由公共汽车、电车、出租汽车、轮渡、地铁、轻轨、索道等交通方式组成，是重要的城市基础设施，是关系国计民生的社会公益事业。城市公共交通作为城市客运主体，专门为城市居民出行需要（生产、工作、生活、学习等）提供具有营业性的客运交通服务。城市公共交通具有载客量大、运送效率高、运输成本低、能源消耗低、相对污染少等优点，能够为城市居民提供价格低廉、安全可靠、环保舒适的乘车环境，是缓解大城市交通拥堵和污染的重要交通方式。城市公共交通除了是城市赖以生存和发展的最基本条件外，还在城市政治、经济、文化、技术等诸多活动之间起着桥梁和纽带的作用，同时还体现着政府行为，影响城市整体功能的发挥。

2017年5月1日，《城市公共汽车和电车客运管理规定》（交通运输部令2017年第5号）正式实施，文件对城市公共汽电车进行了规定，城市公共汽电车客运是指在城市人民政府确定的区域内，运用符合国家有关标准和规定的公共汽电车车辆和城市公共汽电车客运服务设施，按照核准的线路、站点、时间和票价运营，为社会公众提供基本出行服务活动。其中，城市公共汽电车客运服务设施是指保障城市公共汽电车客运服务的停车场、维修场、站务用房、候车亭、站台、站牌以及加油（气）站、电车触线网、整流站和电动公交车充电设施等相关设施。这意味着：城市公共汽电车客运活动的线路、站点、时间，必须由城市人民政府核准，执行政府定价，并在城市公共汽电车线路特许经营协议中予以明确。

城市公共交通具有公共性、网络性、正外部性等特征，这些特征造成了公共交通与城市建设领域其他基础设施在供给制度和方式上的差异。作为服务城市全体居民出行的一种交通方式，城市公共交通低廉的票价和连续的服务体现出了较高的公共性特征；城市公共交通的网络性特征主要体现在网络密度与居民出行选择率成正比。通常来讲，城市中心区的公共交通网络密度较高，站点覆盖率较大，居民出行选择公共交通的概率较高，随着与中心区距离的不断加大，区域公交网络密度逐渐降低，站点覆盖率减小，居民出行选择公共交通的概率也随之降低；城市公共交通的正外部性特征体现在社会效益、环境效益和经济效益等方面，社会效益方面能够增强城市综合竞争力、提高社会公平；环境效益方面能够降低能源损耗、减少环境污染；经济效益方面能够促进技术进步。

城市公共交通的具体作用主要包括以下几个方面：

（1）城市公共交通是城市客运交通系统的主体，是城市交通的动脉。城市公共交通能够在很大程度上减少居民的出行时间，缩短城乡时空距离，提高各项资源的利用效率。

（2）城市公共交通是实现城市社会经济发展的基础保障。城市公共交通直接保证城市经济生活的有序运转和居民生活质量的提高。

（3）城市公共交通是城市形象的缩影以及城市精神风貌的窗口。城市公共交通服务质量的优劣可以直接反映城市管理水平和精神文明建设。

（4）城市公共交通是城市综合功能的重要组成部分。城市公共交通对城市国民经济和社会发展具有全局性、先导性作用，是国家重点扶持和大力鼓励发展的城市公用设施。

第三节 公共交通引导城市发展（TOD）

TOD 理论起源于美国，这与美国城市发展的背景紧密相连。20 世纪 30 年代以前的美国，以有轨电车和公共汽车为主的公共交通模式主导城市交通，城市布局相对集中，土地利用高密度集中。但是二战以后，随着美国加大公路基础设施建设、科技创新驱动下的小汽车制造技术的日趋成熟以及中东石油价格的降低等因素刺激了美国小汽车的拥有量及使用量。由此带来了诸多弊端：①土地利用率降低；②高峰时段交通拥堵严重；③能源耗费巨大；④大气污染以及生态环境遭到破坏严重；⑤居民接触机会减少，生活单调；⑥城市公共空间被破坏，个人活动与公共事务相剥离等。在以公共交通为主的出行模式向大量私人小汽车出行的转变过程中，城市呈现了低密度无序蔓延趋势，形成了所谓的"小汽车城市"，小汽车导向开发带动城市形成了低密度、单一土地利用的郊区化发展，造成了公共交通发展的衰退。对此，很多专家学者针对小汽车导向型城市发展模式纷纷提出了反对意见。在此基础上，TOD 理念应运而生。TOD 模式的内涵非常丰富，具体来讲有以下几方面：①鼓励公共交通对城市的引导，通过高强度的土地开发实现紧凑的城市布局结构；②加强公共交通站点周边土地利用开发,根据距站点距离远近依次建设商务建筑、行政办公建筑、居住建筑,通过站点周边用地的高强度开发便于人流集散,同时促进公共交通更好地融资;③设计人性化的步行街区顺畅连接居住地与公共交通站点;④在容积率、房屋价格水平等方面设计具有差异化的居住区,为市民提供多样化的选择空间;⑤实现可持续发展,保护好城市的生态环境,打造高品质的城市公共空间;⑥鼓励在公交走廊的沿线开展宜人的城市设计,提高周边环境。

　　TOD 是一种城市发展理念和规划方法,其目的是为更有效地使用城市土地和设施,并遏制城市的不断蔓延,使城市发展具有可持续性。TOD 的要点:以公交线路为导向进行城市开发,在主要公交站点周围建设高密度的、集居住、工作、商业、生活服务设施为一体的邻里社区,而这些邻里社区的居民可以通过步行或自行车,到达工作场所、服务场所及公共交通站点,该邻里社区通过公共交通与区域中各城镇相互连接,从而减少人们对私人小汽车的使用和依赖(图 1-1)。

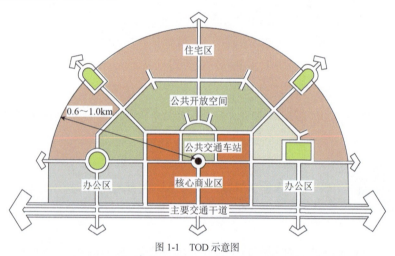

图 1-1　TOD 示意图

　　TOD 与过去几十年美国所采用的单一区划城市发展模式不同。在一个 TOD 社区内,人们可以找到多种形式和档次的住房,它也提供多样服务设施和工作场所,人们在 TOD 社区内完全可以只通过步行或自行车就能满足日常生活需求,由于公交站就在 TOD 的中心位置,因此,人们也可以很方便地通过公共交通去到其想要去的地方,这样就大大地减少了人们对小汽车的依赖和使用。TOD 最初被提出时,还只是针对传统蔓延式的郊区化发展而提出的改良方案和大胆假设,随着一系列项目的落实,证明了 TOD 对于城市发展目标和功能结构的转变具有积极推动作用,使其逐步成为城市发展的主流思想。如今,TOD 理念已经成为涉及城市发展模式、交通网络结构、土地利用、社区发展、项目融资等多方面的理论架构,既是一种城市功能结构调整的理念,又是居住、商业、交通、就业等土地利用的多功能整合规划,同时也是一种重视公共空间的城市设计手法,以及项目开发运作的一种方式。

TOD 模式提倡以公共交通站点为规划核心，并以此为中心以适当的步行距离为半径进行扩展，强调将交通站点与各个生活服务功能区之间的连接，从而形成紧凑布局的城市生活空间，通过构建多样化、人性化、社区化的生活氛围，努力提升居民生活环境。以轨道交通或快速公交站点为中心，打造一体化交通方式，进一步扩大城市公共交通站点的吸引范围。在此过程中加强公共交通系统对沿线经济、人口的吸引特性，提高公共交通载客量，并依靠公共交通系统实现整个城市空间功能性和布局性的统一，进一步发挥公共交通系统对城市空间发展的引导作用。

当前，TOD 理论的探讨主要集中在理念、效益、规划、决策制定和设计，以及 TOD 面临的挑战等方面。目前有关 TOD 的文献以关注物理性的界定为主，如住宅密度、用地强度、停车设计、小汽车拥有量和使用限制等方面。在公交引导城市发展的基础上，美国著名交通规划专家罗伯特·瑟夫洛在 2007 年提出了公交都市理论。他指出，公共交通对城市的发展具有非常重要的作用。他认为，在公交都市区域内相互协调配合的公共服务能够有效发挥公共交通的优势，实现公共交通与城市的和谐共处。在有些区域，紧凑的土地利用模式能够更好地适应轨道交通的发展；而在另一些区域，灵活、快捷的公共汽电车服务适应分散的城市发展模式。他认为，典型的公交都市是基于人们对小汽车依赖程度日益加剧的情况下产生的。人们追求小汽车带来的机动和自由的同时产生了高昂的社会成本和环境成本。通过公共交通引导城市空间结构发展，有助于缓解甚至消除交通拥堵、减少环境污染、节约能源资源、提高社会公平度以及城市空间品质。

我国 TOD 应从城市规划角度，形成覆盖城市到社区、土地利用到公共空间设计、规划方案到融资开发的综合体系，实现城市人口、经济和环境的可持续发展。交通运输部从"十二五"时期开始，提出开展"国家公交都市"建设示范工程，公交都市创建示范工程是落实《国务院关于城市优先发展公共交通的指导意见》（国发〔2012〕64 号）和《交通运输部关于贯彻落实〈国务院关于城市优先发展公共交通的指导意见〉的实施意见》（交运发〔2013〕368 号）的重要举措。同时，公交都市也是推动城市公共交通引导城市发展的重要策略，截至 2020 年底，全国共有 87 个公交都市创建城市。在我国经济发展进入新阶段，构建新发展格局时期，城市公共交通要不断满足广大群众日益增长的出行需求，为此，必须充分发挥好城市公共交通的 3 个作用：首先要适应新型城镇化建设需要，发挥好导向作用；其次是适应城市交通科学发展需要，发挥好主体作用；最后是适应城乡公共服务均等化建设需要，发挥好带动作用。

目前，我国城市化进程正呈现快速发展的趋势。伴随着新型城镇化建设而出现的问题也将会层出不穷。早在 1996 年联合国全球人类住区报告《城市化的世界》的前言部分就明确指出：在即将迈进新千年之际，全世界处在了一个具有历史性的十字路口上。城镇化既可能带来无可比拟的光明前景，也可能导致前所未有的灾难。而广泛的新型城镇化建设，正是快速城市化过程中一个极为重要且非常普遍的现象。

2019年发布的《交通强国建设纲要》提出的都市圈建设战略为TOD提供了新的机遇。"十四五"期间，要发挥中心城市和城市群带动作用，实施区域重大战略，建设现代化都市圈，形成一批新增长极。但是过去粗放的数量型增长模式，已经无法满足城市在新时期的持续健康发展要求。由于TOD模式具备强大的改善交通拥堵、高效资源配置以及制造新经济中心的能力，更新了传统城市发展理念，重构城市运营方式，成为解决大型城市发展规划问题的首选模式。国家"十四五"规划也提及要加快交通强国建设，完善综合运输大通道、综合交通枢纽和物流网络，加快城市群和都市圈轨道交通网络化。这意味着，可有效提升城市国土空间利用效率和价值的TOD模式将迎来发展良机。

2021年政府工作报告提出，我国发展仍然处于重要战略机遇期，但机遇和挑战都有新的发展变化，要准确把握新发展阶段，深入贯彻新发展理念，加快构建新发展格局，推动高质量发展，为全面建设社会主义现代化国家开好局起好步。伴随着新的时代背景，我国城市的发展模式面临着新的机遇和挑战。一方面，由于近年来我国城市化建设取得的重大成绩，成为人口和产业转移、城市空间扩展的地域所在以及促进区域发展的新的增长极；另一方面，在传统规划理论指导下的城市发展陷入困境，如城市建设非法用地屡见不鲜，城市建设对自然环境的破坏触目惊心，私人小汽车数量急剧增长导致大量新建城市成为"卧城"，花费大量人力、物力创建的城市背离了为居民提供舒适生存环境的初衷。因此，在新型城市化建设和发展过程中，改变传统的发展模式，采用新的发展理念引导城市发展已成为当务之急。新型城镇化下开展我国城市公共交通引导城市发展的研究，对于准确把握城市发展趋势，指导城市建设，在新时代背景下实现人与自然和谐相处，推动城市可持续发展，具有极其重要的现实和历史意义。

第二章

我国城市公共交通及其引导城市发展现状

第一节 我国城市交通外部环境发展

城市交通系统在城市系统中扮演着重要的角色，发挥着独有的功能，城市交通的发展也离不开外部环境的影响和作用，反过来，城市交通体系的快速发展也影响着土地利用布局和开发强度等外部环境要素。影响城市居民出行距离、出行时耗、出行方式选择的因素，主要有城市化水平、机动化水平和经济发展水平，城市化、机动化水平加快，居民收入水平提高，必然导致机动化出行成为主流，机动化出行增强，必然导致城市框架拉大，也才能更多地吸引农村居民进入城市，进而提升城镇化率，从交通系统的角度来看，城市居民出行距离和出行时耗相对就会增加。

一、城镇化进程

城镇化作为一种社会历史现象，既是物质文明进步的体现，也是精神文明前进的动力。城镇化是伴随工业化发展，非农产业在城镇集聚、农村人口向城镇集中的自然历史过程，是人类社会发展的客观趋势，是国家现代化的重要标志。城镇化是实现现代化的重要载体和平台，承载着工业化和信息化发展空间，带动农业现代化发展；城镇化是加快产业结构转型升级、保持经济持续健康发展的强大引擎；城镇化还是解决"三农"问题的重要途径，城镇经济实力提升，会进一步增强以工促农、以城带乡能力，加快农村经济社会发展；城镇化还是解决发展不平衡问题、促进区域快速发展的巨大推手，形成了京津冀、长江三角洲、珠江三角洲等一批城市群，有力推动了东部地区快速发展，成为国民经济重要的增长极。纵观我国城镇化发展历程，包括以下几个阶段。

1. 起步发展阶段（1949—1977年）

截至1948年底，我国城市共有58个，随着解放战争的胜利，大批县城改设为城市。截至1949年底，全国城市共有132个，其中地级以上城市65个，县级市67个；从人口规模上来看，非农业人口超过100万的城市仅有5个，50万～100万人口的城市有7个，20万～50万人口的城市有18个，人口少于20万的城市多达102个；全国建制镇2000个左右，常住人口城镇化率只有10.64%。为了快速恢复国民经济，国家积极推动工业化进程，出现了一批新兴工矿业城市，武汉、太原等一些老城市也进行了城市改扩建，吸引了大批农业劳动力转移到城市，城市数量和城市人口持续增加，截至1960年底，全国常住人口城镇化率达到19.75%，城市数量达到199个，增加了67个。1964年开始的"三线"建设推动我国中西部地区城市数量和城镇人口有所增加，截至1978年底，全国城市共有193个，其中地级以上城市101个，县级市92个；建制镇2176个，常住人口城镇化率基本保持在17%～18%。

2. 恢复发展阶段（1978—1991 年）

1978 年 3 月，国务院在北京召开全国城市工作会议，会议制定的《关于加强城市建设工作的意见》给出了一系列的城市建设方针和政策，强调了城市在国民经济发展中的重要地位和作用，并指出要控制大城市规模，多搞小城镇。同年，党的十一届三中全会拉开了我国经济体制改革的序幕，实行以家庭承包经营为核心的农村经营体制改革，从根本上改变了我国农副产品严重供不应求的局面，为城镇吸收更多的人口和城市轻纺工业的发展奠定了物质基础，旧的工农业、城乡二元分割发展格局被打破，新兴小城镇迅速发展起来。1980 年 5 月，国家决定建设深圳、珠海、汕头和厦门这 4 个"经济特区"，标志着改革开放进一步发展。1992 年全国建制市达到 517 个，比 1984 年的 300 个增加了 217 个。1980 年建制镇 7186 个，20 世纪 80 年代中期，增加到 9140 个，1992 年又增加到 14539 个。城镇人口增加到 24017 万，城镇化水平由 23.01% 上升到 27.46%。全国城市建成区面积达到 15354km²，全国城镇化进程大大加快。

3. 快速发展阶段（1992—2011 年）

1992 年以后，国家鼓励发展第二、第三产业，大批农村剩余劳动力向非农产业转移，第二、第三产业得到了前所未有的发展。同时国家放宽了设市的标准，推动了城镇化的新发展，城镇人口进一步增加，城镇化率进一步上升，但城镇化高速发展的势头有所减缓，城镇化率平均每年提高约 1.07%，平均每年增长 2.3%（图 2-1）。建制市镇数量有所减少，但单个城镇规模迅速扩张，尤其是大城市。截至 2011 年底，常住人口城镇化率达到 51.27%，工作和生活在城镇的人口比例超过了 50%，比 1978 年末提高 33.35 个百分点，年均提高 1.01 个百分点。1981—2011 年，我国城市的建成区面积从 7438km² 增长到 4.5 万 km²，增长 6 倍多（图 2-2）。过于猛烈的城市用地扩张，导致许多城市的规模膨胀过度，"摊大饼"式城市扩张现象越来越多。同时，随着社会经济的快速发展和城市空间结构的急速拓展，城市交通拥堵、尾气污染等问题的研究已经从关注行业发展向关注城市协调发展转变，城市交通的外部性问题也逐渐得到重视。

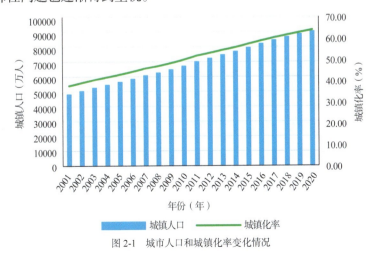

图 2-1　城市人口和城镇化率变化情况

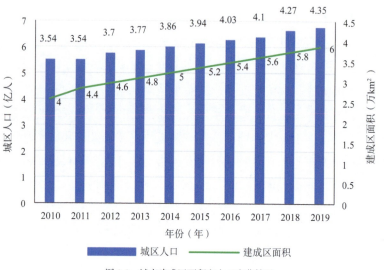

图 2-2　城市建成区面积和人口变化情况

4. 提质发展阶段（2012 年至今）

2012 年，党的十八大提出"走中国特色新型城镇化道路"，我国城镇化开始进入以人为本、规模和质量并重的新阶段。2013 年，党中央、国务院召开了第一次中央城镇化工作会议。会议指出，必须从我国社会主义初级阶段基本国情出发，遵循规律，因势利导，使城镇化成为一个顺势而为、水到渠成的发展过程。2014 年，印发了《国家新型城镇化规划（2014—2020 年）》，规划强调：推进以人的城镇化为核心、提高质量为导向的新型城镇化战略，把加快发展中小城市作为优化城镇规模结构的主攻方向。2019 年 12 月 20 日至 21 日，中央城市工作会议在北京举行。时隔 37 年，城市工作再次上升到中央层面部署。会议要求，一定要抓住城市管理和服务这个重点，不断完善城市管理和服务，彻底改变粗放型管理方式，坚持以人民为中心的发展思想，让人民群众在城市生活得更方便、更舒心、更美好。

城镇化是保持经济持续健康发展的强大引擎。内需是我国经济发展的根本动力，扩大内需的最大潜力在于城镇化。截至 2020 年底，我国常住人口城镇化率达到 60% 左右，户籍人口城镇化率达到 45% 左右，远低于发达国家 80% 的平均水平，还有较大的发展空间。城镇化水平持续提高，会使更多农民通过转移就业提高收入，通过转为市民享受更好的公共服务，从而使城镇消费群体不断扩大、消费结构不断升级、消费潜力不断释放，也会带来城市基础设施、公共服务设施和住宅建设等巨大投资需求，这将为经济发展提供持续的动力。

经过近 30 年的快速城镇化，我国已由关注城镇化数量转向提高城镇化质量的发展阶段，新型城镇化战略的深入推进对城市交通发展将产生深远的影响。

二、机动化进程

机动化是一种复杂的社会现象,它是一种包含着交通方式与运输技术的创新活动,机动化与城市现代经济发展、空间结构变化、交通出行方式之间存在着极其明显的交互推拉作用,城市机动化是经济增长和就业增加的重要推动器,同时,非绿色化的机动化也往往给城市带来交通拥堵、噪声污染、环境污染等城市病,因此,机动化对城市可持续发展有重要的影响。

回顾世界发达国家走过的机动化道路,有3个显著的特点,一是机动化是经济发展和人们生活水平发展到一定阶段的产物,是历史发展的必然结果。二是都经历过长达数十年的高速增长阶段,短期内造成了严重的交通拥堵、空气污染和噪声污染,成为困扰城市健康发展的重要影响因数。三是不同的政策会对机动化的发展产生不同的影响,鼓励型的政策会推动机动化进程加快,约束型的政策会延缓机动化进程。我国机动化进程与发达国家机动化过程相类似,也经历了初级阶段,当前正进入快速发展阶段。

1. 1949—1978 年（汽车生产自力更生阶段）

1978 年以前,受经济发展水平和汽车工业发展较低的影响,我国机动车数量增长十分缓慢,全国民用汽车拥有量年平均增长速度为 11.5%,客车增长速度为 9.8%,货车增长速度为 12.6%,寻常百姓家很少见到机动车。此时的城市建成区面积都不是很大,居民出行主要靠畜力、自行车和步行。截至 1978 年底,我国民用汽车保有量为 135.84 万辆,全国汽车千人保有量仅 0.5 辆,自行车是主要出行工具。

2. 1979—1999 年（汽车生产引进技术阶段）

改革开放初期,我国汽车产量非常有限,年产量不到 20 万辆,无法满足国内市场的需要,而且生产的汽车以货车为主,1985 年全国轿车产量不到 5000 辆。1994 年,国家《汽车工业产业政策》确定了汽车工业在国民经济中的支柱产业地位,提出：2000 年汽车总产量要满足国内市场 90% 以上的需要,轿车产量要达到总产量一半以上,并基本满足进入家庭的需要。国家鼓励并支持汽车工业企业建立自己的产品开发和科研机构,通过消化吸收国外技术,形成独立的产品开发能力。20 世纪 90 年代后期,北京、上海、广州等超大城市的居民出行分担率情况发生了变化,自行车出行比例开始下降,机动化出行初见端倪。

3. 2000—2008 年（汽车生产市场化阶段）

2000 年 10 月,十五届四中全会审议通过《中共中央关于制定国民经济和社会发展第十个五年计划的建议》,鼓励汽车进入家庭,面向私人消费的汽车品种如雨后春笋般冒出市场。2001 年,我国加入世贸组织,关税下降造成的整个价格下降,极大地繁荣了我国汽车市场,促进了我国汽车产业的发展。2004 年 6 月,《汽车产业发展政策》正式实施,提出：在 2010 年前,汽车产业发展成为国民经济的支柱产业。这对于优化我国汽车产业组织结构和产品结构,提升国内汽车生产企业的产品品牌和自主开发能力起到了积极促进作用,同时有利于建立和完善国产汽车销售和服务体系,保障汽车消费者的合法权益。

4. 2009 年至今（汽车生产自主创新阶段）

2009 年，我国出台了《汽车产业调整与振兴规划》，指出：汽车产业是国民经济重要的支柱产业，产业链长、关联度高、就业面广、消费拉动大，在国民经济和社会发展中发挥着重要作用，并首次提出新能源汽车战略。2009 年以后，我国汽车市场不但在扩大，而且我国的汽车产业自主创新能力也有了很大的提高。2009 年，我国以 1379 万辆的汽车产量成绩排名全球第一，而后 10 年，全球汽车产量第一的桂冠再未易主。

2010 年，我国加大新能源汽车扶持力度，2011—2015 年我国开始在全社会推广新能源城市客车、混合动力轿车、小型电动车。2018 年 7 月，国务院印发的《打赢蓝天保卫战三年行动计划》进一步加快了新能源汽车的推广应用。

2015—2020 年，我国汽车保有量由 1.72 亿辆增至 2.81 亿辆（表 2-1）。据公安部统计，2020 年全国机动车保有量达 3.72 亿辆，其中汽车 2.81 亿辆，机动车驾驶人达 4.56 亿人，其中汽车驾驶人 4.18 亿人。2020 年全国新注册登记机动车 3328 万辆，新领证驾驶人 2231 万人。截至 2020 年底，我国私人汽车保有量 24393 万辆，其中，民用轿车保有量 15640 万辆、私人轿车保有量 14674 万辆；全国新能源汽车保有量达 492 万辆，占汽车总量的 1.75%，比 2019 年增加 111 万辆，增长 29.18%；其中纯电动汽车保有量 400 万辆，占新能源汽车总量的 81.32%，新能源汽车增量连续 3 年超过 100 万辆，呈持续高速增长趋势。

2015—2020 年我国汽车保有量变化情况　　　　表 2-1

年份（年）	小型载客汽车保有量（亿辆）	私人小型载客汽车保有量（亿辆）	汽车保有量（亿辆）
2015	1.36	1.27	1.72
2016	1.58	1.49	1.94
2017	1.8	1.7	2.17
2018	2.01	1.89	2.4
2019	2.21	2.07	2.6
2020	2.37	2.22	2.81

三、经济发展水平

经济发展水平一方面影响着城镇化速度，直接体现就是城市框架拉大和城市经济比例的增加。城市具有显著的集聚效应和规模效益，劳动力、资本、技术、信息等社会生产要素越集中，对周边地区的吸引力、辐射力也越显著，对经济增长的贡献也越大。在这种辐射过程中，实现经济要素优化配置，区域内部产业合理布局，促进区域经济和流域经济的整体发展。据国家统计局专家估计，在现有发展水平上，城市化比例每增加一个百分点，直接消费可拉动 GDP 增幅增加 0.5 个百分点。另一方面，经济发展水平也影响着机动化进程，特别是汽车化的进程，经济水平高意味着居民可支配能力增强，也意味着汽车技术水平的提高,进而促进汽车化的发展。

改革开放前 30 年,我国经济发展不平衡不充分,三次产业比例失衡,1979—1982 年之间,中央开始相应的经济调整工作,进行农业体制改革,带动了农业的大发展。1979—1982 年,中央有计划地增加一产、放慢二产。1982—1985 年,由于调整后的经济结构相对平衡,促进了我国经济的迅速恢复与协调发展,到 1985 年一、二、三产业产值比例为 28.4∶42.9∶28.7。1985—1992 年,改革由市场取向发展为全面展开,到 1992 年底,一、二、三产业产值比例已变成 21.8∶43.4∶34.8(图 2-3)。此期间也是我国城镇化进程加快发展阶段,二产和三产比例增加,彰显了城镇化进程的加快发展,1992 年全国建制市达到 517 个,比 1984 年的 300 个增加了 217 个;1992 年建制镇达到 14539 个,较 20 世纪 80 年代中期增加 5000 个左右。

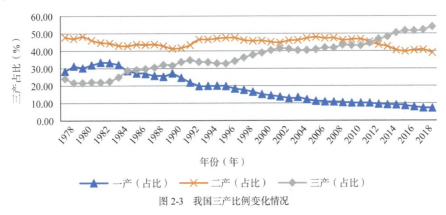

图 2-3　我国三产比例变化情况

1992 年,我国提出建立市场经济体制之后,我国经济开始持续高速增长,1993—2004 年,我国经济稳定增长,2004—2008 年经济增速明显加快。由于全球金融危机,2008—2009 年,我国经济的增速明显有所放缓。我国经济快速发展,重塑了世界经济格局,2016 年,我国对世界经济增长的贡献率超过了 41%。国内经济发展也从高波动、高增长走向了低波动的中高速增长,经济发展进入了新时代(图 2-4、图 2-5)。

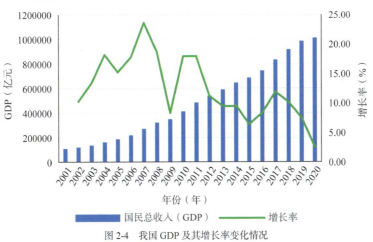

图 2-4　我国 GDP 及其增长率变化情况

15

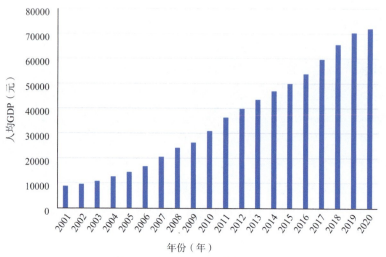

图 2-5 我国人均 GDP 及其变化情况

在人民生活水平达到相对较高的层次，人均 GDP 与汽车拥有量呈正相关关系，发达国家的历史已经证明了这一点。当人均 GDP 为 500~1000 美元时，汽车拥有量普遍为 10~20 辆/千人；当人均 GDP 为 1000~2000 美元时，汽车拥有量普遍为 20~40 辆/千人；当人均 GDP 为 2000~5000 美元时，汽车拥有量普遍为 50~100 辆/千人。世界银行发布了 2019 年 20 个国家千人汽车拥有量数据，其中我国千人汽车拥有量为 173 辆，位列榜单第 17 名。美国排名第一位，千人汽车拥有量达 837 辆，是我国的近 5 倍（表 2-2）。

世界银行测算 2019 年部分国家汽车拥有量　　表 2-2

排　行	国　家	千人拥有量（辆）	人均 GDP（美元）
1	美国	837	62600
2	澳大利亚	747	57300
3	意大利	695	34300
4	加拿大	670	46100
5	日本	591	39300
6	德国	589	48670
7	英国	579	42500
8	法国	569	41500
9	马来西亚	433	11200
10	俄罗斯	373	11300
11	巴西	350	8921
12	墨西哥	297	9698
13	沙特	209	23200
14	土耳其	199	9311
15	伊朗	178	5258

续上表

排　行	国　家	千人拥有量（辆）	人均GDP（美元）
16	南非	174	6340
17	**中国**	**173**	**9201**
18	印度尼西亚	87	3894
19	尼日利亚	64	2028
20	印度	22	2016

总的来看，我国每千人汽车拥有量距离主要发达国家保有量水平还有比较大的差距，比如美国的千人汽车拥有量约为800辆，欧洲、日本为500~600辆。所以，未来一段时间，我国汽车消费潜力仍然存在，甚至可以说潜力较大。但是我们也要清晰地认识到机动车的迅猛增加将给城市交通带来无法承受的巨大压力，由于空间和资源有限，汽车保有量发展到一定程度后也会趋于饱和。但根据部分发达国家的数据来看，我国目前的汽车保有量远未达到饱和，若不对机动车保有量采取控制措施，其长时间仍将处于持续快速发展阶段。目前我国许多城市的道路交通拥堵现象已十分明显，因而从宏观方面看，出台相应政策从源头控制人均机动车保有量是非常必要的。

第二节　我国城市交通发展现状

近年来，我国城市交通服务不断优化。城市致力于打造全方位的交通服务体系，如北京、上海、广州、深圳等超大城市积极构建"以轨道交通为骨干、常规公交为主体、步行和自行车等多种方式为补充"相互协调的一体化公共交通出行体系，同时借助于互联网的发展，"互联网+交通"新服务业态也被持续推进，全国有超过50个公交都市创建城市提供了基于互联网的定制公交服务，如广州市辅助交通"如约巴士"有效缓解了重点枢纽、重要时段旅客集疏运难题。

但是城市交通基础设施建设速度依然难以满足迅速增长的交通需求，公共交通运力不均衡、私人小汽车增速依然明显、交通管理技术水平还有待提升。据公安部统计，2020年，全国新注册登记机动车3328万辆，比2019年增加114万辆，增长3.56%。2020年全国机动车保有量达3.72亿辆，其中汽车2.81亿辆；机动车驾驶人达4.56亿人，其中汽车驾驶人4.18亿人。2020年全国新注册登记机动车3328万辆，新领证驾驶人2231万人。全国有70个城市的汽车保有量超过百万辆，同比增加4个城市，31个城市超200万辆，13个城市超300万辆，其中北京、成都、重庆超过500万辆，苏州、上海、郑州超过400万辆，西安、武汉、深圳、东莞、天津、青岛、石家庄等7个城市超过300万辆。以上海市为例，

2019年，上海的汽车保有量为415.8万辆，市区交通空间饱和度已超过0.8，特别是在城市核心地段的黄埔、卢湾等地区，饱和度已接近甚至超过1.0，交通拥堵非常严重。我国城市交通普遍存在的问题如下。

1. 用地功能布局欠佳，导致出行需求不合理

我国大部分城市在用地开发过程中未能充分考虑交通需求，从源头上增大了交通拥堵压力：一方面，对职住平衡等区域用地平衡策略关注不足，导致平均出行距离过长、总周转量增加，同时也更加依赖机动化交通方式；另一方面，摊大饼式城市规模扩张现象较为普遍，导致出行需求过于分散，不利于大运量公共交通系统的集约化组织。《2020年全国主要城市通勤监测报告》对全国35个大城市的职住平衡进行了分析：35个城市的职住分离度均值为3.57km，最小指标值超过2km，表明即使在理想状态下，既有的大量职住分布仍无法在2km范围内实现均衡匹配。

2. 小汽车出行意愿居高不下、混合交通严重

当前，我国多数大城市小汽车出行比例过高。为降低小汽车出行比例，部分大城市采取了限购、限行等行政手段来限制小汽车拥有和使用，取得一定效果。然而，这种"一刀切"式的行政命令只能让市民"不能"开车，并非"不愿"开车，虽暂时抑制了人们的小汽车出行行为，但不能从根本上降低人们的小汽车出行意愿，也不利于小汽车使用权这一稀缺资源的科学、合理配置。

3. 慢行交通环境差，人性化程度亟待提升

慢行交通系统是机动化出行方式不可或缺的衔接组成，是城市综合交通系统的重要组成部分，更是城市活动系统的重要组成部分。其人性化程度是衡量一个城市宜居水平的重要标志，也是城市交通高质量发展的关键指标。长期以来，我国城市交通的发展重点多放在完善机动化交通设施上，对非机动车和行人交通基础设施的关注和投入相对不足，再加上机动车路边乱停导致慢行交通出行空间不连续、宽度不够、安全性不强、同周边建筑不协调等问题普遍存在，人性化程度亟待提升。

4. 公交服务水平不高

提升公共交通出行分担率能够有效提高道路资源利用率、减低出行成本、缓解城市交通拥堵。随着人民对出行需求的不断提高，服务水平成为居民在选择出行方式时主要考虑的因素，一个城市公共交通出行比例的高低，同公共交通服务水平密切相关。当前，我国城市公共交通服务水平普遍不高，主要体现在地面公交速度慢、准时性差，轨道交通线网覆盖率低、过度拥挤等方面，成为限制公共交通出行比例提升的重要原因。

随着新型城镇化进程的不断推进，人们对城市交通需求快速增长，交通供需缺口越来越大，导致交通拥堵日益加剧，对此，应从提高供给、减少需求方面研究解决对策，提高交通基础设施的使用效率。

减少交通需求的措施主要包括以下三个方面：一是从城市规划层面，调整城市结构、

促进职住均衡，重点是促进混合土地使用、实施 TOD 模式；二是从交通规划层面，调整交通结构，主要是通过优化完善绿色交通服务水平，促进出行者对绿色交通的使用，提高绿色交通出行分担率；三是从交通管理层面，对交通需求实施管理，重点是通过加强交通诱导实现交通需求的时空分散、强化机动车辆保有和使用的管理对策等。

增大交通供给的对策主要包括以下 3 个方面：一是优化道路系统，重点是优化路网结构、消除路网瓶颈、提高支小路利用率等；二是提高管理效率，主要是精细化交通工程、智能化交通管理、快速化交通执法等；三是规范人的交通行为，主要有严格执法、完善交通管理设施设备、加强交通教育等。通过供需两个方面的对策使得交通供需缺口变小、实现交通供求关系的动态平衡。

第三节　我国城市交通出行特征

交通是人类生产活动和生活活动的外部表现，是人类社会生存、发展的基本活动内容，城市交通是社会产业赖以生存发展的基础条件之一，是城市社会活动、经济活动的纽带和动脉。城镇化作为全球性的浪潮，是各个国家都要经历的一个必然过程，很多发达国家的主要城市大多经历过了城镇化高速发展阶段，发展中国家的很多城市正沿着发达国家走过的道路加速前进，城镇化发展作用在城市交通系统上，对城市交通系统的发展模式、路径，以及交通出行特征产生深远的影响。我国正处于新型城镇化和机动化高速发展时期，了解居民出行需求是深入掌握城市发展模式和公交引导城市发展基础。

一、出行时耗

城市居民出行时耗是人们出行的直观感受，特别是通勤出行时耗是考察城市运行效率的关键指标，也是居民生活品质的重要影响因素。从国外情况来看，美国一家交通信息分析公司 INRIX 每年都会发布《全球交通计分卡》(Global Traffic Scorecard) 报告，对全球 38 个国家 1064 个城市的道路拥堵情况进行排名，每年的报告都会告诉城市乘车一族一个事实：交通很糟糕，而且在不断恶化。根据该公司 2018 年报告显示，美国人 2018 年在堵车路上浪费的金钱总额达到 870 亿美元，平均每人 1348 美元（约 9115 元人民币）。同时数据显示，2018 年波士顿地区因为交通拥堵而损失的生产力高达 41 亿美元，INRIX 称波士顿地区人均"拥堵成本"高达 2291 美元（约 15491 元人民币）。近些年来，随着我国城市小汽车拥有量的快速增加，全国各大城市原有的城市交通系统已经明显呈现不能满足迅速增长的交通需求，城市交通建设的步伐跟不上城市交通需求的增长速度，导致全国城市居民平均出行时间增长，特别是在超大型、特大型城市，市民将越来越多的时间花在上下班的途中。

根据百度地图发布的《2021年第2季度中国城市交通报告》，全国100个主要城市中，超八成城市的通勤高峰拥堵指数较前一季度有所上涨，北京、贵阳、重庆、长春、哈尔滨位列通勤高峰交通拥堵榜前五，周末交通拥堵榜前五名依次为西安、重庆、杭州、成都和贵阳；通勤时耗榜单前四名为北京、上海、天津、重庆，平均通勤时耗超过40min，市内出行强度榜前10城市中，长三角地区有6个城市上榜，全国百城平均市内出行强度大幅上涨。全国主要城市通勤人口的单程平均时耗为36min，其中，超大城市平均通勤时耗41min，特大城市37min，Ⅰ、Ⅱ型大城市分别为34min和33min（表2-3）。

全国超大城市、特大城市平均通勤时耗　　表2-3

城　市	平均通勤时耗（min）	城　市	平均通勤时耗（min）
深圳	36	杭州	35
广州	38	武汉	38
上海	42	南京	39
北京	47	青岛	39
西安	35	天津	39
沈阳	35	成都	39
郑州	35	重庆	40

纵观国际大都市发展，通勤时间控制在45min以内成为共识。《纽约2040——规划一个强大公正的城市》提出45min以内通勤人口比例90%，作为城市繁荣、公平、可持续发展的目标。新加坡《陆路交通总体规划2040》提出90%的出行能在45min时间内通过公共交通、主动出行、共享交通等方式完成。《伦敦交通2025：一个成长中的国际都市的交通展望》提出45min内公共交通可达的通勤人口比例是城市交通发展的核心度量指标。

《2021年第2季度中国城市交通报告》统计全国36个主要城市45min以内通勤人口比例76%。其中，超大城市45min通勤人口比例为69%，特大城市74%、Ⅰ型大城市80%、Ⅱ型大城市83%。其中，北京通勤时耗47min，是全国唯一单程平均通勤时耗超过45min的城市。此外，北京、上海、广州和深圳4个超大城市单程大于60min的中心城区通勤人口比例18%，北京高达26%，上海为19%，广州为14%，深圳为13%。

以北京为例，2006年时北京平均单程通勤时间为43min，6年后的2012年北京平均单程通勤时间为52min（来源于中国科学院可持续发展战略研究组发布的《2012中国新型城市化报告》），平均每年大约增长1min，2012—2020年期间北京进入大规模城市轨道交通建设期间，轨道交通网络逐步完善，减少了通勤时间，但是随着城市空间拉大，通勤时间减幅仍然有限。中国城市规划设计研究院2020年12月发布的《全国主要城市通勤时耗监测报告》显示，北京是全国唯一一个平均单程通勤时间超过45min的城市，有其独特的原因，一是建成区面积扩张，从2006年的1182km^{2}增长到2019年的1469km^2；二是北京市土地利用与交通之间的融合度不高，根据《2020年度全国主要城市通勤监测报告》，北京市的职住分离度达到6.6，是全国最高的城市，比第二位的银川市多了0.9，从就业岗位上来看，北京的工作机会主要集中在三环路以内，以及其他一些产业园和开发区，而北京的居住地大都在五环路以外，甚至大量的就业人群居住在河北燕郊地区。三是道路交通拥堵严重，北京交通管理局的信息显示，2013年北京平均拥堵时长为1h 55min，2016年这个时间变成了2h 55min，增长了1h。2019年北京高峰时期出行方式分担情况如表2-4所示。即使北京市实施了私人小汽车限购政策，北京市的机动车保有量增速放缓，但是总量仍然在持续增长，截至2020年底，全市机动车保有量657万辆，而且小汽车的使用强度一直维持在30%左右的分担率。

2019年北京高峰时期出行方式分担情况　　　　　　表2-4

方　式	占全体比例（%）	
	早高峰（7:00—9:00）	晚高峰（17:00—19:00）
全方式出行	31.8	21.0
轨道交通	41.2	37.4
常规公交	34.5	28.3
小客车	39.6	33.6
出租汽车	34.9	12.0
班车	41.7	25.0
自行车	38.4	24.9
步行	25.4	12.6

二、出行距离

居民出行距离与机动化发展水平、城镇化水平密切相关，根本上说是城市经济高速发展、城市化进程加快的结果。快速城镇化意味着人们的生活方式、出行模式在发生深刻变化，同时，技术进步也深刻影响着人们的交通出行。

1. 交通工具的演变

交通工具的变化记录了一个时代的巨变，其背后就是改革开放40年来交通发展取得的巨大成就。

改革开放之初，由于生活物资短缺，人们的生活水平不高，农村群众出行赶集主要靠双脚，去镇里、县里只能骑自行车，货车基本上就是拖拉机或者是畜力车。当时的出行距离一般在5km以内。

20世纪80年代我国是自行车的天下，上海的"凤凰""永久"、天津的"飞鸽"是全国家喻户晓的品牌。那时候我国是名副其实的"自行车王国"，大街小巷几近人手一辆自行车，已成为那个时代的印记。当时的出行距离一般在15km以内。

20世纪90年代我国成为摩托车的天下,进入20世纪90年代,随着经济的发展,自行车慢慢失去了交通工具"宠儿"的地位,借着改革开放的春风,摩托车开始慢慢地在城市和农村风靡,成为身份和富裕的象征。20世纪90年代,城市公共交通也慢慢地普及起来。公交车开始穿梭在城市的道路之间,进城和城际之间有了班线车,各种形式的交通工具使得人们的生活越来越方便。"坐车"已经成为人们日常生活的一部分。

2000年左右小汽车迅速发展起来,步入千禧之年,轿车也开始进入我国寻常百姓家庭,但当时汽车的品牌单一,选择不多,捷达、桑塔纳、夏利、富康等成为主流,在市场上拥有极高的占有率,小汽车也成为极少数先富裕起来的人才能消费起的奢侈品。20世纪初我国的电动车迎来了爆发期。数据显示,我国电动车从1998年的每年5.54万辆使用者,上升到2006年的1300万辆,再到2010年1.2亿使用者,截至2020年底,我国的电动两轮、三轮车保有量已经超过3亿辆。尤其是在经济不发达的县城,便捷、安全、经济的助力电动车成为人们购买交通工具的首选。

从2010年进入小汽车时代,我国的汽车迎来了爆发式的增长,轿车已经进入了千家万户,极大地方便了出行,也极大地推动了经济的发展。汽车市场上的各种品牌百家齐鸣,汽车由奢侈品逐步变成老百姓的普通消费品。

2015年以来,网约车、共享单车、汽车分时租赁等新业态迅速发展起来,反衬出经济的发展带来了精神的富足,人们已经不仅仅要求富裕的生活,还需要绿色的生活,以及更加方便的出行,需求响应型出行、定制服务、出行即服务等出行理念被广泛接受,并迅速发展起来。

2. 出行距离的变化

城镇化、居民出行机动化与居民出行距离增长是相辅相成、相互影响的关系。一方面,城市建成区面积扩展、城市商业经济活动日益频繁、城市资源在市场经济条件下自由分配等因素导致了城市居民出行距离的增长,而长距离的出行刺激了居民从步行、自行车等出行方式转变为机动化的出行方式;而另一方面,居民出行机动化从时间上拉近了城市间、城市内部的距离,使得长距离的出行越来越容易,越来越普遍。

由于城市化进程的加快,城市建成区面积加大,城市边缘各种功能的土地开发强度不断增强。以北京为例,20世纪90年代以来,北京城市边缘住宅区开始大力发展。根据北京房地产网京城住宅总汇统计,北京二环路以内开发的住宅小区占其统计总数的4.3%,二环路到三环路之间开发的住宅小区占24%,三环路到四环路之间开发的住宅小区占31%,四环路以外开发的住宅小区高达40.7%。大量市民居住在城市的边缘地带却要在市中心工作,每天往来于城市边缘的住宅区和城市中心的商务区之间,作钟摆式的运动,出行距离的增长更加刺激了居民选择更加快捷的出行方式——小汽车出行方式。根据2019年北京交通发展研究院发布的《北京市通勤出行特征与典型区域分析》报告和《北京市居民公共交通出行特征分析》,北京六环路内,通勤出行约占每天全部出行量的一半,约有2300万人的平均通勤时间为 56min，平均通勤距离为 12.4km。以通勤距离度量北京市职住分离度，从二环路到六环路，职住分离度逐渐增大，五环路至六环路间平均通勤距离高达 15.6km；快速路、高速公路沿线通勤距离更长，五环路外京藏高速公路、京通快速路、京港澳与京开高速公路沿线通勤距离均大于 15km（图 2-6）。

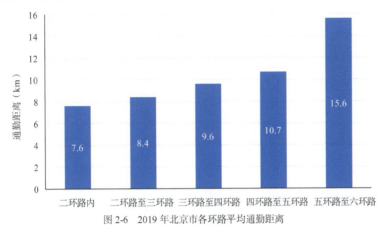

图 2-6　2019 年北京市各环路平均通勤距离

居民出行距离逐渐增长，一方面小汽车扩大了居民的活动半径，另一方面活动能力的增加也促使居民住宅向近郊迁移，于是出行距离相应增加。城市规模的扩大，一般会带来出行距离的增加，这是由城市自身的生长规律所决定的。因为城市规模的扩大并不仅仅是人口的增长，同时还伴随着外部空间的扩展和内部空间的演替。2020 年，中国城市规划设计研究院联合百度地图慧眼发布的《2020 年度全国主要城市通勤监测报告》显示：北京、上海、重庆、成都通勤距离超过 9km，北京在全国城市中平均通勤距离最长，超过 10km，达到 11.1km。

城市规模只是影响居民出行距离的一个重要方面，除此之外，用地布局、居民自身的生理条件、能用于出行的时间花费以及能获得的交通工具的机动性等都会对出行距离产生决定性的影响。值得注意的是，随着近年来机动化水平的提高，在同等规模下，我国城市居民的平均出行距离呈现加大的趋势，这必然会给相对滞后的城市交通系统带来额外的压力。

三、出行次数与出行目的

居民出行次数也是居民出行最直观的体现之一，近年来我国居民出行次数明显增加，特别是与生活有关的弹性出行次数增加比较快。以郑州为例，2017 年中心城区工作日常住人口出行总量达到 1350 万人次/d，较 2010 年增长 13%。出行需求总量的持续增长主要来源于人口规模的快速增长。2006—2016 年郑州市常住人口年均增长率达到 3%。在出行目的构成中，居民的购物、外出就餐等生活类出行比例首次超过了上下班、上下学等通勤类出行比例。

随着城市人口规模的扩大，城市聚集效应增强，国内城市的居民人均出行次数确实出现了减少的现象。从 20 万人以下小城市的平均每日 2.95 次/人，下降到 200 万人以上超大城市的平均每日 2.18 次/人，减少了 0.77 次/人，减少幅度为 26.1%（表 2-5）。但这种减少并非是连续的，而是表现出明显的阶段性。

国内不同规模城市的全日人均出行次数　　　　表 2-5

城市分组	非农业人口（万人）	城市个数	人均出行次数范围（次/d）	算术平均值（次/d）
小城市	<20	3	2.5～3.28	2.95
中等城市	20～30	4	2.12～3.39	2.77
	30～40	8	1.99～3.23	2.75
	40～50	9	2.31～3.17	2.62
大城市	50～60	4	2.36～3.14	2.73
	60～70	2	2.17～2.76	2.47
	70～80	7	2.21～3.22	2.73
	80～90	2	2.22～2.43	2.33
	90～100	4	2.40～3.31	2.8
特大城市	100～120	7	1.75～3.27	2.35
	120～140	5	1.68～2.49	2.12
	140～160	5	1.97～2.57	2.24
超大城市	160～180	2	1.8～2.27	2.04
	180～200	1	2.0	2.0
	200～300	5	1.95～2.36	2.15
	300～400	7	1.8～2.62	2.36
	>400	6	1.61～2.46	2.01
小结	—	81	1.61～3.39	2.47

进一步研究表明，居民全日的人均出行次数随城市规模增大而出现减少，主要是由与上班、上学、购物 3 种目的有关的出行减少所造成的。特别是上班出行次数的减少是总出行次数减少的主要因素。其数值从小城市的平均每日 0.82 次/人，下降到超大城市的平均每日 0.61 次/人，减少了 0.21 次/人，约占到全日的人均出行次数减少值的 27.3%。如果考虑到由此而相应减少的回程出行，则由上班出行减少而导致的出行次数减少值应占到全日出行次数减少值的 54% 左右。此外，与上学出行有关的出行次数减少也占到了全日出行次数减少值的 24%。由此来看，仅与上班、上学两种目的有关的出行次数的减少就占到总出行次数减少量的近 80%。

由于城市规模增长给居民出行特征所带来的首要变化是出行距离的增长，因此，上学出行次数和上班出行次数在下降规律上的差异，实际上反映的是两者的出行主体即学龄期的青少年和成年人对出行距离增长的耐受程度和交通工具可获得性的不同。学龄期的青少年由于生理和心理上的不成熟，可承受的出行距离要大大小于成年人，故对出行距离的增长表现出高度的敏感性，即使出行距离增加不大，可承受能力也会急剧下降。此外，青少年的交通方式以步行、自行车为主，由于体力限制，其步速或骑速要低于成年人。因此，即使使用同样的交通方式，在同样的出行距离增长情况下，青少年增加的出行时耗也要高于成年人。安全因素也是青少年出行中需要考虑的重要问题，出行距离的增加意味着危险性的增大，父母在这种情况下往往会主动选择让孩子中午留校以获得最大的安全度。正是由于以上几方面的共同作用，使得上学出行次数呈现随城市规模扩大而快速下降的趋势。与青少年相比，成年人不仅心智成熟、体力充沛，而且可以使用机动性更强的交通工具，在西方国家主要是小汽车，在我国则是自行车、公共汽车、摩托车，如今也是有越来越多的普通上班族开始使用小汽车。因此，成年人不仅能承受更远的出行距离，而且在增加同样出行距离的情况下，出行时耗的增长也比较缓慢，这使得上班出行次数的下降趋势出现得比上学出行晚。

人均购物出行次数随城市规模的变化趋势类似于上学出行。城市非农业人口在150万人以内时，随人口的增长，人均购物出行次数的下降趋势比较明显（平均下降速度0.005次/10万人），超过150万人以后，下降趋缓（平均下降速度0.0009次/10万人）。进一步分析显示，购物出行的人均出行次数与城市人口规模的相关性要弱于上班、上学出行，这与购物出行在很大程度还要受家庭收入情况的影响有关。

与上班、上学和购物不同，文化娱乐、公务、探亲访友三种出行目的的人均出行次数基本上与城市人口规模无关。人均公务出行次数不随城市规模扩大而减少比较容易理解，这是因为公务出行是一种具有强制性特点的出行，出行的时间、地点和次数都不是出行人自身所能决定的。而且，公务出行的次数并不频繁，又是在工作时间里发生，具有充足的出行时间。而文化娱乐出行和探亲访友出行，尽管不具有强制性的特点，但因为一般是在晚上下班、放学之后的业余时间进行，也具有充足的出行时间，因此比非弹性出行更能承受城市规模扩大带来的出行时耗增长。与公务出行一样，文化娱乐出行和探亲访友出行的频率都比较低，是一种偶发性出行。从不同目的人均出行次数随城市规模的变化趋势来看，城市居民在不同目的的出行中对时空消耗的价值观存在差异，对偶发性出行比上班、上学、购物等常发性出行更容易接受较长的出行距离。

第四节　我国城市公共交通发展现状及问题分析

一、我国城市公共交通发展现状

城市公共交通作为城市重要的交通工具在缓解交通拥堵、改善环境质量、降低能源消耗、减少居民出行成本等方面的优势逐渐突显。虽然目前我国城市公共交通系统中公共汽车和无轨电车的出行分担率较低,但是依然承担了城市大量客运出行。改革开放以来,我国社会经济保持高速增长态势,交通基础设施规模不断扩大,同时机动车保有量呈直线上升。经济和社会发展的同时,人们对交通的需求也不断发生变化,对城市交通尤其是公共交通建设及服务提出了更高的要求。根据《2020年交通运输行业发展统计公报》数据显示,截至2020年底全国拥有公共汽电车70.44万辆,比上年增长1.6%。按车辆燃料类型分,燃油车占13.9%,天然气车占18.2%,纯电动车占53.8%,混合动力车占12.4%。拥有城市轨道交通配属车辆49424辆,同比增长20.6%。拥有巡游出租汽车139.40万辆,同比增长0.2%。拥有城市客运轮渡船舶194艘,同比下降13.4%。全国城市公共汽电车运营线路70643条,比上年末增加4913条,运营线路总长度148.21万km,增加14.60万km。分方式看,公交专用车道16551.6km,增加1599.9km;城市轨道交通运营线路226条,增加36条,运营里程7354.7km,增加1182.5km,其中地铁线路189条、运营里程6595.1km,轻轨线路6条、运营里程217.6km;城市客运轮渡运营航线83条,减少5条,运营航线总长度323.4km,减少74.5km。2020年全年完成城市客运量871.92亿人次,比上年下降31.8%。分方式看,公共汽电车客运量442.36亿人次、运营里程302.79亿km,比上一年分别下降36.1%和14.5%;轨道交通客运量175.90亿人次,比上一年下降26.3%;巡游出租汽车客运量253.27亿人次,比上一年下降27.2%;客运轮渡客运量0.39亿人次,比上一年下降47.1%(图2-7)。

图2-7 2011—2020年全国城市公共交通客运量

近年来,为了鼓励发展城市公共交通,我国各级政府机关及管理部门出台了一系列政策文件。2012年12月,国务院发布了《国务院关于城市优先发展公共交通的指导意见》(国发〔2012〕64号),2013年6月交通运输部发布了关于贯彻落实《国务院关于城市优先发展公共交通的指导意见》的实施意见(交运发〔2013〕368号),2016年7月,《交通运输部关于印发〈城市公共交通十三五发展纲要〉的通知》(交运发〔2016〕126号)印发。2017年1月,内蒙古自治区印发了《内蒙古自治区"十三五"城市公共交通发展规划》,

2017年6月，宁夏回族自治区印发了《宁夏回族自治区城市公共交通"十三五"规划纲要》，上海结合新一轮城市总体规划等要求，制定了《上海市综合交通"十三五"规划》等，宁波市专门出台《"十三五"治理城市交通拥堵规划》，各级政府积极推动城市公共交通在出行领域发挥主导作用。

但是，从统计数据不难发现，我国绿色公交车辆、城市轨道交通及公交专用车道等基础设施不断完善，政府针对公共交通制定了一系列的发展战略和政策，但是由于财政政策、经营机制、管理水平以及道路通行条件等诸多因素的制约，城市公共交通发展短板明显。城市公共交通规划与城市发展不协调，导致城市公共交通的出行分担率低、公共交通服务水平低、公共交通基础设施不健全、交通线网布局不合理、信息化程度相对较低、标准化建设相对落后，对于影响城市交通和城市空间的人文因素、制度因素、政治因素等重视程度不足，并且缺少详细的实证研究。在一定程度上制约了城市交通的发展。

二、我国城市公共交通存在的问题

1. 城市交通发展观念存在误区

改革开放以来的较长一段时间里，城市私人小汽车无限制发展，导致小汽车拥有量及出行量呈直线上升趋势。近年来随着农村进城务工人员的增加，中小城市私人小汽车拥有量急剧增加，原有的交通基础设施及管理能力一时难以满足需求，导致中小城市甚至县级市交通拥堵严重、交通秩序混乱，例如，截至2017年底惠州民用汽车保有量达到104.09万辆，在2017年全国城市拥堵排名中高居第16名。英国建筑师诺曼·福斯特曾经这样评价我国城市交通的现状："当人们开始反思美国城市发展模式时，北京和上海等城市居民对私人小汽车的依赖性正在加强。如果我们忽视汽车时代人类的沉重负担，在不久的将来，我们将需要投入巨大的人力和财力来弥补对环境造成的破坏"。因此，为了实现以人为本、可持续的城市发展，除了拥有良好的现代化城市基础设施外，还必须合理地限制私人小汽车的过度使用（特别是在交通出行高峰期）。

2. 道路规划不合理

城市道路系统是城市运营和交通系统的重要组成部分，也是城市公共交通运行的物理载体之一，城市公共交通顺畅与城市道路的科学规划紧密相关。然而，由于我国城市普遍选择了沿核心向外呈"摊大饼"式的发展模式，许多城市在城市道路规划时缺乏前瞻性，导致实施后出现许多问题。主要体现在：城市交通性主干道路交通、商贸、旅游等功能和交通集散点的矛盾突出，强大的商业和生活功能吸引了大量的行人和车辆通行，造成主要道路的车速缓慢，无法保证车辆正常通行。城市道路交叉路口也缺乏科学合理的规划，使其成为限制道路交通通行能力和发生交通事故的多发地。例如北京西直门道路规划设计，属于典型的路和桥的通行能力不匹配，进口的通行能力高，出口通行能力低，由于设计时未能充分预测从北京的西北方向汇聚到西直门的车流量，导致高峰时段车辆在出口处拥挤。

3. 公交出行分担率不足，私人小汽车及电动车出行占比高

目前，相比较国际上知名的公交都市，我国城市公共交通出行的比例仍然很低，以上海市为例，公共交通出行占机动化出行的比例为 67%，低于我国香港和东京近 15%。且大流量、快速轨道交通的客流量是我国香港的 1/10，东京的 1/30，而个体机动交通占机动方式总量的比例几乎是我国香港、东京的两倍。特大城市公共交通总体分担率仅为 60% 左右（如 2017 年广州市中心城区公共交通机动化出行分担率分别为 61%），大中城市公交车平均出行率不到 40%（如 2017 年济南市公共交通机动化出行分担率为 41.86%，长春市仅为 31.4%），小城市公交出行比例更低。由于城市小汽车出行量过高，再加上各式各样的电动自行车、快递三轮车、老年代步车等的无序行驶，导致道路交通拥堵及出行速度严重过低，在公交车辆与小汽车混行的道路上，城市公交车的平均行驶速度仅为 10km/h，远低于 12km/h 的自行车速度，公共交通正点率仅为 50% 左右，地面公交平均出行时间大大延长。

4. 公共交通基础设施投入不足

城市公共交通出行分担率降低，一方面反映了城市小汽车拥有量的增加，另一方面也反映了城市公共交通基础设施投入不足。根据统计数据分析，截至 2019 年底，我国城市公共汽电车场站面积 8919.4 万 m^2，比 2018 年增加 1069.7 万 m^2，同比增加 13.6%。车均场站面积 112.7m^2/标台，比 2018 年增加 10.5m^2/标台。我国各地公共汽电车车均场站面积距离标准用地规模（200m^2/标台）还存在着不同程度的缺口。以北京市为例，2019 年北京公共汽电车车均场站面积为 181.4m^2/标台，其中有 60%～70% 是属于租赁。

5. 城市交通管理体制尚不完善

长期以来，由于缺乏对城市交通管理功能的深入研究和科学界定，导致交通行政管理各部门和行政级别之间在一定程度上存在事权不清、关系不顺等现象，各管理机构之间的职能分工还存在多重管理和政出多门的现象。以出租汽车管理为例，存在交通、建设、公安 3 家共管或一家独管的多种管理模式，导致交通管理的区域和部门分割，各自为政，难以建成有效的管理体系。由于行政主体的多样化，市场管理比较混乱。大多数城市的城市规划、道路建设和维护属于建设部门，公交运营、轨道交通管理属于交通部门，道路交通管理属于公安部门，这种长期的多头管理阻碍了城市交通的发展。作为国民经济发展的优先领域，公共交通应纳入国家和社会发展的总体规划。作为政府为公众提供的公共服务和公共产品，城市公共交通应当以政府投入为主。

6. 城市公共交通管理规划滞后，缺乏调控

首先，在目前的城市规划和建设中，由于多数是先做城市国土空间规划，再进行交通规划，还难以实现多规合一，导致城市交通与土地利用规划之间的协调不足；其次，城市交通问题的研究重点主要偏道路网络，没有充分考虑影响交通发展的政策，导致在具体实施过程中缺乏对政策因素的适应性，城市规划缺乏应有的弹性和整体协调能力；第三，公共交通规划的内容及保障机制不完善，不同的交通方式之间仍然难以充分衔接和协同发展，

公共汽电车、轨道交通等公共交通方式难以发挥系统的完整性。近年来，我国的轨道交通发展迅速，地铁建设的积极性很高。但是，地铁建设和运营也面临着诸如建设投资巨大、运营维护成本支出过高等困难和问题，一些地方的盲目申报和建设也引起了人们的关注。造成这些问题的主要原因是目前我国城市公共交通发展仍主要依靠政府行政协调和干预，而国家缺乏有关城市公共交通管理的相关法律，导致在实施过程中缺乏足够的权力。

三、城市公共交通问题的解决途径

1. 转变城市交通发展观念，确立公共交通的主体地位

公共交通是一种准公共产品，公交优先体现了以人民为中心的发展理念，公交优先的实质是大众优先，是人民群众优先，我国优先发展公共交通的主要责任在政府，政府树立公共交通优先发展的理念是推动城市公共交通优先发展的根本，要根据国家优先发展公共交通的指导性文件，结合城市实际情况，制定优先发展公共交通的具体办法，确立公共交通优先发展在城市发展中的主体地位，确定以公共交通发展为导向的城市空间发展模式。同时，制定和完善公共交通的政府职能、资金保障、项目建设、行业管理、企业运营、监督管理等方面的系列配套政策，制定明确的操作规范和标准。

2. 统筹协调政府各部门间的内部分工

建立健全城市公共交通管理体系，在政府部门职能分工基础上，进一步统筹规划交通运输主管部门和涉及的相关管理部门职责。交通运输主管部门作为城市公共交通发展的决策机构，承担公共交通基础设施建设及使用管理、不同公共交通方式间的统筹发展、客运场站布局、公共交通整体规划、线路布局调整、运营管理等综合性职责。交通执法机构承担公共交通安全检查、安全教育等职责。住建部门负责城市公共交通站点的维护及管理等职责。交管部门负责公交专用车道的设置及公交优先管理等职责。

3. 强化规划引领和衔接

公共交通规划应与城市总体规划、土地资源使用规划等相互协调，应从公共交通专项规划的设立与落实方面着手，起草颁布相关地方性法规，提高专项规划的法律层级，加强其与城市整体规划、城市交通系统规划等的关联性，加强规划间的融合。同时，要合理优化公共交通客运场站与线路网络，做好不同公共交通出行方式的换乘衔接，促进公共汽车、地铁、公共自行车等不同方式的协调发展。

4. 加强公共交通基础设施建设，保障公交优先的权利

在城市发展中，政府需要将公共交通场站和配套设施纳入城市更新规划和建设中。在规划城市道路时，应同步规划和建设公共汽电车停靠站，对于火车站、长途汽车站、住宅小区和大型公共活动场所等重大项目，要将公共交通场站建设作为项目的重要配套设施同步设计、同步建设、同步竣工、同步交付使用。强化城市公共交通线网布设的充分论证，确定公交最优线路模型的优化目标，从省时高效、低碳节能等方面综合设计公交线网体系。

城市公共交通管理部门要与其他相关部门密切配合，统筹规划，科学设置公交专用车道、交叉路口专用线和单向优先专用线等，以快速分流人群，方便居民出行，减轻道路压力，缓解城市交通拥堵，提高公交车辆运营速度和道路资源利用率；出台引导小汽车合理使用的相关政策，合理控制小汽车保有量及出行量；完善公共交通智能管理系统，加强城市公交专用车道监控，依法对占用城市公交专用车道的车辆进行处罚，提高城市公交车辆的运行速度和准点率。完善自行车道、人行道等慢行交通系统规划实施。

5. 加大政策支持力度，积极推行公共交通土地综合利用开发

鉴于公共交通运营企业承担的基本出行服务和完成政府指令性任务所产生的支出，应对其进行专项经济补偿。通过建立标准化的成本测算和政策性亏损评估体系，计算、发布、审计和监督政策补偿金额，确保公共交通专项资金发挥应有的作用。建立和完善公共汽电车客运票制票价与经营者运营成本、政府补贴的联动机制，完善多层次、差别化的公共汽车客运票价体系。充分保证城市公共交通规划确定的停车场、首末站、维修场、换乘枢纽、港湾站等场地用地，不得随意挤压或改变土地用途。

公共交通土地综合开发利用既有利于盘活土地使用效率，提高土地节约集约水平，同时专门明确公共交通用地综合开发的收益用于公共交通基础设施建设和弥补运营亏损，是建立公交可持续发展机制的重要内容之一。国家层面应尽快出台城市公共交通用地综合开发制度，以及城市公共交通基础设施建设管理办法，为地方城市公共交通土地开发利用和基础设施建设提供规范依据。

第五节　我国城市公共交通引导城市发展现状

近年来，国内一些学者针对我国大城市交通拥堵严重、空气污染加剧等问题，在借鉴国外解决交通与城市开发理论及方法的基础上，引入了 TOD 理念，并全面阐释 TOD 概念、作用，深入分析对我国的启示。20 世纪 90 年代以来，通过合理规划建设公共交通系统有效引导城市空间发展的理念逐渐得到社会的共识，北京八通线、北京城铁 13 号线、上海莘闵线、大连 3 号线、天津津滨快轨线、深圳地铁 3 号线等轨道交通项目就是引导城市向分散组团式布局形态发展。当前，为顺应新型城市化发展趋势，我国许多城市积极规划和建设快速公共汽（电）车交通以及 BRT 系统，为规划和实施利用公共交通引导城市发展创造了良好机会。面对我国新型城镇化、机动化和经济稳步发展同时到来的历史机遇，城市规划者、城市交通规划者，尤其是城市管理者和决策者应该深入了解城市交通和城市发展理念与发展趋势，合理选择建设大容量快速公共交通系统，采用公共交通引导城市发展（TOD）的城市发展模式，是我国城市交通发展的战略选择。TOD 模式的城市发展理念的重要性虽然已被国内学术界和政府部门广泛关注和认可，但针对适合我国国情的 TOD 研究还很不足。在实践研究上也由于 TOD 开发中存在诸如规章制度、管理体制、发展规划等方面的障碍，进展缓慢、时效期长。

一、起步与发展

深圳市于 2013 年首先提出"建轨道就是建城市"的理念。2015 年《设计导则》的颁布，使 TOD 理念正式出现在规划技术准则中。在 2017 年 6 月 18 日和 2018 年 6 月 13 日举办的中国城市轨道交通高层论坛中，将"轨道+物业""轨道+社区""轨道+小镇""轨道+新城"的新型建设理念融入交通运输领域。

随后，各大城市纷纷密集出台相关配套和落地政策，大力支持和加快轨道交通和 TOD 的发展，广州、杭州、成都等成为首批最具代表性的城市。其中成都近年来在推动 TOD 方面的力度非常大，截至 2019 年底，首批次 13 个示范项目已全部如期开工建设，未来还将有数十个站点和区域以 TOD 的理念来规划设计和建设。

截至 2021 年 12 月 31 日，我国已有北京、天津、石家庄、呼和浩特、沈阳、大连、长春、哈尔滨、上海、南京、无锡、徐州、常州、苏州、苏州（昆山）、淮安、杭州、宁波、温州、合肥、福州、厦门、南昌、济南、青岛、郑州、武汉、长沙、广州、佛山、深圳、珠海、东莞、南宁、重庆、成都、昆明、西安、贵阳、兰州、乌鲁木齐、嘉兴（海宁）、芜湖、洛阳、太原、绍兴、镇江（句容）、文山、天水、嘉兴、三亚 51 个城市开通了城市轨道交通。这些城市轨道交通线路 269 条，运营里程 8708km，车站 5216 座，由此来看，TOD 在我国已经具备了较为充分的理论基础、政策基础、行业基础、地方基础和市场基础，势必在各个城市的下一轮角力中发挥越来越重要的作用。

二、常见的问题

与国外 TOD 项目相关的先进经验和已经取得成功的一些项目相比，国内 TOD 还面临以下一些问题。

（1）政策法规不配套。虽然各地政策频出，但还缺乏具体的路径策划，缺少具体的实施细则，相关政策、法规、规章不配套，造成项目难以实质推进，在土地、规划、建设等方面，缺少顶层的配套政策作为支撑，严重影响项目落地和成功实施。

（2）土地资源匹配不易。受制于土地所在区县与市级政府之间的博弈、轨道交通的发展与城市其他方面的发展之间的博弈，社会资本如何参与，土地如何作价，要在以上问题中做到土地资源的合理划分，实现各方利益的平衡殊为不易。

（3）规划设计难度大。以 TOD 模式和理念来规划设计一个站点、一个区域，甚至一个新城，往往需要进行大规模的调规工作。然而在线网规划与城市总规划之间、大幅度调整控制规划特别是建设用地强度等方面、多个项目的差异化等问题上，往往对前期策划或规划带来非常大的难度，对设计单位要求十分之高。常常单个设计单位的专业难以全面覆盖，需要多个设计专业以及上游策划单位、下游商管运营等单位的协同作战。

（4）市场暂时无法支撑。目前从普遍存在的情况来看，国内规划实施TOD的区域很大一部分是新区建设，而这些新区的成熟度往往不高。TOD模式的核心在于人流量，只有足够的人流量，才能带来区域内各个方面的良性循环。如果短时间内的区域房地产市场、商业消费市场等暂时无法支撑，则应注意把控开发节奏。

（5）规划和建设脱节。前期研究好高骛远，策划和规划难以落地，在建设时出现明显的脱节，最终造成项目难以顺利实施，或未按照策划和规划实施，最后落地的效果大打折扣。

三、实施的对策

（1）加强顶层设计。政府部门提高对TOD的重视，从行政、实施主体、金融、土地、规划、建设等各方面研究完善顶层政策，为TOD的实施提供制度保障。

（2）完善配套的政策法规与体制机制。在土地使用权出让、规划设计准则与规范、合作开发、工程建设、利润分配、资金保障等方面，研究制定具有可操作性的政策法规和配套的保障体制机制。明确包括交通运输部门、土地管理部门和城市规划部门在内的各职能部门的管理责任，进而提供高效的管理、配合与协调工作，保证TOD项目顺利推进。

（3）明确开发模式。TOD项目必须兼顾城市和企业利益，追求多方共赢。明确开发模式，确定项目主体，协调组织各方关系。同时，引进拥有先进经验的社会资本通力合作，实现优势互补、互利共赢。

（4）注重多元规划与TOD运作。以TOD为导向，合理确定城市开发项目及周边地区的用地功能布局和控制指标。根据投融资规模及建设用地供给能力，合理规划开发的边界和范围，科学设计、布局建筑物。

| 第三章 |

国内外城市公共交通引导城市发展经验

第一节 国外城市公共交通引导城市发展研究及经验

国外发达国家对公共交通发展及其引导城市发展方面的研究已经形成了一个比较完整的体系，研究重点逐渐从网络结构转向服务质量，更多地关注居民心理、服务评价的方法和模型建立等相关理论与方法。对 TOD 的研究重点集中在土地利用与城市交通之间相互作用关系方面，即就公共交通的建设如何影响城市结构、用地形态以及城市用地布局对交通方式、交通需求所产生的影响进行了较为深入的分析研究。在实践经验方面也积累了较为丰富的成功经验。

一、国外 TOD 理论研究

TOD 发展模式的基础理论可以追溯到 19 世纪 20～30 年代，古典经济学派区位理论的研究者们就城市土地利用与城市交通之间的关系开展研究，其主要内容是探求人类活动的空间演变和布局规则，也就是人类居住的城市空间范围内工业、农业、商业等经济活动的最优地点的空间布局规律。当时盛极一时的区位理论主要有凡·杜能（Von Thunen）的农业区位论、1909 年韦伯（Webber）的工业区位论、1933 年克里斯泰勒（W.Christaller）和 1940 年廖什（A.Losch）的中心地理论等，虽然当时的学者并没有给出 TOD 这个概念，但其基本理论可以说是融会贯通的。TOD 最初由美国城市及建筑设计师彼得·卡尔索普（Peter Calthorpe）提出。他在 1993 年出版的名为《下一代美国大都市：生态、社区和美国梦》（The Next American Metropolis: Ecology, Community and the American Dream）一书中首先提出了 TOD 这一概念。该书对 TOD 的定义：TOD 是一个半径约 2000ft（约 600m）步行范围的社区，其中心部位是公交站和主要商业中心。TOD 集多样住宅、商店、办公楼、开放空间及其他公共设施为一体。TOD 的整体环境要便于行走，在其社区居住和工作的人们可以很方便地通过步行、自行车、公共交通或汽车到达他们想要去的地方。

汉克·迪特马（Hank Dittmar）和格劳瑞亚·奥兰德（Gloria Ohland）编写的《新交通城——以公交为导向的城市发展最佳实践》（The New Transit Town—Best Practice in Transit-Oriented Development）一书从另一个角度，即从影响和作用方面来定义 TOD，指出 TOD 项目需要达到 5 个目标：①区位效益。所处区域不仅地理位置适宜，公共交通方便，而且其高密度分布的生活、就业、服务设施，以及良好的步行环境，使其成为人们向往的生活和工作之地。②多样选择。所处区域具有多种形式的住宅，而且良好的邻里设计使人们在步行范围内就可以满足多样生活及活动选择。③溢价回收。方便的公交设施使这里的投资者、居住者、经营者及地方政府都能得到良好的资金回报。④使一个地方具有吸引力。一个生机勃勃的 TOD 社区吸引人们到那里居住、工作和娱乐。⑤公交站点与社区相融合。

2000 年马隆·博内特和尼古拉斯·康平在《国外城市规划》中发表了关于圣迭戈实施

TOD 的文章，并对遇到的问题进行了分析，明确提出 TOD 要与地方其他发展目标相一致。2003 年马强在《近年来北美关于"TOD"的研究进展》一文中系统介绍了作为新规划理论的 TOD 的产生及发展过程，以及近年来美国的研究进展。TCRP102 号报告——《TOD 在美国：经验、挑战和展望》对美国 TOD 近年来的发展情况进行了系统全面评估，调查显示：提升公交乘客数量并由此促进税收是 TOD 的首要目标；社区经济发展，广泛推进精明增长为次要目标，并对波士顿、新泽西等 10 个城市案例进行介绍和分析。Lund 等（2004）强调在进行 TOD 设计时，要充分考虑机动化出行和非机动化出行，建议在不限制小汽车出行的情况下通过创建街道网络用于安全高效地连通机动化和非机动化出行。Arrington 和 Cervero（2008）分析了 4 个不同规模城市的 17 个 TOD 项目，发现居住在 TOD 区域的居民选择公共交通出行的频率比居住在非 TOD 区域的居民高 2~5 倍。他们认为 TOD 区域居民机动化出行减少的原因主要有 3 个方面：①居住地的自我选择；②社区零售店的便利性和距离公交站点较近；③由于居住在公交服务社区，降低了居民小汽车的拥有率。

  Cervero（1993）发现，对于 TOD 区域的居民，居住在公交场站附近的人们比居住在混合土地利用或步行设施完善的区域的人们更愿意选择公共交通出行。他认为只要人们的居住地离轨道交通场站近，其他设计因素都不会阻碍他们选择公共交通。然而，Tumlin 和 Millard-Ball 对此持不同意见，他们认为公交场站周边的居住和就业密度越高以及土地混合使用率越高，公交乘客量就越大。除了居住地附近的土地利用特点之外，一些学者也认为出行者的出行行为与整个都市的建筑环境模式具有重要关系。Nasri 和 Zhang 认为提高整个都市区域的居住和就业密度以及土地混合开发强度，能够降低小汽车出行并提升公交出行。因此，应该在出行者的整个活动区域进行公交导向的规划和设计而不是只在居住和就业区域。Lund 等还认为 TOD 能否提高公交客流还与居住区的居民居住时间长短有关。他们研究发现，越老的居住区域使用公交的频率越高，主要原因是居住时间较长的居民更熟悉区域内和周围的公交服务，有更多机会调整其工作地点和其他目的地地点，以更好地利用公共交通。仅对工作出行而言，研究结果显示：对于居住时间在 6~10 年的居民群体公交使用率会增加，对于超过 10 年的居民群体，这一结果更明显。然而对于仅依靠小汽车出行的居民而言，不同居住时间的群体之间没有明显区别。

二、国外 TOD 保障政策

1. 土地利用政策

  TOD 的核心内容之一是对城市空间结构进行调整，通过整合城市土地利用与公共交通系统，促进二者协同发展，打造形成便于公共交通出行的土地利用形态。因此，土地利用政策对 TOD 的有效实施具有至关重要的作用。国外用于调整城市空间形态的土地利用政策主要集中在宏观和微观两个层面（例如二战后斯德哥尔摩提出的"区域规划框架"）。其中宏观政策主要侧重于控制城市边界向外扩张，对城市的主、次中心（新城）的相对规模、区位及联系进行调控。微观政策侧重于调控城市各区块内部土地利用的多样性和密度，以实现对交通走廊及其次区域范围内的土地综合利用。居民可以通过混合型土地利用以及高密度的土地开发，在社区内享受多样化的日常服务，有效缩短平均出行距离，能更方便地到达公交站点，从而大大提高公共交通系统的效用，避免造成以小汽车为导向的城市蔓延。

2. 城市设计政策

通过对国际成功经验分析发现，TOD 的成功与否除取决于土地利用政策外，还与城市设计息息相关。协调城市建筑的美观与城市空间结构（包括广场、绿地和公园），对创建以公共交通为导向的宜居城市具有非常重要的作用。另外，作为居民在选择公共交通出行时重要接驳方式的步行和自行车对 TOD 具有重要影响，因此，有必要完善城市市政设施，构建便捷的街道网络和自行车专用道。这种传统的邻里设计方式在新城市主义理论引导下已在美国许多地区得到了普及，而且在欧洲和其他发达国家发展也较为迅速。其核心思想是，摒弃当前郊区化的设计理念，注重初期的、以较小地块为单元的设计，强调营造人行道及休闲区域，建设网络互通、与公共交通站点相连接、配备休息长椅等便利设施的人行道，鼓励通过步行或自行车等绿色交通方式出行。

3. 小汽车限制政策

TOD 模式的有效实施必须通过适度提高小汽车的拥有成本和使用成本降低城市私人小汽车保有量。相关调查显示，公共汽电车和轨道交通在高峰时段所能运送的乘客量分别为小汽车的 25 倍和 1440 倍。以每位乘客占用的静态空间计，公共汽电车和轨道交通每位乘客占用的静态空间仅为小汽车的 1/26.7 和 1/8。显然，适当地限制购买和使用小汽车并大力发展公共交通可以在 TOD 社区内通过占用较少的道路空间运送更多的乘客。这意味着，城市交通拥堵及交通安全问题、能源及环境问题、土地需求增长问题都能得到相应的改善。目前国际上已有许多国家成功地实施了小汽车限制政策。在提高小汽车拥有成本方面，新加坡通过拍卖拥车牌照的方式对机动车总量进行控制。在提高小汽车出行成本方面，伦敦、斯德哥尔摩、新加坡等城市通过实行拥堵收费政策对交通拥堵时段进入特定区域道路的车辆收取拥堵费用。此外，伦敦还通过提高市中心区的停车费用来增加小汽车的使用成本；日本把"购车自备车位"纳入机动车管理条例对小汽车增长速度进行控制。

4. 公交服务政策

作为 TOD 的主要目标之一，实现通过提高公共交通吸引力和竞争力引导城市居民放弃小汽车出行的关键在于提高城市公共交通的服务质量。为此，城市需提供便捷的换乘设施，构建公共交通补偿机制，以保证不同人群对公共交通服务的可支付性，并提高公共交通运营企业的收益，保证公交线路的覆盖率，提高运营车辆数及发车频率，减少乘客候车时间，在保证公交车辆能在预定时间到达站点的同时提高乘客乘坐公交车辆的舒适性。国外大城市的发展经验表明：随着城市规模的逐渐扩大，小汽车越来越难以满足居民的基本出行需求，要保障城市居民的出行效率，必须充分发挥公共交通（尤其是轨道交通）的重要作用。

5. 城市治理政策

国际经验显示，城市治理政策也是 TOD 政策成功实施的关键因素之一。一方面，在制定长期的区域或城市规划框架时，城市管理者和规划师要有超前的管理思路和规划理念，合理设定项目目标、给出可视化的土地利用构想以及科学的公共交通选择方案。另一方面，通过建立针对不同类型公共交通运营企业和管理部门的组织协调机制，促进各公共交通运营企业和管理机构在设计、操作和管理层面实现全面协作，推动城市公共交通系统协同发展。

6. 房地产政策

房地产政策对于 TOD 的有效实施也具有不容忽视的作用。研究发现，社区范围内收入及人口组成存在差异的各类家庭对住房的负担能力，对于促进 TOD 具有非常重要的作用。如果 TOD 区域内大部分为低收入家庭或单身居民无法负担的高档大面积住宅，那么对于居住于此的高收入群体，小汽车通常成为他们出行首选，从而造成公共交通出行分担率低下。因此，为了有效推动 TOD 的实施，房地产政策应积极倡导规划区域内住宅的支付性及多样性。另外，房地产政策应积极鼓励住宅开发商与公共交通运营企业合作，或允许住宅开发商开发并运营与楼盘配套的公交线路，以提高居住区域的可达性。

三、国外 TOD 实践经验

作为"新城市主义"的代表，TOD 同样在美国一些地区受到了高度重视。例如在波特兰，政府为鼓励居民采用公共交通方式出行，在市区提供免费公交车服务；在明尼阿波利斯，政府基于公共交通，通过发展有组织的天桥系统带动了商业地产的发展。虽然 TOD 理论起源于美国，但这种以发展公共交通为重点，依托公交站点发展步行化的城市中心以及理想化街区的概念并未在美国得到充分发展。一方面，美国拥有大量的私人汽车。据密歇根大学交通研究所 2016 年调查发现，美国人均小汽车拥有量为 0.766 辆，家庭平均拥有汽车 1.968 辆，小汽车出行比例在 70% 以上，公共交通出行比例不足 10%。另一方面，美国政府在制定出行政策时，往往要考虑因富人大多住在郊区别墅或庄园不愿放弃"汽车+高速路"生活方式的现实情况。尽管美国一些城市发展了符合自身特点的公共交通和步行化街区，但作为一种涉及城市规划的总体发展形态，TOD 在美国的发展困难重重，几乎没有可供借鉴的成功案例。目前全球范围内具有典型代表性的 TOD 实践成功案例是日本的多摩、丹麦的哥本哈根以及巴西库里蒂巴、瑞士斯德哥尔摩等。

1. 日本多摩 TOD 开发模式及经验

位于东京都市圈中心区以西 25~35km 的日本多摩新城，占地面积约为 30km²，规划人口为 34.2 万人，横跨东京都下属的稻城市、多摩市、八王子市以及町田市等 4 个行政市。

多摩新城是第一个依据《新住宅市街地开发法》全面实施土地收买模式建设的新城。在土地开发方面,多摩新城是典型的以公共交通站点为中心以居住作为主要功能的城市中心区,由东京都政府及日本住宅公团(中央政府专属的住宅开发机构)共同建设。多摩新城的诞生和发展反映了日本中央政府和东京都政府希望通过短时间内提供大量住宅以解决在东京城市圈中心区工作人员居住问题的意愿。轨道交通作为连接多摩新城与东京城市圈中心区的主要交通方式,能够在40min内实现从多摩新城的中心车站到达东京中心区副中心之一的新宿。

作为东京都市圈"卧城"规划和建设的多摩新城,最初只有住宅及与生活服务相关的产业。1972年,通过对新城第5、6住宅区的5300户家庭开展调查显示,40.5%~55.9%的居民通勤出行流向东京都市圈中心区,30%~45%的通勤出行流向新城所在城市及邻近城市,而新城内部的通勤出行仅为2.5%~3.2%。在20世纪90年代以前,多摩新城经历了辉煌的发展过程,从1971年入住到1975年,短短5年的时间入住居民数就已达30239人。随着人口的集聚,1975年11月,新城的发展目标调整为建设、工作、居住相平衡的都市(图3-1);随后住宅开发和居民入住呈现稳定快速发展态势,1975—1990年,年均近8000人入住,到1990年时,多摩新城的人口已达到约15万人,接近饱和。

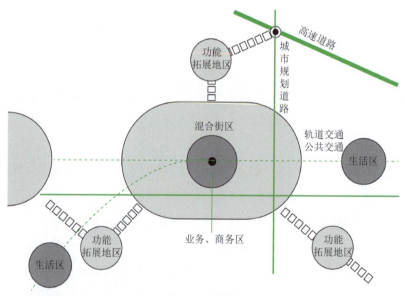

图3-1 多摩公共交通沿线城市功能

多摩新城的定位是:能够支持高级商品消费、文化娱乐设施齐备、处于急速发展的区域核心,与周边城市一同形成泛城市圈内的居住城市。这一目标的实现主要分两个阶段:①吸引在东京城市圈中心区工作的人前来居住;②待多摩新城周边地区的产业和功能成熟后,再转为吸引在周边城市群工作的人居住,并形成多摩新城内的商业中心,与周边城市协调发展。多摩新城TOD开发的经验主要体现在以下几方面。

（1）限制人口密度和规模。严格限制东京中心区用地向周边蔓延，为防止中心区人口密度过大，限制在该区内建设教育、工业等设施，提倡围绕中心区内的公交枢纽建设高强度、高密度的功能区，充分发挥公共交通的主体功能。

（2）注重公共交通站点与路网系统的整合。通过对车站广场、人行道以及公共交通等换乘站点的规划，提高 TOD 站点的覆盖率。

（3）积极鼓励通过铁路、地铁交通出行，限制私人小汽车发展。日本政府通过交通补助政策来承担通勤人员的通勤出行成本，居民出行关注更多的是出行时间而非出行费用，因此，提高了居民日常出行对铁路、地铁系统的依赖。

（4）通过政府与铁路运营企业联合开发，实现互利共赢。

2. 哥本哈根 TOD 开发模式及经验

作为围绕地铁规划城市空间的 TOD 典型城市，哥本哈根早在 1947 年的城市空间规划时就提出了"指状规划"理念。在该理念的指导下，规划部门在设计城市空间结构时首先按照 5 个手指的方向规划地铁网络，然后沿地铁线网统一规划城市次中心区域，以实现城市土地利用与交通路网系统的紧密有机结合。哥本哈根中心区功能以管理和文化为主，地铁周边的次中心区功能以居住为主，同时规划建设商场、银行、学校等文化娱乐设施。为限制中心区向周边扩展，用绿地填充各轨道间的区域。哥本哈根的这种"指状规划"模式一直延续至今，并取得了良好成效。通过对比 1947 年规划的环城高速公路区域内用地与 2003 年规划的外围区域用地不难发现，虽然随着城市规模不断扩大，交通走廊的长度和宽度不断增加，但城市空间的基本结构形态仍然保持不变，从而很好地实现了交通的供需平衡以及交通对城市空间结构演化的引导作用。

哥本哈根"TOD"模式的特点在于其不是以某一交通干线或以中心区为主，而是全面统筹整个城市空间结构进行规划设计。市中心区的土地规划在保留中世纪建筑和道路风格的同时配套设计了步行街区和由自行车专用道组成的绿色环形路网。目前，哥本哈根的步行街区是全球范围内最成功的路网规划之一。另外，哥本哈根明确在土地规划时所有功能区均要沿轨道交通线路进行设计和开发，哥本哈根在 1987 年重新修订的城市土地规划文件中明确要求所有的功能单位都要建在轨道交通车站 1km 的步行区域内，确保城市空间沿轨道交通线逐步扩展。中心城区还修建了舒适的步行环境和与机动车道隔离的自行车道及完善的公共设施（包括指示信号、停车架等）。哥本哈根出行方式中地铁出行分担率为 23%，自行车出行分担率为 35%。

哥本哈根以公共交通引导城市发展的经验可总结为以下几方面。

（1）以实现可持续性发展为目标，从长远角度规划城市空间布局结构。与城市自身的功能特点相契合的长期规划以及与之配套的执行方案是确保城市可持续发展的必要条件。

作为一套符合哥本哈根城区功能特点的长远规划，"指状规划"明确要求在对城市空间进行规划设计时必须沿着轨道交通走廊展开，确保在维持市中心基本功能的同时限制中心区外向扩张。

（2）城市空间结构依托轨道交通线网呈现放射状扩展模式。通过采取放射状的城区规划模式，哥本哈根中心城区沿轨道交通线网构成的5个手指方向向周边拓展，以公共交通站点作为城市发展枢纽。

（3）注重轨道交通系统与土地开发利用相互配合。作为TOD规划与实践成功与否的关键要素，需要统筹规划公共交通网络的开发与土地利用，充分发挥以轨道交通网络为主导的公共服务功能，通过对轨道交通沿线土地开发来为轨道交通系统吸引更多客源。哥本哈根的轨道交通系统规划与沿线土地开发紧密结合，围绕公共交通站点进行城市空间的开发与利用，政府严格要求所有功能区都要建在轨道交通站点1km的步行半径范围内，城市空间结构十分合理。

（4）加大限制私人小汽车使用力度。为保证行人及自行车优先通行，哥本哈根采取了许多政策措施限制私人小汽车的使用。首先，总量控制，利用"拥堵管理"政策来加强中心城区路网的容量控制；其次，停车控制，在过去的几十年里，哥本哈根通过将停车空间改造成自行车道或休闲空间的方式每年减少2%～3%的停车设施供应。另外，提高停车收费；最后，提高小汽车购置税，依据丹麦税收规定，哥本哈根对购买小汽车采取了缴纳购车费用大约3倍的高额税收政策。

（5）加强不同交通方式间的高度整合。哥本哈根对步行、骑行环境的建设高度重视，中心城区保留了中世纪的街道布局，在此基础上修建了许多步行休闲区以及公共广场，原有的机动车道和路侧的停车区被改造为自行车专用道。在这种舒适的出行环境下，步行或骑行成为大部分居民接驳到轨道交通站点的方式。

3. 库里蒂巴TOD开发模式及经验

库里蒂巴地处巴西圣保罗西南部约330km处的马尔山脉高原，市区面积431km^2，2017年人口为190万。作为世界上第一个建设快速公交（Bus Rapid Transit，BRT）系统而闻名的公交都市，库里蒂巴因完美地实现了公共交通系统与城市发展的结合，使得其在小汽车拥有率在巴西最高的情况下公交出行率达到70%以上。1990年，作为唯一的发展中国家城市，库里蒂巴与巴黎、悉尼、温哥华、罗马一起被联合国评选为首批"最适合人类居住城市"。1994年又被联合国环境与发展大会推荐为公共交通示范城市。这一切成就与公共交通主导的城市发展规划及TOD模式开发息息相关。

（1）打造独具特色的三重道路系统。库里蒂巴独创的三重道路系统（Trinary Road System）带动了城市结构呈带状发展。这种创新的道路系统模式充分实现了公共交通、城市道路与土地利用一体化发展，图 3-2 是库里蒂巴三重道路系统的横断面示意图。

图 3-2　库里蒂巴三重道路系统横断面示意图

三重道路系统分别由连通城市核心区与外围区的大容量快速公交专用道（BRT 专用道）、辅助车道、大容量单行车道组成。

图 3-2 所示的中心部分道路是一条连接城市核心区与外围区域的双向行驶的大容量公交车专用快速车道（即 BRT 专用车道），在专用车道两侧路边设有圆筒形的公交车站供乘客刷卡或买票即时上下车，如图 3-3 所示。BRT 专用车道上行驶的公交车辆在交叉路口拥有优先通行权。

在 BRT 专用车道的两侧分别有两条与专用车道相邻允许各种车辆通行的单向辅助车道，便于社会车辆停靠在右侧的各种建筑内。在辅助车道上行驶的车辆要避让 BRT 上下车的乘客。

与 BRT 专用车道一个街区相隔的两条大容量单向通道是三重道路结构轴线的边界。被设置为用来开行只停少数几个车站的直达快线（direct line）公交车，与 BRT 专用车道上站站停的公交车辆（平均运行时速为 20km/h）相比，其平均运行时速可达 32km/h。

图 3-3　BRT 公交专用道

目前库里蒂巴的城市结构轴线大都采用三重道路结构，城市总体规划中规定这些结构轴线的长度大约在 10～15km。

（2）围绕交通轴线进行 TOD 开发。为了促进城市沿着交通轴线呈带状发展，以便为快速公交集聚客流，库里蒂巴一开始就明确了 TOD 模式，鼓励混合土地利用开发。以城市公交线路所在道路为中心，划分土地利用和开发强度。位于 BRT 专用公交通道两侧的街区是高密度开发区，集中建设商业和居住的混合用地的高层建筑，一层和二层主要用于商业和服务业，三层及以上主要用于办公或居住，这种开发模式有利于产生双向 BRT 客流。其中，居住用地的容积率为 4，商业及办公用地的容积率是 5，基于每平方米办公用房比每平方米居住用房能够产生更多的公交客流，办公用地建筑物的容积率可以更高。

住宅区主要位于结构轴线外侧的街区，街区的开发强度与其距 BRT 通道的距离有关，离 BRT 通道越近开发强度越大，越远开发强度越低。其中，街区 ZR4 是中等强度居住用地，主要用于建造 8~12 层的居民楼，与 ZR4 街区外侧由一条城市普通道路相隔的是 ZR3 街区，用于建造 3~5 层的居民楼，与 ZR3 街区外侧相邻的 ZR2 街区建造了 2 层联排住宅，最外侧的 ZR1 街区用于建造独立住宅。为了降低交通压力，在以居住为主的区域，主要的商业服务设施是满足居民日常需求的小商店、药店等。

为了使居民有能力购买 BRT 通道附近的住宅，降低城市基础设施的建设成本，库里蒂巴严格控制土地开发强度和房地产投机，高密度开发被限制在距离 BRT 公交专用道最近的 2 个街区，并对距公交线路 2 个街区外的建筑密度和高度进行了严格控制，形成了城市结构轴线两侧建筑高度呈现阶梯下降的空间布局。此外，库里蒂巴还通过支持公共交通发展的交叉补贴政策，鼓励在城市结构轴线附近和沿结构轴线进行房地产开发，把更多的人聚集到城市结构轴线上居住。

库里蒂巴将通过在城市公共交通主干线沿线进行高密度开发来构建带状城市结构的城市规划理念贯彻到城市空间资源配置的所有方面。例如，通过把新的商业、零售业引导到由公共交通提供服务的通道，来强化城市结构轴线的功能，通过降低小汽车购物的便利性来增加中心城区的活力。

差异化的 TOD 开发使得库里蒂巴的人口沿公共交通轴线分布，且人口密度沿公共交通轴线两侧向外呈阶梯状下降。三重道路轴线上的人口密度非常大，约为 100 户/hm^2，在靠近中心城区的北、西、南三重道路轴线上一些地块的居住密度甚至高达 170 户/hm^2。因此，库里蒂巴大约有 1/3 的人口住在步行即可到达 BRT 公交专用通道的范围内。

4. 斯德哥尔摩 TOD 开发模式及经验

斯德哥尔摩被公认为公共交通与城市协调发展的典范，斯德哥尔摩大都市地区中大约半数的居民生活在斯德哥尔摩的中心区，而另外半数的居民生活在周围的若干卫星城中，这些卫星城通过轨道交通系统与中心区联系起来，而斯德哥尔摩的公交系统则是一个以几条地铁线为主要干线的完整的区域性交通网络。

（1）城市发展及城市规划。斯德哥尔摩的发展和建设借鉴了霍华德花园卫星城的设想。斯德哥尔摩 1945—1952 年的城市总体规划确定了建设以公交为导向的大都市的蓝图，在过去的 70 多年里，斯德哥尔摩由一个单中心的城市，发展为一个多中心的大都市。在这个过程中，斯德哥尔摩的地铁网络起了重要作用，它决定了人们的居住方式和城市的发展形态。斯德哥尔摩最早的地铁线路于 1950 年开通，按照当时的区域规划，斯德哥尔摩的发展是以原有市区为中心，而若干卫星城环绕其周围，这些卫星城由轨道系统与市中心相连。

斯德哥尔摩城市随后的发展始终按照这一规划设想进行。如今，斯德哥尔摩的地铁线路全长 105.7km，含有 100 个车站，它以辐射状从中心区伸展到周边的卫星城，成为斯德哥尔摩交通的脊梁。斯德哥尔摩地铁系统的发展决定了城市的发展形态和人们的生活方式，沿地铁线高密度开发的卫星城是斯德哥尔摩人的主要居所。瑞典是世界最为富有的国家之一，其经济活动主要集中在大斯德哥尔摩地区，在那里私人小汽车的拥有率在欧洲是最高的，但是，由于健康的城市模式和方便、发达的公共交通系统，超过半数的居民上下班不使用私人小汽车而使用公共交通。

瑞典的快速发展阶段是在第二次世界大战后，那时美国及欧洲的许多国家都采用了以高速公路为导向的发展模式，而斯德哥尔摩为什么没有采用当时流行的模式，而选择以公交为导向的辐射状向郊区发展的模式呢？这主要归功于斯德哥尔摩市政府，它在土地利用和交通发展方面所作的工作为斯德哥尔摩随后的发展起了决定性作用。此外还有两个重要的原因：一是从 1904 年起，斯德哥尔摩市政府就着手开始不断征购土地，其充足的土地储备为其随后几十年的城市发展奠定了基础；二是斯德哥尔摩的公共交通与住房的发展是同步进行的。自 1943 年起，瑞典由社会民主党领导了 30 年，该政府特别强调改善居民的住房条件。第二次世界大战后，斯德哥尔摩面临严重的房屋短缺问题，政府因此开始在市区外围建设多层公寓。1946 年之后建成的居住单元中，有 90% 为建在公共拥有土地上的住房，它们都得到政府一定程度的资助。

（2）以公共交通为导向开发的卫星城。在进行斯德哥尔摩第一代卫星城的设计时，规划师们特别注意防止形成"卧城"，因此，他们根据卫星城的设计居住人口，按比例在卫星城分配工业及办公用地，以达到住房与工作机会的相互平衡。卫星城中包含多样住宅（独立式房屋和多单元公寓），同时含有办公场所、公共服务性建筑及商店。

在第一代卫星城之后，斯德哥尔摩随后建设的卫星城，居住与工作机会的平衡已不作为主要考虑的因素。有数据显示，在斯德哥尔摩，无论所设计的卫星城是否考虑了居住与工作机会的相互平衡，大多数居民并没有在其所居住的卫星城工作。很多人在斯德哥尔摩市区工作，还有很多人在跨过市中心的其他卫星城工作。以市区为中心辐射状分布的地铁线使得大批的民众在上下班高峰时期，在斯德哥尔摩的区域范围内交叉穿行，而各个方向的地铁线也都得到了充分的使用。

斯德哥尔摩的经验还说明，一个地区的居住与工作机会是否平衡与人们对私人小汽车的依赖程度没有特别相关的联系。在英国的一些卫星城，居住与工作机会达到了很好的平衡，但那里生活的人对私人小汽车的依赖程度却远远高于斯德哥尔摩卫星城的居民。因此，要想使人们减少对小汽车的使用，最关键的是要有一个方便快捷的区域性公共交通网络。完善的公共交通体系建立起来，是否在同一社区内维持居住与工作机会的平衡则显得不那么重要。在斯德哥尔摩卫星城的开发建设中，住房与公交的发展相互依赖，相互影响，起到了彼此间相互促进的作用。目前大约 2/3 的斯德哥尔摩居民居住在公共交通线附近的多单元住房中。大量的外向交通,以及火车站周围高度集中的住房和工作场所,使得斯德哥尔摩很自然地成为一个以公共交通为主要交通出行方式的城市。

在斯德哥尔摩,公共交通是人们生活的重要组成部分,在高密度开发的社区中,火车站总是位于其最为中心和最有标志性的位置。在火车站周围都设有步行广场,那里有绿地、喷泉、座椅,是人们休闲、娱乐和聚会的场所。在广场的周围,设有商店、餐馆、学校和其他服务设施,火车站也是人们走向其他地方的大门。而在卫星城范围内,人们的交通出行方式主要是步行、自行车和公共交通。良好的城市设计,将市中心与卫星城通过公共交通很好地连接起来,而公共交通的高效使用减少了对公路建设的需求,并因此保护了绿地和城市周围农田。以公共交通为导向的城市设计,使得斯德哥尔摩不管是从微观(邻里社区)还是从宏观(节点加走廊)方面讲,都成为一种人们向往的城市模式,如今多于半数卫星城居民通过公共交通上下班。斯德哥尔摩的经验说明,即使是在非常富裕的城市和地区,公共交通仍然可以是居民主要的交通出行方式,它同样可以带给人们高质量的生活。

通过分析以上国外TOD成功案例不难发现,国外TOD的主要经验可归纳为5个方面:①政策与制度的保障;②合理的城市规划与土地利用;③注重影响;④加强财务经济与合作;⑤强化设计。以哥本哈根的TOD模式为例,其发展对策主要表现在以下几个方面:①注重对城市空间布局的长期规划,通过长期规划引导城市实现可持续发展;②利用轨道交通引导城市空间实现网络放射状扩展;③轨道交通系统与土地利用相互融合;④不同交通方式间的高度整合。

第二节 国内城市公共交通引导城市发展研究及经验

相对而言,我国TOD发展较为缓慢,目前真正接受TOD理念的城市还很少,有些城市的公共交通发展非但没能引导城市和谐发展,反而导致城市土地利用布局结构混乱。但总的来说,越来越多的城市开始注重城市交通与土地利用,尤其是城市公共交通与土地利用之间的融合发展。

一、国内TOD理论研究

基于对TOD在美国发展的经验总结,国内学者进一步开展TOD在我国城市的应用与发展研究,研究成果多从国内发展国情、城市发展特征、土地利用特征等方面展开。张明、刘菁从TOD的原则和特征出发,研究提出适合中国城市特征的TOD规划设计的5D原则;王有为分析美国TOD理论产生的两大背景,并从美国城市的发展阶段、人口密集度、土地所有权制度、公交体制机制、人文文化5个方面分析中美城市之间的差异性,基于中国特征提出开发密度适宜、土地混合使用、步行设计连续的 TOD 模式构建原则；陆锡明、赵晶在分析 TOD 内涵及发展思路的基础上，从 TOD、土地开发形式、社区内部设计等方面分析中国城市轨道交通站点周围社区与 TOD 社区的差距，研究提出适合中国城市的 TOD 规划方法，并建立规划模型；田雯婷运用 SWOT 方法分析 TOD 模式在中国实施情况，李斑等详细阐述了 TOD 的类型及结构模式，并针对 TOD 的中国化应用提出建议。

朱炜（2003 年）对公共交通与城市形态之间的相互影响关系进行了研究，并对适合公共交通发展的城市形态特征进行了归纳。金广君（2003 年）认为 TOD 模式是一种强调土地综合利用的社区发展形态，突出高效、活力及可持续的理念，并将 TOD 理论运用在深圳市地铁站规划及周边地区城市设计项目中，以"零换乘"和"24h 活力"为设计目标，把设计范围划分为设计区和影响区。林艳（2004 年）以 TOD 为目标构建了交通需求预测模型，并提出了适合我国城市发展的公共交通导向的城市用地综合开发模式。刘丽亚等（2004 年）通过对巴西库里蒂巴考察详细地介绍了库里蒂巴快速公交系统的特点：在未采用修建地铁及开展路面加宽等工程项目的前提下，通过设计实施全封闭的专用快速公交系统有效解决了城市交通拥堵问题，成为全球闻名的绿色生态城市。冯浚、徐康明（2006 年）介绍了哥本哈根市通过公交引导城市发展的模式，并结合我国实际情况提出了以快速公交系统引导城市发展的新理念。林群（2006 年）结合深圳轨道交通二期工程规划项目，提出了基于公交导向发展的城市轨道交通规划设计层次体系，从宏观、中观、微观层面探讨了不同层次轨道交通规划与各层次城市规划协调配合的目的、内容和方法。于百勇（2006 年）深入分析"轨道主导"型 TOD 的内涵及模型，指出该类型 TOD 政策含义及对城市轨道交通可持续发展的支撑作用。

二、国内 TOD 保障政策

在理论研究的同时，近年来我国不断完善 TOD 发展政策，进一步加强了 TOD 战略的实施保障力度，TOD 发展的政策、制度、标准、规范等方面都得到了快速发展，为 TOD 提供了较好的发展环境和氛围，也越来越成为土地节约、集约利用的有效途径。

2012 年 12 月，国务院发布了《国务院关于城市优先发展公共交通的指导意见》（国发〔2012〕64 号），提出"加强公共交通用地综合开发"的重点任务内容，要求加强公共交通用地监管，改变土地用途的由政府收回后重新供应用于公共交通基础设施建设。对新建公共交通设施用地的地上、地下空间，按照市场化原则实施土地综合开发。对现有公共交通设施用地，支持原土地使用者在符合规划且不改变用途的前提下进行立体开发。公共交通用地综合开发的收益用于公共交通基础设施建设和弥补运营亏损。该文件是我国第一次以国务院名义印发的关于城市公共交通优先发展的综合性政策，文件旗帜鲜明地对城市公共交通用地综合开发的模式，包括新建和改建城市公共交通用地两种情形。该文件的印发为城市公共交通用地综合开发奠定了上位政策依据。文件要求可以解读为几个方面：一是规定了改变用途的城市公共交通用地被收回后用地类型重新认定，对于被改变用地类型的城市公共交通用地，城市人民政府要及时收回，并且仍然赋予城市公共交通用地进行重新开发和使用，不应改变为其他用地。二是新建城市公共交通用地鼓励进行综合开发，将地上空间和地下空间统一考虑进行立体开发，综合开发采取的原则是市场化开发，意味着商业开发将成为主要特征，社会资本可以成为投资主体参与到综合开发中。三是鼓励存量城市公共交通用地进行综合开发，需要保持原有的城市公共交通功能，而且要符合既有的规划。四是明确了城市公共交通用地综合开发的收益分配机制，因综合开发获得收益一方面用于城市公共交通基础设施建设，另一方面用于弥补运营亏损。该文件非常系统全面地概括了城市公共交通用地综合开发的原则、方式、路径和策略等，开发对象包括城市公共交通增量用地和存量用地，开发前提是符合规划且保持城市公共交通功能正常发挥，开发主体包括城市公共交通企业和社会资本，开发利益分配机制是反哺城市公共交通发展。

2013年，《国务院关于改革铁路投融资体制加快推进铁路建设的意见》（国发〔2013〕33号）印发，文件提出"加大力度盘活铁路用地资源，鼓励土地综合开发利用"的扶持政策，具体提出了几个方面的举措，一是中国铁路总公司作为国家授权投资机构，其原铁路生产经营性划拨土地，可采取授权经营方式配置，由中国铁路总公司依法盘活利用。二是按照土地利用总体规划和城市规划统筹安排铁路车站及线路周边用地，适度提高开发建设强度。三是创新节地技术，鼓励对现有铁路建设用地的地上、地下空间进行综合开发。四是符合划拨用地目录的建设用地使用权可继续划拨；开发利用授权经营土地需要改变土地用途或向中国铁路总公司以外的单位、个人转让的，应当依法办理出让手续。五是地方政府要支持铁路企业进行车站及线路用地一体规划，按照市场化、集约化原则实施综合开发，以开发收益支持铁路发展。

2014年，《国家新型城镇化规划（2014—2020年）》发布，在"城市发展模式科学合理"的发展目标中，规划提出：密度较高、功能混用和公共交通导向的集约紧凑型开发模式成为主导。规划实则从宏观层面描绘了综合开发的要求，即城市用地布局和空间形态要围绕城市公共交通开展，并且突出4个方面的特征，一是公共交通导向发展模式，体现的是围绕城市公共交通布局城市用地，从而形成沿着公交走廊拓展城市空间的发展态势，塑造有形态的城市。二是高密度开发，体现的是用地开发强度，高容积率可以聚集大量的公共交通出行，从而支撑公共交通系统。三是混合开发，体现的是用地类型多样化，用途多样可以产生更多的经济效益，从而积累更多的资金支持公共交通发展。四是紧凑开发，体现的是用地空间布局的密度，避免出现低分散开发的局面，无法形成聚集效应。

2014年，《国务院办公厅关于支持铁路建设实施土地综合开发的意见》（国办发〔2014〕37号）印发，这是我国交通领域第一个关于交通用地综合开发的专项政策，文件明确了铁路用地综合开发的三项基本原则：支持铁路建设与新型城镇化相结合、政府引导与市场自主开发相结合、盘活存量铁路用地与综合开发新老站场用地相结合。规定了现有铁路用地推动土地综合开发的主要扶持政策：科学编制既有铁路站场及周边地区改建规划、给予既有铁路站场综合开发用地政策支持、促进铁路运输企业盘活各类现有土地资源、鼓励提高铁路用地节约集约利用水平。规定了鼓励新建铁路站场实施土地综合开发：支持新建铁路站场与土地综合开发项目统一联建、合理确定土地综合开发的边界和规模、明确站场建设和土地综合开发的规划要求、采用市场化方式供应综合开发用地。规定了土地综合开发配套政策：统筹土地综合开发相关规划管理、完善综合开发用地供应模式、落实综合开发用地指标支持政策、完善相关工程建设标准规范。文件还对综合开发的监管提出了三点要求：实行备案管理制度、严格土地开发利用管理、切实加强建设管理。

2018年，《国务院办公厅关于进一步加强城市轨道交通规划建设管理的意见》（国办发〔2018〕52号）印发，提出：强化城市轨道交通与其他交通方式的衔接融合，城市轨道交通规划要与国家铁路、城际铁路、枢纽机场等规划相衔接，通过交通枢纽实现方便、高效换乘。要加强节地技术和节地模式创新应用，鼓励探索城市轨道交通地上地下空间综合开发利用，推进建设用地多功能立体开发和复合利用，提高空间利用效率和节约集约用地水平。在"强化项目建设和运营资金保障"任务中，再次提出：支持各地区依法依规深化投融资体制改革，积极吸引民间投资参与城市轨道交通项目，鼓励开展多元化经营，加大站场综合开发力度。希望以此解决城市轨道交通建设和运营所需的大量资金问题。

三、国内TOD实践经验

目前，我国TOD比较成功的实践案例主要是香港、深圳以及杭州的住宅区TOD发展模式和广州地铁三号线沿线土地综合利用开发。另外，虽然一些社区如北京的"万年花城"在开发过程中也引入了TOD概念，但由于对TOD概念缺乏深刻的理解，仅把握交通引导城市发展这一特点开展实施，缺少对基础设施建成后的土地开发利用进行具体的规划，再加上缺少对公众的宣传力度，最终未能取得预期的效果。

1. 香港TOD开发模式及经验

作为我国TOD战略实施较为成功的典型城市之一，香港公共交通承担着全港80%以上的市民出行，其中香港地铁的贡献最大；全长82.4km的地铁线路每天承运230万人次的交通量，高峰时期每小时单向客运量高达7.5万人次，是世界上效率最高、最繁忙的地下交通线。通过实施以公共交通为主导的高密度土地开发，成为世界上少有的盈利公共交通系统，较为成功地实现了城市的可持续发展。相对而言，北京、上海等不少内地城市，由于历史原因和城市自身的特点，在发展过程中一度出现圈层式模式，对城市可持续发展造成了严重影响。

香港在TOD规划方面做得比较成功。从20世纪70年代开始，香港在进行城市规划建设时一直坚持将 TOD 理念作为导向。在这一理念引导下,使得作为世界上人口密度最大的城市之一的香港能够在高密度的城区布局下始终保持交通顺畅,并且有效防控交通污染。20 世纪 80 年代以来,由于 TOD 的成效,公共交通系统承担了香港地区 80%以上的客流量,并在一定程度上促进了香港经济的发展。如今,香港 45%的居民居住在地铁站周边 500m 范围内,其中香港岛和九龙区居住人口至少占香港人口的 65%。得益于土地综合开发,港岛商务中心内遍布发达的公共交通网络,与步行系统相连的建筑被设计成步行系统的重要组成部分,其通道层及其邻接的楼层通常被用作零售商业和娱乐场所,为居民提供了便捷的出行及商业、娱乐等服务。

作为世界上运营最成功的地铁之一,香港地铁以 TOD 理念开展土地综合利用开发。通过对地铁周边土地开发利用,使全港 3/5 的购物中心分布在地铁沿线,从而带来了客流量的增加,以及物业价值的提升(图 3-4)。

地段	地区	商业容积率	住宅容积率
一级商务中心	中环	12~15	8~10
二级商务中心	尖沙咀	12	7.5
	湾仔	10~12	8
零售商务中心	中心铜锣湾	—	7.5
新市镇中心	荃湾	9.5	6~6.5
住宅中心	九龙湾	12	5
一般住宅区	奥运/九龙	8	6.5~7.5
	两湾河	—	5
	荔枝角	—	7.5
中心附近新市镇	无地铁线地区	5	—
		3	—

图 3-4 香港地铁站与站点周边土地容积率的关系

图 3-5 九龙站

香港地铁在站点周边土地开发中注重多样化。香港地铁在实现其交通功能的同时还兼具商业功能,其商业功能主要体现在地铁上盖的商业物业开发上,通过商业开发香港轨道交通系统不仅节约了乘客出行时间,而且带动了附近物业地租的上升。其中最具代表性的是九龙站(图 3-5)。

九龙站在刚建成时,由于远离市中心区,周边几乎没有大型公共设施,客流量一直较低。在 TOD 理念下对站点周边用地进行开发,在站点 500m 半径范围内形成了集大型商业、写字楼、酒店、住宅、幼儿园、娱乐设施等于一体的综合社区(图 3-6)。其中,从九龙站步行 200m 可到达商场、办公楼、各大酒店建筑以及其他公共空间,步行 200~500m 区域内则建有密集的住宅小区和公共休息空间。随着周边及地铁上盖物业的运营,九龙站周边人流开始逐渐上升,节假日期间甚至一度出现超负荷的现象。

在交通组织方面,采用三维立体空间设计思路对整个区域进行规划,以地铁站综合体为区域核心，围绕公共交通枢纽分类设计各类建筑群。利用同楼层的步行街、商业购物街、广场、公共空间、平台公园、车站等将酒店办公、住宅以及社区服务设施等连成一体(图3-7)。

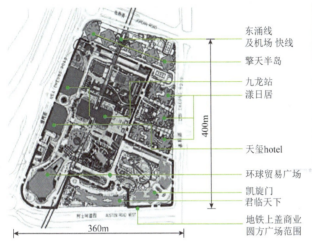

图3-6 九龙站周边总平面图　　　　　图3-7 九龙站结构

九龙站不但是TOD模式下的一个大型综合体设计案例，而且还是一个典型的场所制造案例。其不仅囊括了商业购物、办公居住场所，也包括生活、娱乐、健身、交通场所，相关配套设施的规划建设大大提升了土地的商业价值。

香港在TOD开发方面的经验主要包括以下几点：

（1）围绕站点进行高强度的土地开发。香港地铁之所以能够成为世界上少有的成功盈利的公共交通系统，同其车站和车辆段上的高密度物业开发具有密切的关系。

（2）以轨道交通站点为中心开展城区土地规划。香港在进行城市规划时以轨道交通站点为中心设计各个功能区，通过缩短居民在空间上的出行距离，实现各个功能区的集群效应。

（3）围绕轨道交通站点规划步行街区。香港在城市土地规划设计方面特别注重压缩居住区到公交站点之间的空间距离。

（4）以轨道交通站点为中心开展无缝换乘设计。香港TOD模式的另一个特点是围绕轨道交通站点规划设置多种交通出行方式，通过合理设计实现各种交通方式之间"无缝对接"，以充分发挥轨道交通站点的公共交通功能。

2. 深圳TOD开发模式及经验

面对城市轨道交通资金投入巨大，需要大量社会融资的现状，深圳市率先提出了一种轨道交通用地综合开发的新思路。采用政府作价入股形式，由政府预估地价后以土地形式出资，交由深圳市地铁集团与当地其他国有融资平台对土地进行联合开发，深圳地铁集团编制详细方案（包括功能分区、容积率等），规划所有交通功能，待政府相关部门审批通过后开工建设。结合深圳不同层次规划以及交通规划（图3-8），从宏观层面上制定TOD总体发展目标及策略，从中观层面进行差异化分区并提出发展指引，针对空间尺度及其范围、用地功能控制、城市设计与环境以及交通设施 4 类要素从微观层面给出规划设计的要点。

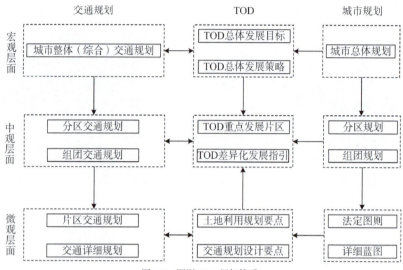

图 3-8 深圳 TOD 框架体系

2016 年，为实施地铁 5 号线塘朗站综合开发，深圳市通过将深圳湾公园 14.7 万 m² 绿地调入生态控制线作为补偿的方式，将塘朗山南侧 14 万 m² 绿地调出生态控制线并改为地铁投融资项目用地，其中 8 万 m² 用于地铁上盖物业，以及幼儿园、小学等公共配套设施建设。塘朗站用地性质在调整规划后确定为"交通+二类住宅"（即分层确权）。地上 9m 为供地铁车辆停放、检修的车辆段，车辆段上方盖不超过 50m（抗震要求限制）的保障房、人才房以及幼儿园、小学等配套设施，建设完成后由深圳市政府回购，目前大部分保障房均已实现入住，如图 3-9 所示。此外，车辆段周边的部分土地还正在建设商品房，如图 3-10 所示。

图 3-9 塘朗站车辆段及上盖保障房　　　图 3-10 塘朗站车辆段周边在建商品房

前海枢纽及上盖物业开发项目位于前海桂湾片区开发一单元，地处地铁 1 号、5 号、11 号线以及穗莞深城际线（SGS）和深港机场快线（GS）等 5 条轨道线交汇处。占地面积约 20 万 m²，总建筑面积约 128 万 m²，集高端集中式商业、甲级及国际甲级写字楼、五星级酒店及高端服务式公寓等的城市综合体和大型交通枢纽于一体（图 3-11）。连接的 2 个国际级机场，均可在 15min 内抵达交通枢纽，具备公交、出租汽车、旅游客车及社会车辆与轨道交通综合换乘功能。其功能定位为：对外交通中心、通勤中心、超级商业中心。

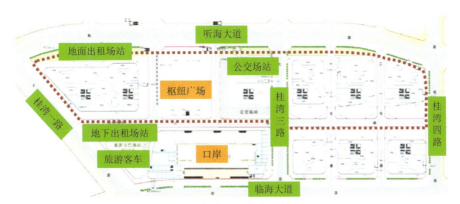

图 3-11　前海枢纽空间设置示意图

前海枢纽项目打破传统交通枢纽的巨型体量，通过开放性的枢纽广场及小型街区的空间设计，以及高效的接驳换乘设计，实现高度复合的城市功能、开放性的城市空间与便捷繁忙的交通枢纽无缝连接，打造连接车站与城市的立体网络，充分发挥交通枢纽对城市的带动作用并提升城市生活品质。

深圳市轨道交通 3 号线是典型的 TOD 实施案例（图 3-12），由于该线路连接了市中心区和龙岗次中心东部的产业带，从而为沿线土地实施较大强度的开发提供了积极条件，对深圳分散组团式的发展布局提供了有力的支持，实现了空间结构与经济结构的同步优化。

图 3-12　深圳地铁 3 号线规划线路图

为了加强地铁 3 号线沿线土地的综合开发，推动构建可持续发展的城市布局结构，深圳市在借鉴国内外轨道交通 TOD 开发的成功经验基础上，从空间发展和经济效益角度提出了沿线土地开发的策略。

总结深圳 TOD 开发的经验主要包括：

首先，充分体现综合用地开发策略和规划控制要求。通过建立和不断完善轨道交通沿线用地的管理政策和制度，对沿线供地流程加强控制，对沿线用地发展制定详细的近远期规划。在对轨道交通的建设期限、土地开发期限等进行综合分析基础上，确定不同开发时期的用地规模。

其次，合理整合轨道交通沿线地区既有的规划模式，强化规划的引导作用。以轨道交通详细规划为纽带,以车站核心地区的城市设计为重点整合相关规划,通过规划整合有计划有重点地引导沿线用地开发;制定土地利用强度分区制度,提出具体的土地利用控制要求。将居住、办公、商业等功能场所的开发设置在站点腹地,确保站点腹地 500m 以内满足最低 5 万人门槛值,地块平均容积率在 3.0 以上的要求,鼓励加大站点周边用地的高强度开发。

3. 南昌 TOD 开发模式及经验

随着轨道交通建设加快,南昌市明确提出将以轨道交通建设为引领,扎实推进城市建管十大提升行动,提升南昌的大交通功能。在充分学习借鉴国内外先进经验做法,并结合南昌的实际的基础上,南昌市加大创新力度,推动轨道交通换乘站点周边土地 TOD 综合利用,实现轨道建设与物业开发并举,促进上盖物业带动地铁沿线资源增值。

2019 年,南昌市对轨道交通 2~4 号线部分站点周边土地,以及邻近轨道线网、已收储或战略收储的土地进行 TOD、TID 开发策划研究,涉及 18 个项目,用地面积约 1333 万 m^2(2 万亩)。经初步研究,18 个项目如按经营性用地考虑,可实现约 350 亿元的土地一级开发收益。其中,1 号线蛟桥停车场及在建的 3 号线青山路口站,4 号线望城车辆段、丁公路南站、丁公路北站,作为 TID 项目拟进行上盖物业开发,规模最大的望城车辆段上盖项目规划建筑面积约 80 万 m^2,占地面积约 20 万 m^2。目前,这些上盖物业与地铁紧密结合的部分已在施工。

(1)青山路口站 TOD 项目。青山路口站为轨道交通 3 号线和轨道交通 2 号线相交站,车站位于阳明路与青山路、八一大道交叉路口。青山路口站共设计 6 个出入口,根据计划,该站将采用 TOD 开发模式,拟建设立体式轨道换乘站和一般枢纽站,其中包括将打造上盖商业综合体等(图 3-13)。

从青山路口站 TOD 开发策划方案看,该项目根据南昌地铁青山路口站综合开发策划,将青山路口站周边的居住、办公、人口、学校、公园、客运站等优势资源进行整合,注入街区商业、社区服务、休闲绿道、网红业态等,打造城轨融合示范区,构建"交通+社区+服务"融合的生态街区。在具体项目表现上,青山路口站 TOD 开发将建设一座地铁上盖商业综合体,位于南昌地铁 2 号、3 号线换乘站青山路口站上方。项目用地面积 2.5 万 m^2,总建筑面积 14.8 万 m^2,包含用地范围内除地下地铁建设范围外的总体、建设单体、地下车库及设备辅助用房。

(2)丁公路北站 TOD 项目。丁公路北站 TOD 项目位于金盘路以北、北京西路以南、丁公路以西,调整后地块用地面积为 6979m^2,用地性质为商务用地,容积率≤3.5,建筑密度≤45%、绿地率>20%,该地块计容建筑面积约 24427m^2,根据用地性质规划,未来或将建设商办项目(图 3-14)。在 2020 年 10 月 20 日,丁公路北站土方开挖也圆满结束,车站全面进入主体结构施工阶段。据了解,丁公路北站沿丁公路呈南北走向布设,与 1 号线换乘。

图 3-13 青山路口站 TOD 项目

图 3-14 丁公路北站 TOD 项目

车站总长（内净）165.241m，站台宽度 16.5m，标准段净宽 23.8m，南端头井净宽 27.5m，北端头井净宽 31.4m，为地下三层岛式车站。

2020 年 9 月，《南昌市域综合交通规划（2020—2035 年）》对外公示，规划提出：推动"枢纽+"城市融合发展，引领城市发展。从 TOD 总体发展目标和发展模式上引导城市空间的有序扩张，支撑新城建设和城市更新。规划方案中引人注目的地方是规划了多处 TOD 项目，一是打造 12 个站城一体的城市型 TOD 片区，促进产城融合。从集约发展、方便服务的角度出发，在城市中心体系结构的基础上，结合铁路枢纽打造 12 个复合型对外客运交通枢纽：昌北机场站（枢纽+机场）、南昌站（枢纽+综合服务）、南昌西站（枢纽+金融服务）、南昌东站（枢纽+文化创意）、横岗站（枢纽+旅游休闲）、向塘站（枢纽+产业中心）、南昌北站（枢纽+产学研）、九龙湖站（枢纽+产业中心）、军山湖站（枢纽+旅游）、莲塘站（枢纽+片区中心）、进贤南站（枢纽+产业中心）、安义站（枢纽+生态旅游）。二是推动建设一批高品质、站城一体的 TOD 开发示范区。围绕南昌东站、九龙湖站、横岗站、南昌北站枢纽，结合轨道交通建设，研究站点的 TOD 开发并推动站点周边用地功能优化与品质提升，促进用地与交通的精确匹配，推动城市开发与交通系统协同、互动发展。三是打造"七主一中心"的公路客运枢纽，并采用上盖商业的形式进行综合开发。将核心区范围内的徐坊、青山客运站功能置换为城市公交枢纽，对于核心区外围的公路客运站，依托铁路枢纽重新布局。最终形成以南昌长途客运站为中心，长途客运西站、长途客运东站、昌北机场客运枢纽、昌南客运站、向塘客运站、安义客运站为主体的"七主一中心"公路客运枢纽布局。

通过分析我国 TOD 典型实践案例发现，国内 TOD 的经验主要包括以下几个方面：①围绕站点开展高强度的土地开发；②以轨道交通站点为中心开展城区土地规划；③以轨道交通站点为中心规划步行街区，缩短居住区到公共交通站点间的空间距离；④围绕轨道交通站点规划设计多种交通出行方式，实现各种交通方式之间的"无缝对接"，充分发挥轨道交通站点的公共交通功能。

第四章

新型城镇化战略下公共交通引导城市发展形势

我国新型城镇化发展是把交通运输主通道及交通运输枢纽的建设与城镇化战略格局相协调；把区域交通运输网络建设与城镇群及不同层级的中心城市建设相匹配；把改善交通运输条件同推进小城镇建设相结合，努力发展交通运输在推进城镇化进程中的杠杆作用。新型城镇化下我国城市化、机动化和郊区化快速发展，我国城市交通的发展正在面临一个历史性转变或是已经处在这样的一个临界点，这是一种发展观的转变。在城市化和机动车私有化的双重冲击下，城市道路交通设施正面临着前所未有的压力。通过数据分析发现，我国大部分城市布局结构仍属于紧凑型，公共交通出行需求仍然较大，这为我国城市发展TOD创造了良好的先决条件。另外，国家相关政策也明确了新型城镇化下公共交通引导城市发展的方向，交通运输部发布的《城市公共交通"十三五"发展纲要》强调，要立足于"十三五"期公共交通发展面临的新形势和新要求，着力做好公共交通发展的顶层设计。要适应人民群众基本出行需要，加强城市公交供给侧结构性改革。要适应新型城镇化建设需要，发挥好城市公交导向作用。要适应城市交通科学发展需要，发挥好城市公交主体作用。

与国外 TOD 发展模式不同，我国城市在高密度的局部土地利用开发和"摊大饼"式的蔓延趋势下，发展 TOD 需要统筹考虑城市规划与城市交通规划，实现交通与土地利用之间、不同交通方式之间、交通网络与交通枢纽之间、交通规划与运营管理之间的高度整合和一体化，充分考虑人口、经济、交通设施对新型城镇化的影响及对 TOD 的需求，真正构建起以公共交通为主体的畅通、安全、高效、舒适、环保、经济、公平的城市综合交通系统。

第一节　新型城镇化下土地利用及其对 TOD 的需求

城市交通模式与土地利用模式对城市形态的发展具有非常重要的作用，两者之间作用与反作用的循环反馈关系推动城市形态不断发展：城市土地利用模式是形成交通模式的基础，特定的城市土地利用模式会形成与之相适应的交通模式；反之，城市交通模式的选择也会反作用于土地利用模式，两者相互影响直至平衡。新型城镇化下的土地利用模式主要包括两方面：新开发型和再开发型。新开发型土地一般位于城市边缘区，大多是其他用途的用地转为城市功能的用地。新开发型城区的规划建设主要趋于两方面，一是以功能较单一的工业区、工业园、经济开发区等为主，对于这种利用形式较单一的区域，出行需求较大，很多功能随着区域发展不断完善；二是功能较完备的新城区，通常该类区域土地以高密度和高强度、混合开发利用为主，大部分功能均可在区内实现，出行需求远小于前一种新区；再开发型土地通常位于城市的老城区，该区域土地利用混合程度一般较高，人口密度大，区域内部交通需求量大，到周边地区的出行较少。土地开发着重于城市空间的重组和改建，包括物质性置换以及原功能的更新。新型城镇化下的土地利用主要以新开发型为主。

一、新型城镇化战略下的城市土地利用

实现城市交通可持续发展、综合解决城市交通问题的关键在于统筹规划城市土地利用与交通系统设计。新型城镇化战略下，需要把公共交通摆在城市交通系统的核心位置，为了通过协调城市土地利用规划与公共交通规划，以实现城市及城市交通的可持续发展，就必须将公共交通的发展规划与宏观层面上的城市空间结构、中观层面上的片区土地开发以及微观层面上的街区（邻里）土地开发紧密结合起来。其中，公共交通走廊和站点周边的土地合理利用尤为重要。

1. 需要依托TOD模式强化走廊两侧土地开发利用

新型城镇化战略的内涵决定了城市将以TOD大运量客运走廊为发展脉络（如图4-1所示）。TOD走廊有利于节约空间，同时也为未来难以预知的变革留有余地。TOD走廊两侧的土地开发是一个大型的系统工程，需要从系统角度出发统筹各项规划和建设项目，在一定的用地范围内把土地利用、房地产开发、基础设施建设以及交通系统的建设及运营进行整体谋划和运作，实现区域社会经济协调发展。

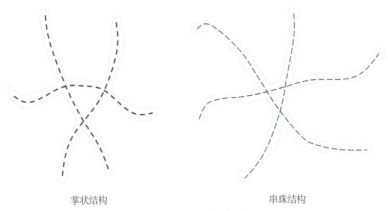

掌状结构　　　　　　　　串珠结构

图4-1　TOD走廊模式

以TOD发展模式为引领，采取适度"密度+强度"的混合土地利用方式对新型城镇化下的大客运走廊两侧土地进行开发（走廊模式如图4-2所示）：①将走廊两侧紧密影响区域规划为强度较高的商贸、办公等用地；②将离走廊稍远的一般影响区域规划为高强度的居住用地；③对于走廊难以影响到的区域，其用地采用较低的开发强度。最终形成由走廊带动的协调综合开发带（Comprehensive Development Belt，CDB）。

图4-2　TOD走廊模式

2. 需要依托 TOD 模式强化站点周边土地开发利用

（1）站点周边土地利用性质分布及其特征。新型城镇化战略鼓励公共交通站点周边区域土地综合利用，以公共交通站点为核心规划建设综合开发区域（Comprehensive Development Area, CDA），保证土地利用在一定范围内具有可协调性。CDA 与一般综合开发区域的区别在于更多地提倡土地利用保持与车站步行合理区域（半径 500m 范围）相一致。

总体来讲，不同类型车站（如大型枢纽站、一般换乘站和一般集散站）所处区域的主导功能各具特色。对于旧城区的大型枢纽站和一般换乘站而言，其周边用地多以商业、商务开发为主，同时拥有少量住宅；对于城市边缘区或新开发区的一般换乘站和一般集散站而言，其周边土地比较适合开展以住宅为主导功能的综合开发。以我国台北市为例，不同类型 TOD 区域的车站周边汇集的行业具有明显差异：在以居住为主的地区，车站周边用地以与日常生活相关的行业为主；在市中心区，车站周边通常聚集较多的服务行业。另外，在同济大学对上海地区用地开发的调查中发现，对于车站周边的用地开发，居民最希望成立大型超市，其次是商店和餐饮，然后是住宅。居民普遍不希望在站点周边地区开发别墅区。

从理论上讲，在某一区域的步行合理范围内，不同性质用地的可达性存在差异。为了追求高可达性，不同性质的土地利用根据距离车站的远近呈现不同分布：在靠近车站的区域，土地利用尽量以商贸、办公等能支持较高地租的设施为主；在离车站稍远的区域，应以中高密度居住区为主；在车站边缘区域，应以中、低密度的居住区为主（如图 4-3 所示）。这种布局模式能够有效避免盲目建设高层建筑，方便人们从车站以步行方式到达目的地，从而达到既提高公共设施使用率，又能创造和谐宜居环境，提高人们生活质量的目的。这些都体现了新型城镇化土地利用对 TOD 发展模式的需求。

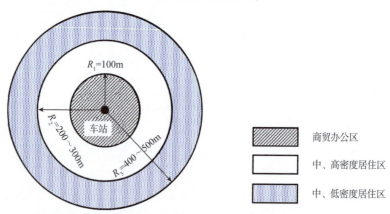

图 4-3　公交站点地区的土地利用

（2）车站地区土地利用强度的分布特征。与新型城镇化战略下站点周边土地利用性质的布局模式相对应，车站地区用地强度呈现以车站为中心向外围逐渐递减的圈层模式，即车站周边用地强度峰值最高，逐渐向外围递减，如图 4-4 所示。这种被塞维诺称之为"婚礼蛋糕"的土地利用形态对于客流集散具有积极作用。以车站为中心开展高强度开发，有利于把水平方向上的联系转化为垂直方向上的联系，能够有效缩短步行距离，同时还能避免在旧城改造时仅以土地产出为目标，不顾城市居民的生存环境，通过无限制地提高土地容积率（即指一个小区的总建筑面积与用地面积的比率）来追求更高的土地利润的问题。

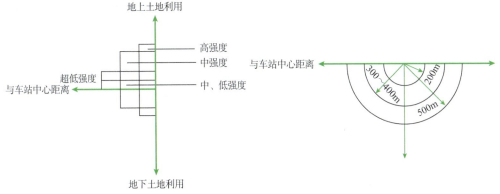

图 4-4　车站地区土地利用强度

在实际土地开发操作中可将车站周边地区的土地利用强度划分为高强度，中、低强度以及更低强度 3 个层级：高强度开发层位于以车站为圆心的 200m 范围内；中、低强度开发层位于 200～500m 范围内；更低强度开发层位于 500m 以外，以自然保护带为主。通过这种分层式的开发强度设计，可以从商业建筑和公共空间中将高档住宅剥离出来，从而避免过多的人流和车流穿越该区域。

二、新型城镇化下土地利用强度及混合度

1. 土地利用强度界限

连通、便捷、舒适可以确定为土地利用强度的合理形态特征。所谓连通是指依靠步行通道实现建筑物间的全天候连接；所谓便捷主要是指以减少人们的出行时间为目的，在基于保障城市结构紧凑的前提下，在社区和办公楼设置公交站；所谓舒适是指在满足出行的便捷性和安全性基础上体现人性化。经验表明，合理开发城市地下空间也是提高土地利用强度的重要途径，对保护环境、节约资源具有积极作用，同时还具有低成本储存物质等优点。

由于不同区位的车站地区在功能结构及空间组织形式上存在差异，因此在对土地利用强度界限划分上也各不相同。对土地利用强度合理界限的选择涉及土地利用的优化分析（表4-1 为美国城市规划界对 TOD 居住密度的下限建议）。根据卡尔索普的研究，当每一单元住宅的居住面积约为 $260m^2$ 时可依此推算出 TOD 的土地利用强度。商业及公共设施的用地面积约为车站地区用地面积的 10%。

美国 TOD 居住密度的下限　　　　表 4-1

城　　市	TOD 类型	最低居住密度（户/hm²）
圣迭戈	城市 TOD	63（45）
	社区 TOD	45（30）
华盛顿特区	城市 TOD	37（18）
	社区 TOD	20（18）

总体来看，我国及其他亚洲国家大城市的高强度开发标准远高于西方发达国家。以我国组群特色城市为例，车站核心区高强度开发带的容积率应在 2.5 以上；离车站稍远的中强度开发地带的容积率应控制在 1.0~2.5 范围内；离车站较远的低强度开发地带的容积率应为 0.5~1.0；远离车站的超低强度开发地带的容积率应低于 0.5。在新型城镇化土地开发过程中，容积率的确定需要参考 TOD 模式及具体用地条件来确定。

2. 土地利用混合度

在城市的某一特定区域内具有多种性质的土地利用称为混合的土地利用。单凭土地利用的用地规模以及用地类别难以反映土地利用的混合程度，还要充分考虑由土地利用的区位因素决定的就业岗位强度；另外，作为一个可比较的归一化数值，土地利用混合度能够充分反映多种土地利用性质，以及由区位因素决定的就业岗位因子。

考虑人口与就业岗位密度的区域土地利用混合度模型为：

$$L_r = \left| P_d \times \log_{10}(P_d) \right| + \sum_{k=1}^{N} \left| E_k \times \log_{10}(E_k) \right| \tag{4-1}$$

式中：L_r——区域土地利用混合度；

P_d——区域人口密度，人/hm^2；

E_k——区域内第 K 类用地就业岗位密度，个/hm^2；

N——用地分类数。

新型城镇化下土地利用混合度对居民出行空间分布的作用主要体现在以下几方面：

一是居民在空间上的出行分布与城市土地利用的空间布局、土地利用混合度具有紧密联系；

二是居民出行吸引在区内的比例与片区的土地利用混合度之间的关系，可以通过非线性二次曲线拟合。对于一个片区内部发生的居民出行，其土地利用混合度在很大程度上决定了出行终端是在本片区内还是片区外；

三是通过提高外围片区的土地利用混合度能够有效降低城市建成区内部跨片区出行比例，减轻片区间通道的交通压力及交通矛盾；

四是在开展城市土地利用布局规划时除了需要强调功能分区外还应坚持通过混合土地利用规划来平衡人口与就业的发展原则，减少居民跨片区的长距离出行；

五是对于需要越过屏障（城墙、河流、山体等）向外围新区拓展的城市，应高度重视平衡发展新区各类土地利用，使得土地利用达到一定的混合程度后能就地吸纳本区大部分居民出行，减少居民跨越片区的出行活动，缓解片区天然屏障上有限通道的交通压力。

三、新型城镇化下土地利用与交通政策

在欧洲和亚洲的一些城市，政府为了鼓励公共交通出行、集约化使用土地，制定了相对完善的 TOD 模式土地利用与交通政策。比如，荷兰政府为了能够有力地推动铁路车站周

边的土地再开发，采取了积极的土地利用和交通政策，通过改变城市空间结构布局、完善土地利用规划，有效降低了小汽车出行比例，对于城市公共交通的发展起到了积极的促进作用。相对而言，以小汽车为主要交通方式的美国，其城市布局结构比较分散，不易形成适应公共交通发展的走廊。因此，为了避免小汽车导向的城市发展模式带来的道路拥堵加剧、能源消耗及温室气体排放的快速增长，发展中国家在制定和完善土地利用和交通政策时不应盲目追随以小汽车为主的机动化水平较高的国家。

面对我国城市私人小汽车快速增长的现状，必须在推进新型城镇化进程中以提高经济社会的整体效率和出行的便捷性，保护耕地、森林等自然资源，保护资源环境，降低空气污染以及温室效应为出发点，建立并完善以形成集聚社会为目标的 TOD 模式的政策体系。以形成集聚社会为目标开展城市开发、城市间重组、区域规划，追求经济产业性能和生活居住机能的集约化，防止城市土地利用在空间上过度分散和无计划"摊大饼"式扩张，并防止地价过高而降低人们的生活质量。

第二节　新型城镇化下城市人口结构对 TOD 的需求

未来 5~10 年，是我国人口城镇化快速发展的关键时期。大力推动以人为核心的新型城镇化建设，首先要大力推进人口的城镇化，推进人口城镇化的关键在于创新体制机制，提高人口的城镇化质量，释放人口城镇化潜力。面对我国经济下行的压力，通过加快以人为核心的新型城镇化进程能够释放出更多、更新的发展红利，这不仅有利于促进消费，而且有利于拓宽投资空间。

一、新型城镇化下我国城市人口变化趋势

在我国城镇化不断推进的过程中，城市人口结构也在不断发生改变，最显著的特征就是城镇人口老龄化与农村青壮年劳动力向城镇的转移并存。一直以来，我国城市人口的自然增长率低于农村，但近 30 年来城市人口比例呈持续上升态势，这充分说明我国城市化快速发展的主要原因之一是人口的乡城迁移。我国人口在从农村迁移城市的过程中体现出了明显的年龄特征，总体而言，由农村迁出并定居在城市的青壮年人口比例明显大于其他年龄段人口，其中 19~35 岁之间的人口为主要群体，占总人口的比例最大。根据我国第五、第六次人口普查数据，不同年龄阶段农村人口的乡城迁移情况具有明显特征：18~22 岁的农村人口向城市迁移的概率最大；23~52 岁的农村人口向城市迁移的概率保持高水平稳定，但与 18~22 岁人口相比较低；53 岁及以上不能在城市稳定居住的农村务工人员，随着年龄的增长，回流的概率逐渐增加。未来随着我国人口老龄化不断加剧，我国人口乡城迁移

的规模将不可避免地减缓，但是需求会持续增加。

据统计，2012年我国城镇常住人口中农业转移人口总量大约为2.34亿人，约占全国城镇总人口的1/3。预计至2030年前，全国大约有3.9亿农业转移人口需要实现市民化，其中存量部分约1.9亿人，增量部分约2亿人。据预计，我国城镇老年人口数量将由2015年的9800万，持续增加到2020年的1.24亿，2030年的2.05亿，2050年的3.43亿，2055年达到峰值3.55亿。而城镇老年人口比例将由目前的约44%，持续提升到2020年的48.5%，2030年的55%，2050年的71%，到21世纪末大约提升至80%以上。城镇人口老龄化势必要以提高基本公共服务质量作为保障，提高基本公共服务质量所需的各种工作岗位又必然促进农村青壮年人口向城镇转移。

二、新型城镇化下我国城市人口结构对TOD的需求

当前，我国以人为核心的新型城镇化建设面临的一个突出问题，就是户籍人口城镇化率偏低。据国家统计局发布的数据显示，截至2020年底，我国常住人口城镇化率已超过60%，而户籍人口城镇化率达到45.4%，比2011年世界52%的平均水平低近7%，距离全面建成小康社会的目标还有一定差距。目前影响户籍人口城镇化率的重要制约因素是体制机制及城乡公共服务失衡，如果能够通过体制机制改革打破政策与体制掣肘，加快推动城乡基本公共服务均等化，未来5年有可能以每年2%左右的速度提升户籍人口城镇化率，到2025年，我国户籍人口城镇化率将达到55%左右。在破除体制机制壁垒，实现城乡公共服务均等化的基础上鼓励将农民完全融入城市是提高户籍人口城镇化率的一个重要举措。两亿多进城农村务工人员和其他常住人口还没有完全融入城市，没有享受同城市居民完全平等的公共服务和市民权利，"玻璃门"现象较为普遍。农村务工人员市民化就是要逐步实现农村务工人员与城市居民身份统一、权利一致、地位平等，实现农村务工人员及其家属生活方式、消费方式的市民化，最终使农村务工人员融入城镇成为新市民，努力实现农村务工人员"上岗有培训、劳动有合同、子女有教育、生活有改善、政治有参与、维权有渠道、生活有尊严"，有效促进农村务工人员及其家属"个人融入企业、子女融入学校、家庭融入社区、群体融入社会"。

新型城镇化下，城市人口规模对于扩大内需具有重要作用。首先，人口城镇化是扩大投资的重要载体。到2025年，按户籍人口城镇化率55%计，意味着将新增城镇户籍人口1.5亿左右，以农村务工人员市民化人均10万元的固定资产投资估算，将直接带动15万亿元左右的投资需求。另外，新型城镇化基础设施建设将为化解钢铁等产能过剩问题找到一条新路。其次，人口城镇化将产生巨大的消费需求拉动力。2015年，我国农村居民消费水平仅相当于城镇居民消费水平的1/3，随着国家大力加快推进农村土地制度、户籍制度、基本公共服务制度"三大改革"，预计到2025年，我国城镇新增农业转移人口将带来2.5万亿元左右的消费规模。

2015年后，随着中国劳动力人口（20～64岁）开始出现负增长趋势，意味着以房和车为核心的工业经济达到顶峰，中国步入存量经济时代。人口结构从工作年龄人口数量、抚养比、消费结构等三方面影响经济增长，也将直接影响TOD中"T"与"D"两方面。随着我国新型城镇化进程的快速推进，年轻劳动力和青年科技人才在城市人口中的比例不断增加，工作出行需求不断增长。为了缓解或避免大城市病带来的交通拥堵、环境污染等问题，新型城镇需要转变传统"摊大饼"式的发展，而转向多中心发展，通过多中心建设，实现职住均衡，缩短通勤交通出行距离，平衡居住成本与出行成本。在这样的状态下，才能够在城市规模不断扩大的基础上实现居民平均出行距离不会过度增长的城市交通出行特征，进而形成生态、低碳、绿色、不拥堵的宜居城市。新型城镇化的多中心发展模式必然推动城市要以大运量、快捷方便的交通方式有效集聚人口，对城市规划发展，尤其是城市多中心的建设产生很强的影响和引导作用。

第三节 新型城镇化下城市经济发展水平对 TOD 的需求

一、新型城镇化对经济发展的影响

新型城镇化对经济发展效率的影响并非直接实现的，而是通过中介机制实现的。首先，新型城镇化通过形成产业集聚，影响规模经济；其次，新型城镇化带动城市扩张，从而增加政府财政支出规模，使得用于教育、医疗卫生事业的支出增多，人民生活水平得到提高；最后，新型城镇化发展形成的人才集聚带来技术外溢与创新，通过影响产业集聚、财政支出以及技术创新的三大中介机制实现对经济发展效率的影响。新型城镇化本质上是人口、要素和市场的集中，在新型城镇化进程中，要素禀赋不断集中、基础设施不断完善、制度环境日益良好、市场需求逐渐扩大，促进产业集聚的发展；产业集聚节约交易成本、促进技术创新外溢，提高经济运行效率。

1. 新型城镇化为经济发展提供所需的人力资本

经济学家认为，创新以及知识的外溢是促进经济发展的新动力，而在城镇化水平相对较高的地区，外溢可能性最大的还属知识与技术，二者能创造的新产品与新的生产方式更多，因此经济效益更大，知识与技术主要体现在人才及人力资本方面。作为实现全面小康社会重要工程的新型城镇化建设不仅能改善人们的物质生活水平，还可以改善人们的文化生活环境，从而为经济发展留住所需的各类人才；为引进专业类的高端技术性人才提供良好的空间，从而提高创业创新能力；为招商引资提供优质资源，促进产业结构的调整、升级，促进经济的平稳可持续发展。新型城镇化建设对工业以及第三产业起到积极的促进作用，有效提高社会就业率。

2. 新型城镇化建设带动农业现代化、产业化的发展

随着新型城镇化的推进，农村人口不断向城市转移，农民数量不断减少，传统的耕地小、分散广的家庭农耕式农业生产模式逐渐被改变，耕地资源得以被集中使用，通过大型机械化作业，获得更大的农业效益。其次，新型城镇化还能促进工业反哺农业、城市支持农村，推进经济社会又快又好发展。推动更快形成农业龙头企业，提供龙头企业所依托的各种公共基础设施并促进龙头企业发展壮大，促进农业产业化的发展，改变当前"三农"问题所造成的中国经济滞后的现状，缩短城乡之间的差距，提高人均收入，推进城乡一体化进程。另外，新型城镇化还能提高信息化产业的发展，成为信息化产业的重要依托和载体。

3. 新型城镇化推动经济平稳、快速、可持续发展

开展城镇化建设，有利于扩大消费平台，有助于提高大部分行业的生产与消费水平。新型城镇化建设逐渐成为拉动中国经济增长的龙头，伴随着新型城镇化建设产生的各种宽松的政策，如财政政策和货币政策等，促进了对基础设施、社会保障、教育和医疗卫生等的投资，推动农业、工业、服务业等取得良好的发展，提高了就业率、内需水平和社保水平，从而能使中国经济实现了又好又快发展。

二、新型城镇化下经济发展水平对 TOD 的需求

经济的发展对新型城镇化进程具有明显的推动作用。在经济快速增长的地区，其城镇化水平也越高。经济发展对新型城镇化的推动作用表现为单位城镇化水平的提高需要足够的经济推动力，推动力越大，城镇化推进越快。经济发展能为新型城镇化建设提供一定的经济基础，提供城镇化所需要的公共设施建设、社会建设以及公共服务等。一个地区的经济水平发展到一定程度时，也能够相应地加快城镇化进程，带动就业，提高当地居民的人均收入，避免因城镇化建设造成当地居民的收入下降，减轻当地居民的压力，避免因城镇化建设导致的二次贫困。因此，要推进城镇化进程，必须大力发展经济建设，提高人均收入，改善人们的生活水平。

我国经济发展进入新常态，过去那种以牺牲环境和浪费资源为代价的粗放、蔓延式的发展模式已经不可持续，需要对新型城镇化的发展逻辑、建设逻辑、治理逻辑等方面有全新的认识、梳理和引领。《国家新型城镇化规划（2014—2020 年）》中明确指出，"优化布局，集约高效……科学规划建设城市群……合理控制城镇开发边界，优化城市内部空间结构，促进城市紧凑发展，提高国土空间利用效率"；"按照统一规划、协调推进、集约紧凑、疏密有致、环境优先的原则，统筹中心城区改造和新城新区建设，提高城市空间利用效率，改善城市人居环境"；"推动特大城市中心城区部分功能向卫星城疏散，强化大中城市中心城区高端服务、现代商贸、信息中介、创意创新等功能。完善中心城区功能组合，统筹规划地上地下空间开发，推动商业、办公、居住、生态空间与交通站点的合理布局与综合利用开发。"近年来，随着我国新型城镇化战略的推进，新型城镇化进程正在发生一系列积极

变化，投资内生动力增强。城镇化的领军城市已由传统的一线城市扩展到多个二线城市，例如杭州、武汉、郑州、苏州等二线城市年轻指数已经超过北上广等一线城市，这反映了新兴二线城市基础设施和公共服务水平不断提高、市场环境大幅改善和产城融合度明显提高，同时反映了这些城市的人气度也在快速提升；另外，随着我国城市群战略的规划实施，带动了大中小城市一体化发展，弥补了中小城市基础设施和公共服务短板，促进了一批中小城市的市场环境改善、产城融合水平提高和人气度提升。这些都有效扩大了城市发展空间，带动了房地产和基础设施投资趋于活跃，提高了投资内生动力。

随着我国新型城镇化建设的不断推进，城市型社会的逐渐成熟，未来我国城市的可持续和谐发展必然推动城市形态与城市交通之间形成和谐促进的关系。通过对建成区的修复和空间结构的重组，确立公共交通的优先地位，合理引导小汽车出行，以此为基础积极开展公共交通对城市的引导作用。通过合理规划建设大容量公交走廊连接各副中心，以公共交通导向开发（TOD）战略开展系统、协调的高密度土地开发和公共交通建设，解决我国高速城市化进程导致的资源消耗过度、空气污染、交通拥堵等"城市病"，充分发挥中心区的经济带动作用，避免由于城市人口郊区化引发的中心城区空心化现象，促进区域一体化协同发展。

第四节 新型城镇化下交通基础设施对 TOD 的需求

在人类发展历程中，交通方式随着人类科技的进步以及自身发展的需要不断变化，不同时代交通出行方式的特有性能已成为时代发展的标志。纵观世界城镇发展史，城镇的形成、扩张、形态、规模、结构等方面都与公共交通系统的变革以及运输方式的改变有着紧密联系。

一、城市交通基础设施对城镇化的影响机制

我国新型城镇化战略的实施为交通基础设施建设带来了难得的机遇。新型城镇化下，城市群内外交往愈加紧密，交通需求大幅增加，为提高以城市群或城市为单位的区际交通能力，促进城市内部交通网络布局优化，必须加大交通基础设施的供应。具体来说，为了增强大城市的辐射带动作用，应当构建以高速铁路、高速公路为骨架的城市群对外交通网络，以及以城际铁路为骨干的城市群内部交通网络，逐步形成客运"零距离换乘"和货运"无缝隙衔接"的城市群内外交通系统。在实现快速骨干网衔接的同时，需要对城市内部传统道路加宽改造、交通设施升级、交通网络布局优化，以提高城市交通基础设施的安全通达能力，健全综合交通运输体系，降低交通运输成本。新型城镇化下，随着我国新型城

镇化步伐的持续加快，城乡交通走廊必然会成为推动城乡一体化发展的重要驱动力。在"城乡统筹，交通先行"理念的引领下，只有加大财政对交通基础设施建设的支持力度才能实现城乡经济的持续发展，满足新型城镇化发展的基本需求。

交通基础设施又对新型城镇化格局及产业结构布局的形成具有积极促进作用。在新型城镇化持续推进过程中，通过构建便捷的交通系统不仅能够提高城市内外的通达效率，还可以为交通走廊附近区域的发展吸引更多的产业，人流与物流的聚集又带动区域的商业繁荣；科学的交通基础设施规划建设能够积极地促进城镇空间的合理开发，推动城镇属性的发挥，带动劳动力人口的规模性聚集，进而形成或完善新型城镇化格局；交通基础设施在促进城乡一体化发展方面具有重要推动作用，能够明显改善农村生产生活环境。随着我国城乡交通运输一体化发展战略的推进，城市公共交通系统深入广大农村地区，进一步加强了农村与城市的联系，惠及了广大农民群众，实现了生产生活更加频繁地融合，伴随着大量现代化城市技术的涌入，对于全面推动农村与城市的一体化发展、新型城镇化进程具有积极作用。

第一，交通基础设施的改善能够提高人口从农村向城市迁移的规模。推动新型城镇化进程和经济发展的关键因素之一是实现农村人口向城镇迁移。随着作为人口流动载体的交通基础设施条件的不断改善，将对城市或区域可达性的提高具有显著的带动作用，对于影响人口迁移的物质成本、时间成本以及心理成本的降低具有明显推动作用，对人口的大规模迁移具有积极促进作用。

第二，城市内部交通基础设施的改善有助于提升城市服务能力和城市化质量。随着城市内部交通基础设施质量、密度的提高，因城市空间限制而对交通服务质量造成的不利影响会被大大削弱，有利于生产活动呈现出空间扩散的趋势（如大城市的郊区化等）。另外，基于城市交通基础设施不断完善以及高端物流业不断发展，通过对两者的合理结合，能够促进商品、服务、信息等从生产地到消费地高效、低成本流动，对城市的专业化、智能化、多样化服务能力起到积极促进作用。

第三，交通基础设施的改善有助于引导城市化空间形态和区域格局的演变。一方面，交通基础设施的规划建设改变了沿线地区的可达性，对区域的土地利用产生影响，进而导致城市化空间形态的演变。另一方面，交通基础设施建设影响城市化发展的区域格局。新经济地理学的相关研究表明，交通基础设施的改善会降低运输成本，从而改变区域内以市场规模和集聚经济为代表的向心力及以要素成本和竞争为代表的离心力的相对平衡，对不同区域发展产生相反的影响。在城市区域内，通过规划、建设良好的交通网络有助于外围低密度经济区更便捷地向中心区供给产品，同时中心区也能够因交通运输成本降低和需求扩大获得收益，从而提高区域竞争。基于交通基础设施建设，不断优化交通网络改变各城市的相对区位条件，进而积极影响城镇化发展的区域格局。

第四，作为辐射媒介的交通基础设施能够有效促进城市内部及城市之间经济发展，推动差异化地区资本、技术、人才、信息等要素流动。通过区域交通网络的不断完善，提高中心城市的辐射带动能力，进而促进中心城市与周边地区的城镇化协同发展。

二、新型城镇化下的交通基础设施对 TOD 的需求

新型城镇化的基本特征是：城乡统筹、城乡一体、产业互动、节约集约、生态宜居、和谐发展。要实现作为新型城镇化特征的 6 个核心内涵，必然离不开交通基础设施的支撑，这是因为作为一切生产要素流通的桥梁和纽带，交通基础设施既是新型城镇化规划建设的重要内容，又是保障新型城镇化得以顺利推进的基础。

城市发展历程表明，交通基础设施建设落后于城镇化推进速度，被动适应新型城镇化，必然会导致路网超负荷运营，出现道路交通拥堵严重、交通出行时耗过大等恶劣影响，大大降低居民出行满意度。另外，为了避免或降低由于交通基础设施被动适应新型城镇化发展而造成的资源和能源浪费，需要充分发挥交通基础设施对新型城镇化发展的引领作用，加强交通基础设施建设与城镇化的匹配度。

首先，通过完善公共交通功能引领交通基础设施合理规划建设，优化现有的城市道路系统、公共交通系统，系统布局多元化的城市快速通勤交通，提升城市综合交通运输能力。同时，通过加强公共交通周边用地综合开发有效缩短居民出行距离，降低城市内部交通出行需求，从而减少城市机动车出行造成的空气污染及能源消耗；其次，以公共交通为导向的城市发展理念需要更加注重交通基础设施的合理规划。在进行交通基础设施规划时，要充分考虑公共交通专用道的设置以及公共交通的优先通行权，加强对私人小汽车占用公共交通专用道的监督。积极推进停车收费政策，合理规划设置停车收费区域，根据距中心城区的远近制定收费额度，最大限度地降低中心城区的私人小汽车数量，鼓励居民通过公共交通方式进出城区。同时还要提高公共交通的设施水平，科学合理设置调度中心，根据城市实际情况调整公共交通结构，并将公共交通系统的管理机制写入交通基础设施相应法规标准中，使其在合理有序的环境中发挥最大的功能效用。另外，大力推进智能交通系统的应用，通过在大型公共区域的公交站点或枢纽站设置实时播报系统向乘客及时发布道路交通状况，以便于乘客能够及时根据路况调整出行路线，减少等待时间，从而有效提高交通工具的运行效率以及居民出行满意度。

只有通过建立科学、合理的公共交通基础设施系统，强化建设与监督力度，才能积极发挥交通引领作用，有效解决出行难和行车难的问题，减少因交通基础设施建设与新型城镇化脱节产生的社会问题。

| 第五章 |

新型城镇化下公共交通引导城市发展模式

由于我国城市自身的特点，在发展 TOD 模式方面与发达国家有很大不同，需要从实际出发，有针对性地提出策略建议。总体来说，应当本着"扬长补短"的原则，即充分发挥 TOD 在我国城市优势的同时，尽量协调和改进旧有思想与体制，为实现城市健康有序可持续的发展做出贡献。需要具体做好以下几个方面的工作：①加强政府对公共交通的投资力度，建立制度保障，提高公共交通的供给水平，保持政策的稳定性与连续性；②充分重视交通运输规划尤其是公共交通运输规划在城市规划过程中的重要性；③优先发展公共交通，对 TOD 项目实施政策和资金倾斜，同时抑制潜在的小汽车交通需求；④推进市场化运作，建立有效竞争的经营体制，打破部门及行业界限，实行共生项目的联合经营；⑤建立规范的法规体系。

新型城镇化建设是我国新常态下经济社会可持续发展的重要引擎，按照统一规划、协调推进、集约紧凑、疏密有致、环境优先的原则，统筹中心城区改造和新城新区建设，提高城市空间利用效率，改善城市人居环境。城市交通在新型城镇化建设中具有重要的引领作用。为适应新型城镇化建设需要，引导城市科学、健康、可持续地发展，针对不同规模和类型的城市，需要重点加强以下几方面的研究工作：

①研究城市公共交通由被动适应需求转变为主动引领城市发展模式的空间发展策略和核心举措；②基于城市公共交通在新型城镇化建设进程中的准确定位，提出城市公交引导城市发展的前端规划技术要求；③研究建立城市公共交通与城市协同发展机制和配套措施，包括规划、建设、运营、管理等方面的制度、政策、法规、标准规范、发展指数、技术方法等；④提出营造 TOD 全链条发展外部环境和氛围的对策与措施。

第一节 城市分类

为了更好地分析城市公共交通引导我国城市发展的路径，首先需要对我国城市进行分类，基于 2004 年国家统计局以城市规模进行的城市分类以及《国务院关于调整城市规模划分标准的通知》（国发〔2014〕51 号），将城市规模划分为 5 类，见表 5-1。

城市规模划分　　　　　　　　　　　　　　　　表 5-1

城市规模	人口数（万人）
超大城市	>1000
特大城市	500～1000
大城市	100～500
中等城市	50～100
小城市	<50

不同类型城市的交通需求特性见表5-2。

不同类型城市交通系统的主要区别　　　　表5-2

城市规模	特点与区别
超大城市	轨道交通覆盖面广，形成轨道交通网络，轨道交通分担率占全交通方式分担率50%以上
特大城市	由轨道交通覆盖主要交通走廊，轨道交通为骨干，常规公交为主体，轨道交通分担率占全交通方式分担率30%以上
大城市	根据需求特性，由轨道交通满足通道交通需求，以BRT和常规公交为主，形成公共交通网络，轨道交通分担率占20%以上

但是，仅靠人口数划分的城市规模类型难以完全准确地研究城市公共交通对城市引导的对策，还应该全面考虑城市的需求特点。

第二节　不同类型城市交通发展对策

一、超大型城市交通发展对策

据相关数据显示，我国所有超大城市均面临交通拥堵问题，尤其在城市人口规模不断扩大，建设用地不断扩张，机动车保有量仍然快速增长的态势下，超大型城市面临着日益严峻的交通挑战。

为了更好地有效解决超大城市以交通拥堵为主的城市交通问题，应当采取以轨道交通为主体、常规公交为辅助、步行和自行车为补充的城市交通发展模式，强化一体化综合交通枢纽核心作用的综合交通系统。

超大型城市通常多为组团结构，具有一个较强的城市中心，应当形成以轨道交通为主体，多种交通方式紧密衔接、功能互补、服务层次多样、以人为本的综合交通系统（图5-1）。典型的成功案例是日本东京，由于东京在土地利用方面形成了单中心结构，导致东京市中心区集中了各种社会活动机构，人口十分密集，每天有将近360万上班和上学客流涌入有着800万居民的行政商务中心，大量人口的流动成为东京的一大特征，道路交通和铁路交通成为人们日常出行的主要交通方式，其中轨道交通是东京最重要的交通工具。

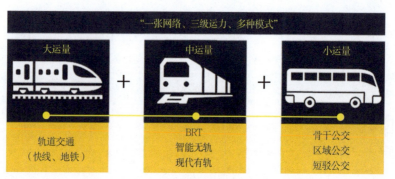

图 5-1 超大城市公共交通发展模式

结合东京等超大城市的特征，提出超大城市的交通发展策略：

（1）中心城区以轨道交通为主体，形成大运量、通达性好的轨道交通网络系统；

（2）以大运量、快速度运营的轻轨交通或快速公交（BRT）等作为组团城区与城市中心之间的主导交通方式，保证城市外围区与中心城区的快捷联系，提供强大的通道交通运输能力，支撑新城发展；

（3）组团城区之间应以公共交通为骨干，根据交通需求特征，形成道路公交或有轨电车为主导的综合交通运输系统；

（4）加强综合交通枢纽建设，不断完善无缝衔接、零距离换乘综合枢纽。

以不同类型轨道交通、城市快速路及综合换乘枢纽等交通基础设施构成的快速公共交通系统为城市交通主体，以各种形式的路面公交为补充，形成完善的城市公共交通系统；充分发挥自行车在中短距离出行中的作用，有效控制私人小汽车的出行分担率。目前北京、上海等超大城市通过积极完善多类型的轨道交通网络、丰富公共交通系统层次、推动发展多样化绿色公交、优化地面公交线网布局、促进轨道交通与地面公交线网的融合来提高城市公共交通出行效率和服务质量。截至 2017 年，上海全市轨道交通站点周边 50m、100m 半径范围内提供公交服务的比例达到 75%、89%，较 2013 年分别提高 8%、4%。高峰时段中心城区公交骨干线路平均运行车速提高至 14km/h，公交专用道平均运行车速达 15km/h。乘客对轨道交通及公共汽电车满意度保持在 85 分以上，总体较为满意。

二、特大型城市交通发展对策

特大型城市结构通常或应当为组团结构，有一个较强的城市中心，组团内的居住与工作基本保持平衡，组团内就近工作的居民应占较大比例。其交通发展模式应该是"轨道交通+快速公交+常规公交+自行车+步行"。

特大型城市交通发展策略：

（1）轨道交通应当是组团城区与城市中心区之间以及各城区之间的主导交通方式，能够提供强大的通道交通运输能力；

（2）轨道交通支线、公交干线连接各组团城区的客流集散点；

（3）常规公交系统+步行+自行车系统为各组团城区内部的主要交通方式。

特大型城市应以轨道交通为骨干，路面公交为主体，尽快形成完善的城市快速公共交通系统（BRT），全面实施"公交优先"发展战略。在城市中心区尤其是 CBD 地区实行机动车限行等措施，同时充分发挥自行车在中短距离出行中的积极作用，合理发展自用乘用车，科学设置换乘枢纽，形成多元化的现代交通体系。构建生态城市单元作为城市的基本单元，以步行+自行车作为单元内的主要出行方式。

在中心城区，宜通过发展大运量轨道交通系统缓解交通压力。在外围组团城区，宜发展轻轨交通等中运量城市轨道交通系统来保证外围城区与中心城区的快速联系，支持新城发展。南京市作为典型的国内特大城市，在公共交通发展模式上形成了以轨道交通为骨干、地面公交为网络、其他公共交通方式为延伸和补充、多种运输方式无缝衔接的多元公交网络体系，实现了机场、高铁与城市轨道交通便捷换乘（图 5-2）。截至 2017 年，中心城区公交出行占机动化出行分担率达 63.1%，全市日均运送乘客约 530 万人次，较 2012 年增加 118 万人次，城市拥堵状况明显下降。为发挥自行车在中短距离出行中的积极作用，有效解决"最后一公里"出行问题，南京市积极发展公共自行车，到 2017 年累计建成服务网点 2333 处，投放公共自行车 93035 辆。

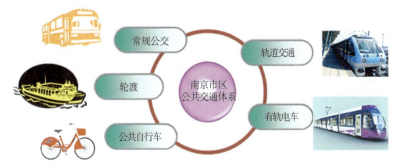

图 5-2 南京市公共交通出行系统

三、大型城市交通发展对策

大型城市的交通发展模式应当是"轨道交通或道路公交+自行车+步行"，条件具备的情况下可以沿主要客流通道建设大运量轨道交通。形成以快速公交为主干、常规公交为主导，功能层次明晰、网络布局合理、换乘衔接方便的公共交通服务体系。合理引导私人小汽车发展，重视建设和完善慢行交通系统，积极创造步行和自行车出行条件。

应当以能够提供强大的通道交通运输能力的轨道交通或公交干线（快速公交、大站快车、常规公交干线）为组团城区之间的主导交通方式；轨道交通、公交干线（快速公交、大站快车、常规公交干线）连接各组团城区客流集散点。沿城市主要出行方向设置公交专用道及中运量、普速主干型的轻轨交通作为主要交通走廊。制定并逐步实施"公交优先"的相关政策措施，提高公共交通的适应性，形成快速公交网络系统。近年来，宁波市以新型城市化为动力，不断完善城市公共交通体系，大力提升公共交通竞争力和服务水平，统筹协调公共交通与其他交通方式，确立公共交通在宁波城市交通系统中的主体地位。大力推进轨道交通建设，引入中运量公交系统，逐步建立常规公交网络"快、干、支"网络系统，理顺各层次公交线网功能，形成了轨道交通为骨干，常规公交为主体，出租汽车为补充，公共自行车为延伸的"四车一体"城市公共交通体系。截至2017年，公共交通机动化出行分担率为51.5%，公共交通站点500m覆盖率为93.2%，早晚高峰公共汽电车平均运营车速为15.67km/h。有效提高了乘客出行效率，乘客满意度达到87.8%。

四、中小型城市交通发展对策

中小型城市的特征通常为结构紧凑、用地类型混合度高等，城市居民的出行距离通常在步行和自行车交通的合理范围内。

因此，中小城市交通发展模式应当以"自行车+步行"为主，交通资源应向行人与自行车倾斜，比如将道路横断面资源70%以上的通行空间给行人和自行车；另外，通过道路公交连接城市主要通道。积极创建生态城市单元作为城市的基本单元。作为"十三五"期第一批公交都市建设城市，许昌构建了公交（包括地面公交和水上公交）+公共自行车+步行"四位一体"的绿色出行体系。截至2017年6月，许昌市区公交站点500m覆盖率、公共汽电车进场率以及城乡客运公交化运营比率均已达到100%，实现了3个"百分百"。许昌城市地面公交年客运量为4901万人次，水上公交年客运量为32万人次，公共自行车年使用量443万人次，绿色出行已成为许昌市居民主要的出行方式。

五、旅游城市交通发展对策

以休闲及陶怡情操为主要目的的旅游城市，应当把绿色环保的慢行交通作为与之相适应的交通模式。在发展大容量快速公共交通系统时，旅游城市要根据自身的特点制定合理的交通发展策略，以保证旅游与城市协调发展。

1. 大力发展特色公共交通

作为城市交通系统重要有机组成部分的城市公共交通，其合理的规划建设对于加快城市化进程、培育和发挥城市综合功能、促进经济增长等具有决定性作用。旅游城市应当根据城市规模发展与之相适应的交通模式，有针对性地选择道路公交、有轨电车、慢行交通等特色交通方式。

2. 注重公共交通的安全性、便捷性及舒适性

相对而言，旅游城市在对公共交通系统的安全性、便捷性及舒适性方面的要求要比一般城市高。因此，需要通过合理规划公共交通系统基础设施，完善车内安全设施配置，提高公共交通的安全性；通过引入合适的公交车辆类型来提高舒适性。通常游客对旅游城市比较陌生，还需要旅游城市能够清晰明确地提供游客到达目的地所应采取的各种出行方式以及各种方式之间的换乘。

3. 发展可持续的交通方式

旅游城市需要根据不同游客的需求提供各类污染低、效率高、运量大、成本低、可达性好并对景观影响小的交通方式。

对于旅游城市而言，现代有轨电车作为大运量的交通运输工具具有显著的优势，例如成本低、污染小、建设周期短、运营效率高、舒适度高、布局灵活以及易于审批等，其在解决城市内部交通方面比其他公共交通系统更适合旅游城市发展。

另外，对于旅游城市而言，完善的慢行出行系统至关重要。可以将街巷、人行道、林荫道、滨水道等规划为旅游城市的慢行通道。这种风景化的慢行交通系统不仅可以有效提高旅游设施的可达性，而且还可以增加游览性。

作为著名的旅游城市，桂林的公共交通发展相对滞后，公交出行仅占总出行量的比例为10%。为了调整交通结构，构建自助性强且具有特色的公交系统，以提高旅游质量，近年来，桂林市大力改善公共交通质量。积极成功申报第三批"公交都市"建设，推进综合线网、枢纽场站的衔接工程和慢行绿道服务工程的建设，新购置600辆公交车。完善绿色公交装备，推动桂林交通一卡通的互联互通。加快交通旅游大数据中心建设，实现公交智能化和"互联网+"便捷出行。依托旅游集散中心、旅游换乘枢纽和水上客运码头，构建旅游公交一体化出行和"两江四湖"魅力公交游的多层次魅力公交体系。优先进行各组团间的路网规划建设：构建以快速公交系统为导向和主体的多层次组团间客运交通系统和交通模式，构建快速公交系统。大力开展"城市综合枢纽和对外旅游集散中心"的交通综合体规划建设。

六、城市群交通发展对策

城市群是指特定区域范围内具有相当数量的不同性质、类型和等级规模的城市，在一定的自然历史环境和经济发展机制下，以1~2个特大及以上或大城市为核心，通过综合交通运输网络连接，形成相互依存关系，并日益成为经济发展、合作共赢、优势互补、较强产业关联性和紧密商业贸易关系相对完整的城市集合体。

我国在"十五"计划纲要中首次提出了"城镇密集区"这一概念，在随后的"十一五"规划建议和"十二五"规划纲要中明确了"城市群"的概念和内涵并将其上升为国家发展战略。完备的公共交通系统是形成城市群的重要保障因素。方便、快捷的交通网络体系建设，是保障城市群一体化发展及引导城市合理发展的前提和支撑。

城市群内各个城市的公共交通主要包括常规公共汽电车、有轨电车、快速公交（BRT）、中运量和大运量的快速轨道交通，以及定制公交、出租汽车、轨道缆车、索道缆车等交通工具及配套设施设备。不同的公共交通方式以不同的速度、载运能力、舒适程度和价格等为乘客服务，满足不同乘客的出行需求。另外，城市群各城市之间通过城际交通连接。城际轨道交通作为重要的城际交通方式，在城市群区域发展中具有铁路干线、路面公交等在速度、舒适度、运营模式、便捷程度等方面无法比拟的优势，已成为解决当前城市群之间交通问题的关键。

城际轨道交通的优势主要包括：速度快、舒适度高、安全性好、运费低、运量大、节能环保等。具体来说，城际轨道交通能有效节省出行者的出行成本；减少交通事故；节约土地资源、有效保护耕地；节约能源，有效提高能源利用率；减少大气污染，降低环境噪声，有效保护环境。能够实现城市群"一小时通勤圈""半小时通勤圈"等。目前我国京津冀、长三角、珠三角等城市群初步实现了由城际轨道交通衔接的"一小时通勤圈"。

城际轨道交通作为城市群发展规划的一个有机组成部分，对城市群发展具有重要的引导作用。因此，城际轨道交通规划必须与城市群整体规划同步制定，协调整合，与城市群总体规划、功能规划、城镇布局规划等有机结合，真正发挥城际轨道交通支撑和引导城市群发展的积极作用。

第三节 城市交通对城市发展的引导作用

土地利用决定交通需求特征，进而决定交通系统的构成与模式。同时，交通系统又对城市结构产生重要的影响和引导作用，城市的交通发展轴决定了城市的形态、发展方向。当前，中国新型城镇化进程不断加快，用地规模在不断扩展。因此，需要从长远角度解决城市交通与城市发展问题。

传统的土地利用规划以及经济地理学理论将地租理论作为土地利用量评价的主要依据。地租理论基于力争使得每一寸土地利用类型都达到最大效益的假设，依据地租价格进行规划，每一块土地利用类型对应于具有一定支付能力的地价区。

通过分析当前城市的实践经验可知，交通设施的可用性及其服务水平直接影响土地价值，同时也反映了不同交通方式之间衔接换乘的便捷程度。当某一地区的可达性水平大于实质联系水平时，表明该区域在空间集结和经济聚集方面具有更大的潜力，其可能趋向于更高的土地利用强度。显然，交通系统的改善，对土地利用的性质和开发强度具有直接影响，能够使其更合乎需要，并且影响土地的货币价值。

城市空间形态的改变源于城市地域空间结构的演化和波动，城市地域空间结构的演化是城市地域功能结构变化的直接反映和最终结果，影响城市地域功能结构变化的主要因素是地域的土地价格和利用方式，而某一地域的土地价格和利用方式在很大程度上取决于该区域的空间可达性。空间可达性随着交通技术的创新而不断改变，而交通技术的应用范围和作用强度又受城市空间形态变化的影响。

城市地域扩张源于交通技术革新与城市空间形态变化相互作用机制，其中交通距离是影响城市地域扩张的主要障碍,不同交通方式对城市地域的空间范围造成的限制不同。步行通勤速度约为 3~5km/h,现代公共汽电车通勤速度约为 15~30km/h,地铁、轻轨和非拥堵状态下的小汽车通勤速度约为 30~60km/h。交通技术创新对空间可达性的不断突破显著改变着城市空间形态,人类在交通领域的每一次技术创新都会对城市空间组织形态造成一种特定的改变。

在步行、马车时期(1890 年以前),由于受出行距离的限制,城市的特点往往体现在规模小、单中心、开发强度高、人口密度大等;在电车时期(1890—1920 年),由于人们借助电车能够在较短时间里到达更远的距离,促使电车沿线的土地开发在空间上延伸得更远,出现了单中心星型的城市结构;在快速交通时期(1950 年至今),随着高速公路和城市干线道路网的形成,人们借助多种交通工具能够到达更远的地方,从而导致城市规模迅速扩张,城市结构也由单中心向多中心转变。

通过对交通方式的构成与城市空间形态的互动关系分析研究,人们找到了交通引领城市发展的重要技术途径,即通过公交导向的城市开发手段(TOD)建立起比较理想的城市结构和空间格局。

当前我国城市发展普遍面临的主要矛盾有:人口密度过大、交通基础设施落后、土地资源紧张等,而普遍的"摊大饼"式的城市扩展模式又加剧了这一系列矛盾。国外学者对传统的城市圈层式发展模式存在的弊端给出了深刻的批评,在此基础上提出了城市的紧凑发展、精明发展、公共交通引导城市发展等理论,认为应积极推动以公共交通为导向的城市布局战略,这对于限制城市无序蔓延,提升生态环境、降低能源消耗、提高资源利用率具有积极的作用。

建立中国特色的和谐宜居城市形态,需要改变传统的单中心聚集式城市模式,向多中心分散城市组群发展,围绕中心城市合理规划副中心和卫星城。分散的城市群结构与传统的圈层式城市蔓延不同,通过多中心的分散城市群形态代替单中心蔓延的城市形态能够充分发挥城市集聚和分散的双重优势。但是,要想使城市达到理想的组群式空间布局结构,离不开大运量、快捷的公共交通系统。

第四节 我国开展 TOD 的优势

与国外发达国家相比,我国社会主义制度优势下特有的国情及发展现状具备实施 TOD 模式的优势。主要体现在以下几个方面。

(1)我国人口众多,人均土地面积较小,土地利用多为集约式的混合开发,居民已经适应高密度的居住环境。

（2）我国的社会主义制度决定了土地归国家所有，土地的规划、开发可以由国家统筹决定。

（3）我国城市交通机动化水平仍处于快速发展时期，虽然私人小汽车拥有量仍处于快速上升阶段，但家庭平均小汽车拥有量还相对较低，还未形成小汽车导向的城市发展模式。

（4）国家出台了一系列大力支持公共交通发展的政策。2005年，国务院办公厅转发建设部等部门第46号文件《关于优先发展城市公共交通的意见》指出："在群众总体收入水平不高的前提下，优先发展公共交通符合城市发展的实际，是建设节约型社会的重要举措。"2012年国务院发布了《国务院关于城市优先发展公共交通的指导意见》（国发〔2012〕64号）指出："科学研究确定城市公共交通模式，根据城市实际发展需要合理规划建设以公共汽（电）车为主体的地面公共交通系统，包括快速公共汽车、现代有轨电车等大容量地面公共交通系统，有条件的特大城市、大城市有序推进轨道交通系统建设。提高城市公共交通车辆的保有水平和公共汽（电）车平均运营时速，大城市要基本实现中心城区公共交通站点500m全覆盖，公共交通占机动化出行比例达到60%左右。"

（5）国外已经形成了相对成熟的TOD理论与实践的研究成果，为我国开展TOD提供了理论基础及实践经验。

鉴于国内外城市发展存在的差异，系统分析我国开展TOD所具备的优势，不难看出，TOD模式符合我国的国情以及城市发展理念，同时我国城市发展也强烈需要TOD模式。但是，由于我国国情及城市特点与欧美发达国家存在较大的差异，不能直接照搬和套用国外TOD模式，应该根据我国实际情况对其进行一定的修正。

第五节 不同类型城市TOD模式规划

在新型城镇化背景下，为了充分发挥公共交通在我国城市发展中的积极引导作用，实现公共交通与土地利用一体化发展，应加大公共交通发展与宏观城市整体开发、中观区域开发以及微观社区开发的结合力度。

一、宏观层面

由于不同类型城市在市域空间结构、土地使用状况、人口分布特征、产业布局、城市交通特点、地理环境等方面存在差异，在制定城市总体规划时应充分考虑不同类型城市发展现状、未来发展目标、TOD理念及规划原则等因素。将交通规划与土地利用规划的有机结合融入城市规划过程中，通过城市交通规划与土地利用规划的相互结合、相互影响、相互渗透，共同决定城市空间发展模式。

在编制交通规划时首先要根据城市类型及特征确定公共交通系统的发展模式，在此基础上规划城市主要公共交通走廊，最后完善政策措施，保障规划的顺利实施。

在确定城市公共交通系统发展模式基础上结合城市主要发展规划开展土地利用规划，制定土地利用基本方针，调整土地利用布局，制定规划实施的政策保障措施。

基于城市交通规划与土地利用规划确定的城市空间发展模式形成的引导城市发展的公共交通系统发展模式主要包括以下几种：

第一种，以"步行+骑行+常规公交"为主的基本模式，该模式中，作为城市公共交通系统骨干的常规公交能够满足大部分居民的出行需求；

第二种，以"步行+骑行+常规公交+公交专用道/快速公交"为主的初级模式，这种在基本模式上发展起来的初级模式更加注重公共交通优先战略，主张城市发展快速公共交通系统，通过设置公交专用道提高公交服务质量，这种倡导快速公共交通出行的模式，提高了人们采用公共交通出行的欲望，能有效限制私人小汽车的出行量；

第三种，以"步行+骑行+常规公交+公交专用道/快速公交+轨道交通"为主的中级模式，该模式中，作为公共交通系统骨干的轨道交通与常规公交一起构成了多元化的公共交通系统，为人们提供了多种可供选择的出行方式，有效缓解早晚高峰交通拥挤现象；

第四种，"步行+骑行+常规公交+公交专用道/快速公交+轨道交通+综合换乘枢纽"的高级模式，综合换乘枢纽作为高级模式的重要基础设施为实现乘客在城市各种交通方式之间的换乘衔接提供了便利，促进了城市公共交通系统的立体化发展。

在选择城市公共交通系统发展模式时要综合考虑城市的规模、经济条件、人口数量及出行需求等多种决定因素。对于中小型城市而言，经济发展较慢，人口数量相对较少，比较适合采取基本模式；对于大型城市而言，经济发展较快，人口数量适中，比较适合采取初级模式；对于特大型城市而言，经济发展快，人口数量多，比较适合采取中级模式；对于超大型城市而言，经济发展迅速，人口数量巨大，比较适合采取高级模式。

在确定城市公共交通系统发展模式基础上设计城市公共交通系统走廊时，需要充分考虑城市人口分布、产业布局及土地利用形态等多种因素，并需要通过居民出行分析确定居民出行OD，在出行最密集的方向上设置作为城市主要发展轴的城市公共交通系统走廊，引导城市均衡发展。为了提高公共交通的效率和对城市的良性引导作用，必须在充分考虑客流双向平衡性的基础上确定城市发展轴，以避免出现发展轴双向客流量不平衡的情况。

基于公共交通系统走廊确定土地利用开发策略，鼓励公共交通走廊周边用地开发，使其朝着步行友好的、紧凑的、混合的开发模式发展，同时合理控制城市无序扩张，控制建设用地总量，加强耕地保护力度，严格限制农业用地转为建设用地，积极开展土地治理，加大生态环境建设力度，实现土地资源利用的可持续性。

在充分考虑土地利用与交通发展的互动关系基础上开展土地利用规划，遵循"土地开发强度与公共交通走廊距离成反比"的原则，尽量在公共交通走廊附近安排对人流吸引大的商业、第三产业等，在远离公共交通走廊的区域尽量安排占地面积大、人才需求量小的企业。

以特大及以上规模城市为例，城市空间结构在土地利用规划与交通规划相互结合、相互渗透下向连续性伸展轴加多中心组团的均衡模式发展。这种模式的特点是实现轨道交通与公交线网充分结合，在轨道交通的交会点周边设立功能齐全的、高密度开发的商业中心区（Central Business District，CBD），具备商业、娱乐、住宅、医疗、教育等功能，在轨道交通与公交线网的交会点、轨道交通站点及大型公交枢纽站点附近规划建设集商业、住宅为一体的、紧凑发展的、相对独立的城市次中心，在其余低密度开发区域修建绿地、广场等开阔的公共空间，适度修建占地面积较大、污染较严重的工业企业（图5-3）。

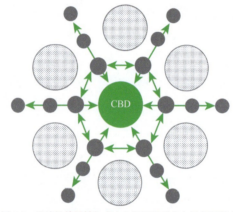

图 5-3　连续性伸展轴加多中心组团的城市空间发展模式

该模式下，城市次中心生活设施齐全，可基本满足人们的生活需要，减少不必要的出行，从而有效缓解中心区的交通和住房压力。另外，通过将放射状的轨道交通与环形公交线网结合，不但满足了不同人群出行需求，还由于其能够覆盖城市的边缘地区而加强了郊区与市区的联系，为郊区居民的出行也提供极大便利，进而有效降低私人小汽车的拥有量及出行量。这种模式对于城市空间结构沿着轨道交通发展，避免"摊大饼"式的圈层发展具有积极的引导作用。

二、中观层面

作为城市总体发展战略的综合考虑，宏观层面难以细化到每一项具体工作。为了既能贯彻落实城市总体规划战略，又可以深入、细化地实现城市总体规划，必须制定中观层面的区域规划。

区域规划以实现常规公交的优化设置为主，完善常规公交与轨道交通的换乘衔接，实现公共交通一体化协同发展，同时注重提高公共交通服务质量，优化乘车环境。

轨道交通由于其自身的特点是能覆盖有限的区域，对于没有轨道交通覆盖的区域，为了满足乘客的公共交通出行需求，有必要合理规划设置能与轨道交通有效衔接的常规公交系统。作为轨道交通的辅助和补充，常规公交应既能将没有轨道交通覆盖区域的乘客集结到轨道交通沿线各站点，又能快速转移和疏散轨道交通站点到达的乘客。因此，常规公交线路应延伸至每个TOD社区的次级区域，并且应保持与轨道交通线路垂直或相交，尽量避免与轨道交通线路平行，通过在轨道交通线路两侧设置常规公交站点实现常规公交与轨道交通的无缝衔接。

随着我国城市公共交通的发展，公共交通设施设备及服务质量有了大幅提升。但是，我国常规公交目前还普遍存在以下问题：

（1）从乘客角度来讲，早晚高峰时段车内拥挤严重，乘车环境恶劣，服务水平低，公交站点设施简陋，公交出行时效性较差，郊区运营车辆少且站点间距过长等；

（2）从城市发展角度来讲，公交专用道设置率低，与私人小汽车相互干扰严重，公交专用停车场不足，公交车辆进场率较低，占用骑行或步行道路停车现象普遍存在。

上述问题通常会导致城市居民采取公交出行的意愿不高，从而抑制了公共交通的发展。通过分析国外公交发展经验，可借鉴巴西库里蒂巴的措施：修建圆筒式人性化车站和公交专用线，配备不同服务功能的公交车等。也可借鉴斯德哥尔摩的方法：对公共交通采用低票价制度，对私人小汽车采取征收购置税、停车费等措施，以此提高公交出行分担率。

三、微观层面

基于中观层面上轨道交通站点的布设，从微观层面开展TOD社区的细化设计（确定TOD社区的内部布局结构），主要包括以下方面：

（1）开展紧凑的混合用地开发；
（2）规划、建设舒适的步行环境；
（3）进行道路系统设计。

鼓励人们减少私人小汽车出行，采用步行或自行车出行是TOD社区的主要宗旨之一。因此，在开展微观层面的规划设计时要以实现步行环境的舒适度为重点。

①将步行和骑行环境的安全性及舒适性作为设计社区内部道路和交叉路口时的优先考虑因素，在此基础上合理设置公交专用道和一般车行道。例如，对于主干路而言，应在道路两旁设置步行道，中间设置为双向车行道；对于次干路而言，应在道路两旁设置步行道，中间设置为单向行车道；其他相对狭窄的道路上禁止机动车通行；应减少设置地下步行街和人行天桥；根据实际情况可以在步行道上设置休息椅，并严禁停放各种车辆；交叉路口设置人行横道等。

②实现主要道路对核心商业区与公交站点的连接，道路标志标线清晰明确，其他道路应与开放空间、居住区相连，并保证各条道路衔接明确、有序，道路及交叉路口尽量设置公交优先通行权。

③尽量使建筑物的出口面向街道，同时避免街道过长，通过加强街道两侧的多样化设

计，缩短人们的心理距离，消除步行过程中的烦躁感。

作为 TOD 社区内部设计的核心以及决定 TOD 规划成败的关键因素，紧凑多用途的土地开发能够以较高的密度将不同功能及用途的土地集中在轨道交通站点周边一定范围内。主要表现为，在轨道交通站点附近或车站上盖规划建设大型商场或写字楼，将居住区划分为多层、高层等不同类型，在离站点较远的次级区域大力兴建保障房及廉租房。土地开发强度以轨道交通沿线最高，向外逐渐降低。通过这种紧凑的混合用地开发不仅能够将 TOD 社区的各种社会活动都聚集在轨道交通附近，为轨道交通提供充足的客流量，而且可以有效控制城市无序蔓延。

在设计 TOD 社区内部的道路系统时应尽量以网格状结构为主，通过设计快捷的道路连接形式，实现各个功能区之间便捷的连通，减少出行距离。另外，还要充分考虑步行者的体型以及对空间舒适度的要求，避免出现断头路和死胡同，增强交通管制和交通引导等。

第六节 TOD 实施保障措施

一、加强政策引领

推进 TOD 实施的总体策略主要包括：以实现城市可持续发展为目标，充分发挥公共交通对城市空间布局结构的带动引导作用；优化城市公共交通的发展环境，促进公共交通与城市生产生活相融合，创造高品质的城市空间。具体保障措施有以下 4 个方面。

1. 确立 TOD 在城市发展中的地位

建立健全相关财政制度，尽量保证相关税收及行政事业收费的使用向 TOD 倾斜。根据城市的总体布局规划，优先建设快速大运量公共交通走廊，使城市规模沿交通走廊发展。

2. 研究实施 TOD 的具体规定

加强一体化设计，合理设计连接公交站点与邻近建筑物的通道；根据城市发展情况不断完善 TOD 规划设计、认定和评价程序。

3. 研究政府对 TOD 的鼓励措施

在土地利用方面：进一步完善城市区划、基础设施配套建设，建立土地利用规划方案、导则、用地类型及密度许可制度等。鼓励大型公共交通车站及周边的土地综合开发利用。健全公共交通枢纽规划、设计、建设、验收使用的"四同步"制度。在财政金融方面：降低投资贷款利率、抵押条件，提高还款优惠等。

4. 实行有利于 TOD 的管理对策

加强 TOD 理念宣传；优化公共交通服务线网，形成便捷、快速、高效的城市公共交通网络；改善城市不同交通出行方式间的衔接换乘条件，实现不同交通方式之间在运营、组织、票制等方面的一体化；完善城市公共交通财政补贴机制；建立健全自行车与助动车在换乘站周边的停车管理政策。

二、完善线网优化

在以公共交通为导向（TOD）的城市发展理念引导下，应充分考虑城市结构布局以促进城市合理发展，有必要结合城市特征对不同类型公共交通线网进行整体优化。需要重点从线网覆盖的总人口数最大、不同类型公交线路的合理衔接以及线网鲁棒性等角度开展研究。

1. 公共交通线网鲁棒性优化模型

（1）问题描述。城市化进程中，城市公共交通作为重要的公益性服务设施对城市居民的生活具有重要的影响，合理的公共交通系统对缓解城市交通拥堵、降低环境污染具有重要的作用，对于推动城市结构合理化发展具有积极的作用。公共交通线网作为城市公共交通系统的主要组成部分，其布局的合理性至关重要。在对城市公共交通网络布局优化时需要充分权衡经济与效率因素，经济因素主要是不同类型公共交通的建设费用，效率主要是乘客出行的时间和便捷程度。本节以方便乘客出行为目的、以公共交通引导城市发展为导向、以经济性作为重要考虑因素对城市公共交通线网在不确定需求下的鲁棒性进行优化研究。

（2）建模假设。为了便于计算分析，建模之前给出以下假设条件。

①包括轨道交通、BRT、常规公交在内的各类型公共交通备选线路以及站点已知；

②乘客出行需求呈现某种随机不确定性，概率分布函数已知；

③乘客对于出行路径选择的优先级为首先选择居民出行时间最短的路径，其次选择总换乘次数最小的路径。

（3）参数设定。定义S为优化方案集合，s为某一方案，满足$s \in S$；P为备选公共交通线路集合，p为集合内的一条线路，由一个或若干个公共交通路段构成，满足$p \in P$；R为公共交通路段集合，r为集合内的一条线路，满足$r \in R$；K为公共交通类型集合，k为集合内的一个交通类型，满足$k \in K$；l_r^k为k类型公共交通路段r的长度；N为公共交通线路上的站点集合，站点i、j为集合内的站点，满足$i, j \in N$；d_k为不同类型公共交通线网密度；c_k为不同类型公共交通线路单位建设成本；t_r^k为k类型公共交通路段r的理论通行时间；$\gamma_{ij}^p \in \{0,1\}$，如果$i$、$j$间乘客出行选择线路$p$，则$\gamma_{ij}^p = 1$，否则，$\gamma_{ij}^p = 0$；$\lambda_{pr}^k \in \{0,1\}$，如果选择的公共交通线路$p$包含$k$类型路段$r$，则取1，否则取0；$x_{ij}$为站点$i$到站点$j$的客流出行需求。

（4）模型构建。以方案s的目标值Z_s衡量公共交通网络的经济性和服务性能。

$$Z_s = \alpha \sum_{i \in N} \sum_{j \in N} \sum_{p \in P} \sum_{r \in R} \sum_{k \in K} \gamma_{ij}^p \lambda_{pr}^k l_r^k c_k + \beta \sum_{i \in N} \sum_{j \in N} \sum_{p \in P} \sum_{r \in R} \sum_{k \in K} \gamma_{ij}^p \lambda_{pr}^k t_r^k x_{ij} + \theta \sum_{i \in N} \sum_{j \in N} \sum_{p \in P} \sum_{r \in R} \sum_{k \in K} x_{ij} (\gamma_{ij}^p \lambda_{pr}^k - 1) \tag{5-1}$$

上述函数包括三项内容，依次为公共交通线路建设成本、乘客总出行时间以及乘客总换乘次数，分别对应公共交通的经济性、乘客出行的时效性和便捷性，α、β、θ为无量纲权重系数，且$\alpha+\beta+\theta=1$。

为体现网络服务性能，用Γ_s表示方案s发生的概率，Z_s的期望值$E(Z_s)$表示为：

$$E(Z_s) = \alpha \sum_{i \in N}\sum_{j \in N}\sum_{p \in P}\sum_{r \in R}\sum_{k \in K} \gamma_{ij}^p \lambda_{pr}^k l_r^k c_k + \beta \sum_{s \in S}\sum_{i \in N}\sum_{j \in N}\sum_{p \in P}\sum_{r \in R}\sum_{k \in K} \Gamma_s \gamma_{ij}^p \lambda_{pr}^k t_r^k x_{ij} + \theta \sum_{s \in S}\sum_{i \in N}\sum_{j \in N}\sum_{p \in P}\sum_{r \in R}\sum_{k \in K} \Gamma_s x_{ij}(\gamma_{ij}^p \lambda_{pr}^k - 1) \tag{5-2}$$

为了提高公共交通网络服务性能对于不确定需求的抗干扰能力，在确定优化目标时，通过计算方案目标值Z_s与期望值$E(Z_s)$的差值$\Lambda(Z_s)$确定该方案的公共交通网络鲁棒性。模型的优化目标函数为：

$$\begin{aligned}\min Z &= \kappa E(Z_s) + (1-\kappa)\Lambda(Z_s) \\ &= \kappa E(Z_s) + (1-\kappa)\sum_{s \in S}\Gamma_s \max(0, Z_s - E(Z_s))\end{aligned} \tag{5-3}$$

式中，κ为鲁棒性参数，$0 \leqslant \kappa \leqslant 1$。第一项$\kappa E(Z_s)$表示公共交通网络针对不同需求的服务性能均值；第二项表示不同需求条件下公共交通网络服务性能受到的扰动程度，$Z_s - E(Z_s) \geqslant 0$。

约束条件如下。

①线网密度。

$$d_{\min}^k \leqslant d_k = \frac{\sum_{r \in R}\lambda_r^k l_r^k}{A} \leqslant d_{\max}^k, \quad \forall k \in K \tag{5-4}$$

式中，$d_{\min}^k$与$d_{\max}^k$分别表示各类公共交通线网密度所允许的最小值与最大值，与城市类型相关，A为线网覆盖区域面积。

②线路选择。

$$\sum_{p \in P}\gamma_{ij}^p = 1, \quad \forall i \in N, j \in N, i \neq j \tag{5-5}$$

表示乘客只能选择一条线路出行，并且每一个 OD 之间至少存在一条供乘客出行的可选线路。

③换乘次数。

$$\sum_{r \in R}\sum_{k \in K}(\gamma_{ij}^p \lambda_{pr}^k - 1) \leqslant t, \quad \forall p \in P, i \in N, j \in N, i \neq j \tag{5-6}$$

表示每一个乘客的换乘次数不能大于给定的次数。

2. 模型求解

结合上述模型特征，利用改进的云免疫克隆算法进行求解。云免疫克隆选择算法（Cloud Clonal Selection Operation，CCSO），是指将云模型用于传统免疫克隆选择算法中的免疫基因操作过程中。云模型最早由中国工程院院士李德毅提出，借助其随机性与稳定倾向性处理定性概念与定量描述的不确定转换。云发生器作为实现云模型的具体方法，是一种实现定性与定量之间映射关系的工具，目前常用的主要有正向、逆向、X 条件以及 Y 条件云发生器，本研究利用 Y 条件云发生器进行交叉操作。Y 条件云发生器的操作过程主要包括：生成以E_1为期望H为标准差的正态随机数E_1'；根据公式$Q_c = E \pm \sqrt{-2\ln(u)}E_1'$得云滴为$(Q_c, u)$，其中$u$为确定度。

改进的云免疫克隆算法在初期通过较大的数字特征促使种群以较大概率更新，后期通过较小的数字特征使得优秀个体得到保护，加速全局收敛。算法既可以保持抗体多样性，又可以保证能较好地平衡全局搜索及局部搜索（算法流程如图 5-4 所示）。

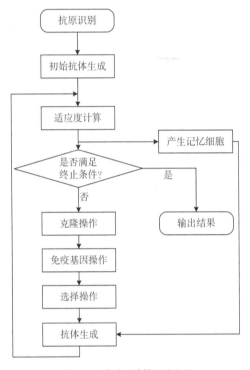

图 5-4　云免疫克隆算法的流程

在对模型求解前先确定模型的求解思路：

Step1：调用 k 短路算法，获取公共交通线网的 k 短路径；

Step2：确定公共交通服务网络中的线路备选集；

Step3：根据上述模型对备选路径集进行求解优化，获得最终的优化结果。

（1）抗体表示。采用 0-1 编码表示公共交通线路，其中 1 表示线路被选中，0 表示未被选中，编码长度表示备选线路条数。如图 5-5 所示。

（2）根据确定的公共交通服务网络中的线路备选集定义抗体数量m，该抗体集合主要由记忆细胞M和剩余细胞P_r组成。

（3）克隆操作。对初始抗体种群A进行克隆操作，更新为A'：$A' = (a_1', a_2', \cdots, a_m')^T$。抗体分为可行抗体与不可行

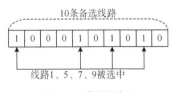

图 5-5　抗体编码表示

抗体，当抗体解码后不满足任何一个约束条件则为不可行抗体。对于可行抗体，其克隆方法如下。

Step1：确定方案数量$S_{\max}$；

Step2：根据乘客出行需求的概率分布生成$S_{\max}$个方案，根据公式（5-1）计算每个方案的Z_s，根据需要确定各方案发生的概率Γ_s；

Step3：对单一抗体，其克隆规模应依据抗体与抗原亲和度以及抗体与抗体亲和力自适应调整，按式（5-7）计算其克隆规模。

$$q_i = \text{ceil}\left(n_c \cdot \frac{f(a_i)}{\sum_{j=1}^{m} f(a_j)} \cdot \varphi_i\right), \quad i = 1,2,\cdots,m \tag{5-7}$$

式中，$\text{ceil}(\cdot)$为取上整函数；$n_c > m$是与克隆规模相关的设定值；$f(a_i)$是抗体与抗原之间的亲和度，其计算公式为目标函数（5-3）；φ_i为抗体与其他抗体之间的亲和力，其值可按式（5-8）计算：

$$\varphi_i = \min\{\exp(\|a_i - a_j\|)\}, \quad i \neq j; \quad i,j = 1,2,\cdots,m \tag{5-8}$$

式中，$\|\cdot\|$为归一化处理后的欧式距离，$0 \leq \|\cdot\| \leq 1$。显然，抗体亲和力越小，相似程度越高，则抗体间的抑制作用越强，φ_i值就越小。

（4）免疫基因操作。主要包括交叉操作和变异操作，在操作过程中借助云模型的随机性以及稳定倾向性的特征。

①对克隆后的抗体a'_i，取任意抗体a'_j按照以下步骤与其交叉。

Step1：获取确定度μ，$\mu = \mu_{\max} - \frac{f_{\max} - f(a'_i)}{f_{\max} - f_{\min}}(\mu_{\max} - \mu_{\min})$；

Step2：期望E的生成，$E = \frac{f(a'_i)}{f(a'_i) + f(a'_j)}a'_i + \frac{f(a'_j)}{f(a'_i) + f(a'_j)}a'_j$；

Step3：熵E_1的生成，$E_1 = $变量搜索范围$/k_1$；

Step4：超熵H的生成，$H = E_1/k_2$；

Step5：利用Y条件云发生器生成子抗体x_1及x_2；

Step6：对比x_1和x_2的亲和度，由亲和度较大的子抗体替代a'_i。

经过交叉操作后的抗体种群A'更新为A''：$A'' = (a''_1, a''_2, \cdots, a''_m)^T$。

②对抗体a''_i进行单点变异操作。

Step1：E取原抗体；

Step2：$E_1 = $变量搜索范围$/k_3$；

Step3：$H = E_1/k_4$（$k_1 \sim k_4$表示控制系数）；

Step4：通过基本云正态发生器生成云滴(x,μ)，并生成随机数T_e，$\mu > T_e$时，更新个体。

经过变异操作后的抗体种群A''更新为A'''：$A''' = (a'''_1, a'''_2, \cdots, a'''_m)^T$。

（5）克隆选择操作。为了避免算法退化，通过混合父代个体与子代个体后从中选择出适应度最高的个体作为下一代个体。

3. 算例分析及评价

为验证模型和算法的可行性和合理性，以某区域公共交通网络为例进行验证分析。通过 k 短路算法筛选后确定的公共交通物理网络结构如图 5-6 所示，从 A 到 L 有一条公共交通系统通道，通道中有 3 条平行公共交通干线，分别为 A-B-E-H-K-L、A-C-F-I-L 和 A-D-G-F-J-L；3 条平行干线间通过 C-D、C-E 和 H-I 这 3 条联络线相连，来满足乘客的出行需求，图中弧段上数值表示线路路段物理距离。

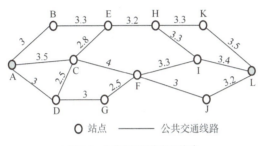

图 5-6 公共交通网络备选线路

目前，随着城市化进程的不断推进，为满足城市居民出行需求，城市交通运输主管部门在现有公共交通网络规划布局基础上计划通过线网优化实现公共交通网络的鲁棒性。算例中公共交通运输方式主要限定为轨道交通、快速公交（BRT）和普通公交 3 个谱系。算例中公共交通都不采用跨站直达运输的方式。为体现通道内线路的分工情况，对不同区段上的公共交通方式进行区分，在此基础上构造算例的公共交通服务网络，如图 5-7 所示。图 5-7 中，路段 A-B 上的数字 12 表示采用快速公交在路段上的通行时间为 12min，20 表示普通公交在路段上的行驶时间为 20min。不同公共交通方式的相关属性如表 5-3 所示。

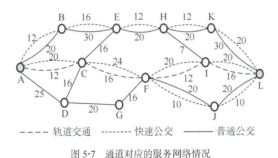

图 5-7 通道对应的服务网络情况

不同类型公共交通线路的建设成本 表 5-3

公共交通类型	建设成本（万元·km^{-1}）
普通公交	1
快速公交	5000
轨道交通	80000

假设决策周期内通道中的乘客出行 OD 需求服从可预测的均匀分布，需求矩阵如表 5-4

所示。优化目标中乘客总出行时间及总换乘次数与出行需求有关，在此基础上给出两组α、β、θ值（表5-5），第一组偏重乘客出行时间，第二组偏重乘客出行换乘次数，最大换乘次数$t = 2$。算法的相关参数如表5-6所示。

客 运 需 求 信 息　　　　　　　　　　　表 5-4

OD	A	B	C	D	E	F	G	H	I	J	K	L
A	0	80, 100	200, 260	140, 190	120, 180	110, 130	30, 70	20, 90	40, 100	50, 80	20, 60	70, 100
B	80, 100	0	110, 170	210, 290	40, 80	140, 220	20, 50	70, 90	60, 90	50, 70	30, 80	70, 110
C	200, 260	110, 170	0	270, 310	210, 250	80, 120	20, 50	60, 80	70, 120	90, 150	20, 70	50, 90
D	140, 190	210, 290	270, 310	0	200, 240	210, 260	140, 180	190, 220	160, 190	130, 150	80, 130	30, 60
E	120, 180	40, 80	210, 250	200, 240	0	170, 210	90, 120	100, 130	140, 160	30, 90	110, 140	80, 100
F	110, 130	140, 220	80, 120	210, 260	170, 210	0	150, 180	130, 170	70, 130	20, 80	100, 150	90, 130
G	30, 70	20, 50	20, 50	140, 180	90, 120	150, 180	0	40, 70	150, 190	200, 230	140, 180	50, 90
H	20, 90	70, 90	60, 80	190, 220	100, 130	130, 170	40, 70	0	180, 220	50, 90	170, 210	110, 150
I	40, 100	60, 90	70, 120	160, 190	140, 160	70, 130	150, 190	180, 220	0	160, 210	100, 150	80, 140
J	50, 80	50, 70	90, 150	130, 150	30, 90	20, 80	200, 230	50, 90	160, 210	0	20, 70	160, 200
K	20, 60	30, 80	20, 70	80, 130	110, 140	100, 150	140, 180	170, 210	100, 150	20, 70	0	70, 130
L	70, 100	70, 110	50, 90	30, 60	80, 100	90, 130	50, 90	110, 150	80, 140	160, 200	70, 130	0

无量纲权重值设置　　　　　　　　　　　表 5-5

取值	参数		
	α	β	θ
第一组	0.2	0.5	0.3
第二组	0.2	0.3	0.5

算 法 参 数 取 值　　　　　　　　　　　表 5-6

参数	S_{max}	Γ_r	抗体种群	最大迭代次数
取值	500	1/500	30	100

采用改进的云免疫克隆算法对算例进行测算，借助 MATLAB 平台，在 Core i5 M 560，2.67GHz，4GB RAM 计算机上运行大约 20s 得到计算结果，最优解在迭代 42 次后收敛。针对表 5-5 无量纲参数的计算结果如表 5-7 所示，优化后的网络结构如图 5-8 所示。

计 算 结 果　　　　　　　　　　　　　　　表 5-7

α	β	θ	κ	min Z	选择的线路
0.2	0.5	0.3	0.4	170 338.63	A-B-E-H-I-L; A-C-F-I-L; A-C-F-J-L; A-D-G-F-I-L; A-D-G-F-J-L
0.2	0.5	0.3	0.6	170 338.63	A-B-E-H-K-L; A-C-F-I-L; A-C-F-J-L; A-D-G-F-I-L; A-D-G-F-J-L
0.2	0.3	0.5	0.4	205 812.41	A-B-E-H-K-L; A-C-F-I-L; A-C-F-J-L; A-D-G-F-J-L
0.2	0.3	0.5	0.6	202 496.03	A-B-E-H-I-L; A-C-F-I-L; A-C-F-J-L; A-D-G-F-J-L

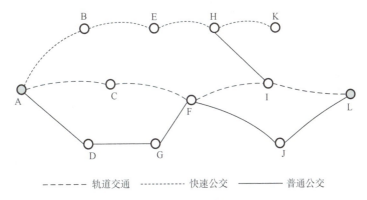

------ 轨道交通　　·········· 快速公交　　—— 普通公交

图 5-8　优化后的公共交通网络结构

表 5-7 中对于给定的 α、β、θ 值，当鲁棒性参数 κ 取值不同时，计算结果也会存在一定的差异，因此最终方案还需决策者确定；对比当 α = 0.2、β = 0.3、θ = 0.5 时，κ 取 0.6 与 κ 取 0.4 的结果发现，κ 取 0.6 时，所选路径确定的公共交通网络效率较高，但是网络的鲁棒性较差。对比表 5-7 中 κ 取 0.4 的两组数据发现，第一行数据偏重于乘客出行的总时间较小，但是乘客总的换乘次数较多，这是因为 β = 0.5 决定了网络决策偏向乘客出行的时间最短，而第三行 θ = 0.5 偏向于乘客出行的总换乘次数最少；对于财政压力较大的城市，可以考虑在决策时设置较大的 α 值，以偏向建设成本最小，计算方法与上文相同。

第六章

公共交通引导城市发展模式下的国土空间宏观规划

在公共交通引导城市发展模式中，基于城市形态的宏观模式对城市发展具有引领和导向作用。新型城镇化下，我国城市发展方向为公共交通引导城市发展提出了新的要求，以人为本、安全、绿色、宜居、可持续的城市发展模式以及便捷的出行将成为未来城市发展的目标，需要坚持落实以公共交通为引导的城市发展理念，将安全、绿色、宜居、可持续贯穿于城市发展的全过程。

第一节 新型城镇化发展的核心问题

新型城镇化涉及经济、社会、人口、基础设施和生态环境等多方面的协调发展，是实现城乡可持续发展的过程。根据联合国关于可持续发展概念及其战略的内涵，即经济增长、社会进步、环境保护是可持续发展的三大支柱，社会与经济发展必须与环境保护相结合，以确保世界的可持续发展和人类的繁荣。因此，如何推动城市实现可持续发展是新型城镇化过程中关注的核心。

1. 加快经济结构调整

我国的城镇化滞后于工业化和农业现代化，发展质量不高。2019年，我国城镇人口比例（城镇化率）为60.6%，明显低于第二、第三产业就业人员在全国就业人员中74.9%的水平。党的十八大报告提出"要推进经济结构战略性调整。这是加快转变经济发展方式的主攻方向。必须以改善需求结构、优化产业结构、促进区域协调发展、推进城镇化为重点，着力解决制约经济持续健康发展的重大结构性问题"。经济结构调整首先就要优化产业结构，实现三大产业之间及其内部关系协调和升级，通过增强创新能力，在改造提升传统产业的同时，大力发展战略性新兴产业。在新型城镇化进程中，必须合理规划城镇空间结构布局，合理配置资源分布，逐步从以竞争优势为追求的产业集聚阶段向以创新驱动为追求的新城区、新社区阶段发展。

2. 创新社会管理与公共服务

当前，生活质量和宜居性已经成为城市竞争力的重要因素。现行的城市公共服务和社会保障体系还难以满足城市居民正常的工作和生活需求。各地在制定城市发展规划时对城市居民生活质量和宜居性考虑不足，造成社会管理问题频现和基本公共服务设施不足。新型城镇化的不断发展对城市的公共服务提出了新的要求，政府对城市的社会管理和公共服务必须从当前粗放型的社会管理提升到高效性社会治理。通过优化城市结构布局，协调各功能区配置，最大限度地满足人们日益增长的美好生活需要。

3. 推动生态文明建设

党的十八大报告提出了"建设美丽中国，实现中华民族永续发展"的目标。从生态文明的战略角度推进新型城镇化建设,应该以制度创新为突破,提升创新功能和服务功能,促进经济、社会、生态系统的友好互动,实现城市与区域的功能升级,城镇与乡村的同步发展。

一是要在尊重城市、城市群和区域发展规律的前提下科学制定长期的发展战略规划。依托现有的公共基础设施,改变以前的粗放型发展模式,对未来城市、城市群和区域的空间、产业、人口、生态等方面的指标进行设定,以保障城市的生态安全、可持续发展,遏制"城市病"。

二是要以创新驱动为核心战略,加快城市服务体系构建,推动城市与区域转型的绿色化、低碳化。新型城镇化要改变传统的单一城市功能,实现多元化的综合服务功能,必须以创新型、服务型城市建设为突破,用新的理念和商业模式去改造传统产业,大力发展现代服务业,促进就业人口结构的优化。

三是协同推进新型城镇化战略与生态文明建设。在"五位一体"的总布局下,新型城镇化必须破除城乡二元结构的政策障碍,在土地制度、城市布局规划以及行政层级管理等方面,进行综合配套改革。在转变城市经济增长方式中,不仅要实施最严格的节能减排指标约束考核制度,还要利用市场机制建立资源有偿使用制度和生态补偿制度,鼓励企业参与环境保护和生态修复,提升生态产品生产能力。

第二节 公共交通引导城市发展的空间规划

一、多中心协调的空间布局

(一)城市空间结构

虽然从城市空间结构上来看,各个城市的城市形态各异且都非常复杂,但空间结构通常体现在两个方面:一是城市建成环境中的人口分布状况,二是城市人口的空间移动状况。人口的空间分布决定了一个城市的空间结构类型。一般用中心数量与集聚程度来进行衡量(图6-1)。

根据人口的居住和就业空间分布状态以及交通发展状况,可以将城市空间结构大致分为单中心和多中心两种模式。其中多中心模式又可细分为轴向放射模式、随机运动模式和放射与随机运动并存模式。其中,单中心模式主要表现为城市中心具有很高的人口与就业密度,公共设施集中,城市交通流呈放射状,城市中心外围区域的人们以放射状的方式进出城市中心。多中心轴向放射模式主要表现为拥有一个包含高质量公共设施的城市中心,同时通过快速大容量公共交通系统与次级中心有效联系。多中心随机运动模式主要表现为城市具有多个城市发展核,但没有一个具有统治地位的城市中心;就业机会和公共设施以较均质的方式分布在整个建成区内；城市交通呈现出随机状，任何发展核之间都存在着一定规模的交通流量，当所有发展核和非核区域的就业强度差别不大时，就演变成无中心模式，城市交通更呈现出完全的随机模式。多中心放射与随机运动并存模式主要表现为城市具有一个占统治地位的城市中心和一些次级中心，城市中放射式的移动方式和随机移动方式共存。

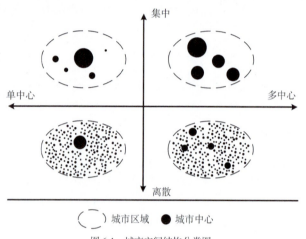

图 6-1　城市空间结构分类图

一般而言，城市的发展都会经历单中心模式阶段，而后随着城市的不断发展，城市空间结构逐渐由单中心发展成为多中心模式。不同城市对于空间结构和占支配地位的交通工具的选择差异，将会引导城市向不同的方向发展（图6-2）。

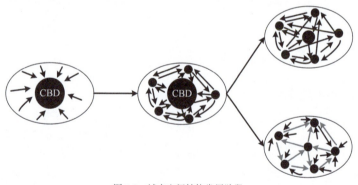

图 6-2　城市空间结构发展阶段

（二）典型城市

1. 哥本哈根多中心轴向放射模式

哥本哈根地区的多中心轴向放射模式城市空间结构源于1947年丹麦政府推出的"指状规划"。城市走廊从哥本哈根的市中心向西南与西北方向呈手指状蔓延，走廊之间由农田、森林和开放空间组成了分隔地带。这种放射状的整体结构可以使城市沿着被清晰界定的轨道交通走廊进行发展，在保证区域内可以通过轨道交通建立有效联系的同时保护走廊之间的绿带。

20 世纪 70 年代初，随着城市的快速发展，市中心区面临巨大的发展压力。因此，1989 年，在保持原规划原则不变的基础上，新的区域规划"指状规划 1989"结合放射状的轨道交通体系，在哥本哈根市中心外围的指状空间中发展二级中心。同时，每个二级中心建立一个交通枢纽，围绕交通枢纽建设具有区域性功能的商业、工作等场所。这一政策被称为"接近车站发展政策"，它在以后的区域规划中成为一个核心的内容。2007 年，"指状规划 2007"进一步明确了大哥本哈根地区的空间结构和不同区域的发展要求：一是市中心区，这个区域是城市发展的限定范围。同时，城市发展必须强调与公共交通的服务相结合；二是城市外围地区，这一区域的发展范围是有限的。同时，城市发展必须强调地区发展与公共交通的服务相结合；三是指状空间之间的绿地区域，可以用于农田或居住者的休闲区域，应该被保护；四是大哥本哈根地区其他的区域，这些区域应当通过建立便利的交通实现与其他地区有效联系。

历经近 70 年的发展，"指状规划"逐渐成为一种被普遍接受的标准来指导哥本哈根地区的发展，1947 年确立的多中心轴向放射模式的城市空间结构也逐步得以实现。整个区域范围内，哥本哈根市中心是区域内最大的就业中心，其他不断发展的新中心沿着由轨道交通线路界定的走廊与中心区有效连接。

2. 芝加哥放射与随机运动并存模式

芝加哥位于美国中西部，是美国第三大城市，也是美国重要的金融、文化、商品交易中心之一。芝加哥市区面积约 606.2km^2，城市面积约 5498.1km^2，大都会面积约 28163km^2。根据美国年最新的人口普查，芝加哥市区人口 270 万人。

20 世纪初期，城市规划师丹尼尔·伯纳姆和爱德华·班尼特共同制订了芝加哥大都会地区的发展计划《1909 区域规划》。该规划提出了城市规划的全面性、系统性，并注重区域之间的互动，侧重于 6 个方面的整体考虑：一是改善湖畔；二是开发一个高速公路系统；三是提高货运及客运铁路系统；四是建设公园绿地系统；五是安排系统的街道；六是建立一个公民文化机构和政府中心。根据《1909 区域规划》，基于城市原有绿地进行城市绿地和空间系统开发，主要是在城市内部建设围绕中心区边缘、贯穿建成区中部、防护城市边缘的三大绿化圈层，圈层之间通过林荫大道、园林绿地等串联起来。城市骨架由铁路系统和高速公路系统组成。通过整合原有分散的铁路系统，形成由快速客运交通、地铁、高架铁路共同组成的综合客运轨道交通体系。城市空间结构发展沿着铁路系统由城市中心区向城市北部、西北、西部、西南和南部发散。城市高速公路系统使用放射式和圈层式相结合的模式，从城市中心向外延伸。

1900—2000 年城市建成区范围变化明显，在 20 世纪 50 年代，城市建成区以城市湖滨地区为中心，沿着轨道交通引导的走廊呈轴线紧凑发展；到 21 世纪初期，城市建成区已突破发展走廊区域，呈现出扩散的趋势。按照当前的发展趋势，预计到 2030 年，城市建成区将完全呈现蔓延趋势。这种迅速扩张的增长模式是不可持续的，它不仅快速地消耗了土地，而且对自然资源造成了严重破坏。同时大容量公共交通与其他公交系统难以到达这些区域。预计到2030年，区域内的居民私人小汽车出行比例将超过80%。

这一现象是多方原因共同造成的，在城市空间结构层面，由于以大运量公共交通线路所形成的城市发展轴线与呈放射式和圈层式相结合的高速路网共存，导致城市空间难以沿着轴线走廊发展，圈层式高速路网不断引导城市突破走廊范围而扩散到廊道之间的区域，最终使得城市发展填满了整个区域。为了改变这种城市空间发展模式，芝加哥市政府在2005年发布了《大芝加哥都市区2040区域框架规划》，重新确立了区域发展的3个核心要素，中心、走廊和绿色空间。其核心理念在于：确定不同层次的中心，使用多种交通模式的走廊将各中心紧密联系在一起，同时更好地保护城市的自然绿地空间。该规划的关键在于重新确立了由走廊引导的多中心城市空间发展结构，通过强调发展混合使用、紧凑发展的城市中心来降低中心之间的交通需求，通过强化由中心区为核心成扇形向外均匀放射分布的大运量公共交通走廊来引导城市沿轴向发展。

（三）分散化集中的多中心结构

多中心一体化的城市空间模式形成的多个区域增长中心，打破了区域发展的"中心—外围"二元结构，有利于推动城市区域整体协调发展，同时多中心分散化的空间结构能够有效避免单一中心城市蔓延，有利于保护区域既有的生态格局，有助于构建和谐的人地关系，促进区域的可持续宜居发展。

该模式倡导基于集约发展的分散布局，采用多中心或带形的城市形态结构，各中心土地利用混合程度高，人口和城市经济活动高密度布局。在城市空间组织方式上，通常采用"对日常活动进行功能性的集中"和"对这些集中点进行有机的分散"。

这种类型城市的各级中心一般通过公共交通网络连接，通过有意识地加强城市功能的协调，对集中点进行有机疏散，以缓解城市中心区的交通压力。这种有机疏散的策略实际上是通过城市功能的空间重组，使单中心的城市空间结构转化为空间相对分离的多中心分散型结构。这种模式与分散型城市的最大区别在于是否拥有高密度发展的中心区。通过快速大容量公共交通将紧凑发展的各级中心区联系在一起，能够有效提高公共交通出行的比例。随着城市的发展，外围中心组团将成为城市新的吸引中心，频繁的交往和便捷的交通将刺激交通需求，导致小汽车出行成本升高，公共交通成为主导的交通出行方式。在中心内部，由于城市密度与混合程度都较高，人们大量使用基于公共交通的非机动车交通模式。

（四）相互竞争与互补的发展组团

组成TOD城市的每个组团都应该具有相对独立的产业体系、较完备的城市功能和专业化发展方向。每个组团的各自特色和优势促使多中心之间不仅具有垂直的管理等级联系，也有水平的功能竞争与互补联系，从而使得空间结构更加扁平化，组织更加高效灵活,极大提高城市内部及城市之间的物质流动、能量转换、信息传递。

衡量城市空间结构是否能够促进积极交通方式的使用、减少车辆行驶里程的最主要标准是能否缩短通勤时间和通勤距离。国内外学者对于单中心与多中心两种空间形态结构在节省通勤时间和通勤距离方面哪种更具效率存在较大的争议,主要单中心论者代表有瑟夫洛、纳斯等,主要多中心论者代表有戈登、理查德森等。

瑟夫洛和兰蒂斯(Cervero & Landis)在对旧金山湾区就业中心分散化的研究中发现,继续居住在市区的居民成为往返通勤者,其通勤距离明显增加;已经迁往郊区的居民状况要好一些,但其通勤距离也比就业中心分散化之前有所延长。纳斯和桑德伯格(Naess & Sandberg)通过对奥斯陆6个公司的调研,认为在其他变量不变的前提下,就业者平均通勤距离有所增长,员工迁往就业地附近居住产生的通勤距离的减少已经被一种在更大区域范围内雇佣职工所导致通勤距离的增加所抵消。施瓦恩(Schwanen)将荷兰的日常通勤系统分为4类:向心型(central)、离心型(decentral)、交叉型(cross)和潮汐型(exchange),发现在交叉型系统中,出行距离较短,而潮汐型系统由于就业—居住的空间错位要承担更长的通勤距离。戈登和王(Gordon & Wong)利用美国个人交通调查数据(NPTS),对美国大都市区10万居民的私人交通平均出行距离进行了分析,发现在美国东北部,随着城市规模的增加,工作平均出行距离延长。而在西部,城市规模的增加并未引起出行距离的延长。同时,对于相同规模等级的城市,早高峰时段西部城市的平均出行距离要比东北部短,他们认为正是西部多中心的发展造成了这种差异。戈登(Gordon)针对多中心缩短通勤距离的内在机制,运用协同定位假设(Co-Location Hypothesis)对这种差异进行了解释,认为家庭和企业总是周期性地通过空间位置的调整来实现就业—居住的平衡,使交通总量降低并且分散在更广的区域内,从而减少平均出行距离和出行时间。

对比分析单中心论和多中心论两方面学者的观点可以发现,两种观点分歧的关键在于组成多中心结构组团的功能布局是否多样均衡。根据组成多中心的组团内就业与居住的关系可将组团分为两类:一类是就业与居住就地基本平衡,而另一类就业与居住不能就地平衡。对于后者而言,在形成过程中由于过分强调其单一就业或居住功能,将造成就业和居住的空间分隔,严重的就业与居住失衡不仅不能解决原有的交通问题,反而会增加居民的通勤距离和通勤时间。这也是单中心论者对多中心组团模式批判的重要原因之一。但对于就业居住基本平衡的组团而言,单中心论者也承认其居民的通勤时间比仍居住在中心区的居民要短得多。

因此,对于多中心结构而言,如果在组团形成过程中能够实现功能互补,居民可以就近就业,多中心的空间结构无疑将分散单中心所聚集的交通量,从而起到缩短居民通勤距离和通勤时间的目的;反之,如果就业与居住区域分别位于城市的不同位置,居民的跨区域出行将会使城市交通更为拥挤。因此,组团内的多样平衡的功能布局是实现多中心结构改善城市交通出行的关键所在。

（五）楔形布局的开放空间

正如前文所讲，哥本哈根以绿楔方式布局城市的农田、森林和开放空间，同时绿楔还分隔以公共交通为引导的城市发展走廊。该模式便于将城市发展集中在走廊地带，有利于大规模公共交通的高效利用，并可以结合城市发展的实际需要进行分段分时序的发展。虽然在发展过程中，出现了部分绿楔空间被侵入的情况，但是总体上仍然较好保持了原有的开放空间。

与哥本哈根不同，芝加哥采用绿带方式布局城市的开放空间，同时在规划中明确了城市的发展边界。但是城市在实际发展过程中并没有按照规划的方向发展。放射加环状的高速公路系统导致城市轻易突破了原有的城市发展轴线，并且逐步突破城市边界。

对于那些严格在绿带内发展的城市而言，其因受到绿带的限制往往选择跳跃式的新城发展模式。但是由于缺乏一体化规划的公共交通走廊，再加上远离中心城市，最终往往推动了小汽车的广泛使用。

因此，以绿楔方式布局城市开放空间，以大容量公共交通走廊引导城市发展的模式可以更好地适应城市发展过程中的不确定性，促进公共交通的使用，实现城市的可持续宜居发展。

概括起来，多中心协调的空间结构特征包括3个方面：一是多中心的空间布局，其中拥有一个包含高质量公共设施的城市发展核心，以及多个职住较为平衡的次中心；二是轴向发展的空间走廊，通过快速大容量公共交通系统建立起各中心之间的轴向联系，形成城市发展的走廊地带，同时限制城市的无序扩张；三是楔形间隔的开放空间，通过楔形间隔布局不仅保护了原有的城市绿地系统，而且有效限定了空间走廊的发展范围。

多中心协调的空间结构便于城市沿着多中心与轴向发展，不仅有利于获取城市聚集经济优势，还可以避免单中心过度集聚产生的负面效果，同时轴向走廊发展能够促进城市中心之间便捷、低碳的联系，促成城市的整体性。必须依靠多中心之间密切的竞争与互补的功能联系和群体化发展的外部效应来获取聚集经济优势，才能形成一体化的空间网络组织（图6-3）。

因此，构建TOD城市空间结构，需要通过建立合理的地域分工体系，来实现中心城市功能的疏解与重组，扩大城市功能调整的空间尺度，减轻中心城市由于高密度发展带来的压力，并促进区域整体协同发展。以中心城区为一级中心，外围新城为二级中心、公共交通枢纽地区为三级中心，以放射性大运量公共交通走廊为主要轴线的多中心网络结构构成了宜居可持续的TOD空间结构模式。在这种城市空间模式中，中心城区的活动被分散到由大运量公共交通所连接成的具有不同密度和功能特点的节点网络中，从而形成了各个层级的公共服务中心。

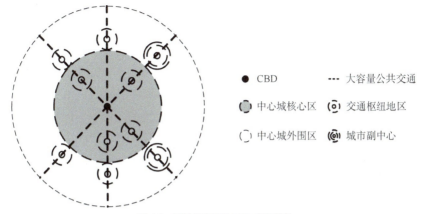

图 6-3 可持续发展的 TOD 空间结构

二、便捷高效的交通网络结构

TOD 城市交通以大运量公共交通为主导，呈现多模式协同发展结构，同时道路网络、公共交通系统高度连接，构建便于城市居民利用公共交通、慢行交通等出行方式的城市环境。

（一）大运量公共交通网络

TOD 模式下，作为城市主骨架的大运量公共交通系统通过提高可达性，将大量商业、居住、工业活动吸引到大运量公共交通沿线，引导城市土地利用沿轴向发展。因此，能否形成与城市空间结构良好匹配的公共交通网络模式，是否能够引导城市用地布局的优化调整，是公共交通网络规划决策的关键因素。根据城市空间类型特征，公共交通网络可以大致分成适应轴向发展、适应团块状发展和适应组团发展的公共交通网络。其共同特点都是沿公共交通走廊呈现"放射轴向"发展。

1. 适应轴向发展的公共交通网络

轴向结构的城市特征通常表现为，有一个强大的市中心，通过放射网状结构的大容量快速公共交通线路引导城市沿轴向发展，形成疏密有致的开发模式。城市建设沿轴线加密，轴间保留开敞空间，并且使放射状结构线路在市中心区两两相交，以加大市中心区线网的密度。哥本哈根、库里蒂巴就是该种类型的典型案例。

2. 适应团块状发展的公共交通网络

团块状结构的城市规模一般较大，通常具有一个强大的市中心，呈现圈层结构的特征，围绕市中心区分散分布着城市的边缘团块，更远的区域分布着卫星城镇。"放射环形"或"放射棋盘"结构的快速公交线网系统通常是团块状结构城市公共交通系统的重要组成部分。其中心区环形线网既能起到疏导人流的作用，又可以提高中心区与公共交通线网的结合度，有助于促进市中心区的高密度混合开发；位于中心区外围的边缘团块，其外环公交线路可大大提高城市分区中心的可达性，有助于引导和加快城市副中心的形成；放射网状结构加快了城市边缘团块和卫星城镇的发展,在用地、就业和交通等各方面减轻了城市中心的压力。莫斯科、华盛顿、东京就是该类型的典型案例。

3. 适应组团发展的公共交通网络

对于组团城市而言,组成城市的多组团由于许多自然因素或发展时间的原因发展并不均衡。放射状的公共交通线网能够有效建立起各组团间的联系,推动其他组团发展的同时,在就业、交通、社会诸方面减轻中心组团的压力,拓展城市发展空间,推进城市结构的合理调整。香港、斯德哥尔摩是该种类型的典型案例。

（二）街道网络

从物质层面来讲,运动流以及连通模式,即城市道路网络模式,一定会对城市空间结构带来显著影响。不同的路网形态将可能造成截然不同的城市空间结构。其中街区尺度和网络结构是路网形态涉及的两个关键要素。

1. 街区尺度

研究发现,对于同样具有历史性的城市,虽然自然环境千差万别,但是它们的街区尺度具有高度的相似性。同时,在过去的 150 年里,街区尺度在逐渐变大。通过观察马德里、巴黎、波士顿等城市的地图变化,发现新旧城区的尺度存在明显差异,新增部分大多尺度更大,形式更为规整,结构也更为简单。但是,与现代主义时期的城市街区相比,尺度又明显小了很多。通过比较 20 世纪规划的巴西利亚、欧文、奥克兰、波特兰等城市的街区状况,可以发现这些城市街区尺度形成了鲜明的分化,有些城市仍然与传统街区尺度保持着一致,而另一些城市则形成了巨型街区。

通过比较 $1mile^2$（1 平方英里）土地内的街区数量可以发现这种城市空间发展发生了巨大变化：威尼斯老城拥有 987 个街区,巴塞罗那拥有 330 个街区,波特兰拥有 318 个街区,而巴西利亚仅有 47 个街区（表 6-1）。主导交通方式的选择是造成这种巨大差异的主要原因：威尼斯选择典型的步行化城市空间结构；巴塞罗那、东京、波特兰等城市,都是以公共交通、慢行交通为导向的城市空间结构,而巴西利亚、欧文等城市则是以小汽车为导向。是否考虑了城市中人性化场所或宜居性环境的因素是造成这种差异的另一个原因,不同的街区大小造成了截然不同的城市空间连接度和渗透性。

不同城市 $1mile^2$ 街区交叉口及街区数量　　　　表 6-1

城　　市	道路交叉口数量	街　区　数　量
威尼斯	1725	987
东京	988	675
巴塞罗那	486	330
波士顿（1955 年）	508	342
波特兰	370	318

续上表

城　市	道路交叉口数量	街区数量
巴西利亚	92	47
欧文（居住区）	119	43
欧文（商务区）	15	17

通过对比发现，对于以公共交通与步行交通为主导的城市，例如东京、罗马、巴黎、波特兰、波士顿、巴塞罗那等，往往具有较多的道路交叉口，这与其所形成的适于步行的空间环境相匹配（表6-2）。该种现象证实了"建成环境"与"交通出行"相关性分析中得出"交叉路口密度对步行的发生具有重要的影响作用"的结论。通过对众多具有良好步行环境的城市街区尺度的比较，发现它们具有高度的相似性，尺度一般都在100m左右。

不同城市中心区街区特征　　　　　　表6-2

城　市	道路交叉口数量	街区数量	道路交叉口平均距离（m）	
			平均值	中值
罗马	504	419	60	46
巴黎（卢浮宫地区）	418	315	75	61
纽约（曼哈顿下城）	339	275	84	79
波士顿（1980）	373	245	72	91
旧金山（中心区）	293	216	108	107
纽约（中城）	181	166	129	79
旧金山（中城）	182	137	125	99
洛杉矶（中心区）	171	132	119	110
旧金山（日落区）	161	130	141	91
中位数	293	216	108	—

主道路尺度作为城市街区尺度的另一个核心因素与城市中的步行区域可达性概念相关。通常来讲，步行区域的范围是由城市核心的位置、道路布局决定的，是公共设施可达性的一种空间体现。城市核心一般包括各种综合城市功能和交通枢纽。步行区域的范围一般取值为"5min的步行距离"，大致相当于400m。"5min的步行距离"的取值与传统城市主道路网络间距离吻合。通过对有着不同历史、文化、地理、气候、生态特征的许多历史城市的比较研究显示，不同历史城市的主道路网络之间的距离具有明显的相似性，距离一般都为400m左右。"5min的步行距离"背后的基本原理实际上根植于人类自身的尺度与能力，是人类社会进化过程中亘古不变的基本规律，它应该成为城市空间肌理演变过程中的重要原则。

街道布局也是决定实际步行区域的重要因素，高度连接的路网系统保证了城市空间之间的高渗透性，从而能够更好地接近由400m半径确定的步行区域。对于绝大多数的住宅及其他非工作场所，城市活动中心一般在 5min 的步行距离范围内。这种可达性要求是必需的，这有利于实现经济社会和环境的可持续发展目标。

2. 街道网络结构

关于道路的网络结构特征，在规划设计上主要分成两类：一种是以道路等级和土地利用划分为基础，以交通流量和车辆运行状况为依据的道路网络模式，以机动性和道路等级性为主要目的，以树状为主要形态特征；另一种是以具有混合功能的街道格网为基础，以城市空间设计为导向的道路网络模式，以实现网络中的渗透性和连接性为主要目的，以格网状为主要形态特征。

按照上述分类方式，可以将不同类型城市的典型街道形态分为 4 类，反映不同增长模式和阶段下的城市空间结构特征（表 6-3）。

类型 A 代表典型的老城核心区域，其中各条道路分别呈现出不同的扭转角度，并指向不同的方向，呈现放射形的特征，但仍可以看作格网型路网的变异。

类型 B 代表经过规划形成的城市区域，十字交叉路口节点的普遍使用为这种布局赋予了在两条轴线上对等的导向性，是一种典型的格网型路网体系。

4 种典型路网结构类型 表 6-3

分　类	街道形态
A	
B	
C	

续上表

分　类	街　道　形　态
D	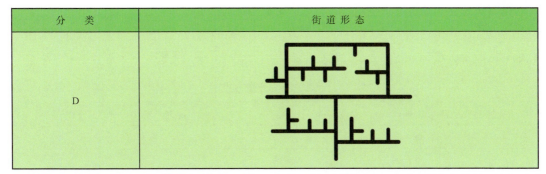

类型 C 代表一种混合结构的城市区域，城市区域通常位于一条主干性路径的两侧，同时具有格网状和树状路网结构的特征。

类型 D 代表典型的树状布局方式，这种类型经常与干线道路形成回路及分支形态。

典型城市街区的类型情况如表 6-4 所示。

比较城市街区的类型情况　　　　表 6-4

城　市	路网结构类型	城　市	路网结构类型
威尼斯	A 类型	波特兰	B 类型
东京	B 类型	巴西利亚	C 类型+D 类型
巴塞罗那	A 类型+B 类型	欧文（居住区）	D 类型
波士顿	B 类型	欧文（商务区）	D 类型

传统的城市街道一般具有循环路径、公共空间以及建筑临街区域 3 种角色，但是 20 世纪的很多城市的街道仅具备交通用途。在一种极具局限性的功能性观念影响下，现代城市布局设计往往是将一定数量的房屋单元连接到相应类型的道路上，再将道路接入上级主路中。在这种设计方式下，城市道路无法形成互连的网络结构，从而导致"富有活力的公共场所"这一广义的城市功能也就无法实现。从本质上讲，道路设计中的"功能性"应该体现的是"网络功能"，而并非只是交通流量、交通速度等功能，"网络功能"是基于路径在一个网络中所处的位置而产生的，这涉及网络连接中的"主干性"特征。

主干性是战略邻接性的一种形式，它确保所有的战略性道路彼此连接形成一个不间断网络。主干性可以体现在任何尺度、任何等级、任何区域上。每一种本地战略性元素都可以对应一种本地的连续性。在道路网络系统中，主干性意味着最高等级的道路形成了一种独立连接系统，从最高等级开始直到某一指定等级道路，其上下级之间所形成的路径序列构成一个完整的不间断的网络，而低等级道路之间一般不会形成一个连续的网络，而更有可能形成彼此独立的子网络。这就像树叶的叶脉网络结构，基于叶脉中的物质流动，我们可以看出它的形态具有明显的"主干性"特征。

因此，等级体系中的每一个层级都将对应于一个不同的地理范畴：主要路径即为战略性路径，次要路径则为本地性路径（在本地范围内形成网络，而不是指路径是被用于本地交通）。

不同等级路网覆盖范围的尺度是决定一个等级排序的最重要因素。基于网络服务的区域范围，同时考虑交通流量或道路形式的特点，对干线路网进行划分和细分。因此道路的分类也应由以往强调流量的主干道、次干道、支路、支小路的划分方式转变为强调区域范围与网络特征的区域主干道、主街、连接体街道、本地街道、服务街道等的分类方式（表6-5）。

道路的不同分类方式　　　　　　　　　　表6-5

强调流量的分类方式	强调区域范围与网络特征的分类方式
主干道	区域主干路
次干道	主街道
支路	连接体街道
支小路	本地街道
—	服务街道

英国城市形态结构研究专家斯蒂芬·马歇尔从文献及城市真实样本中抽取出 20 种具有特定结构特性的街道网络（图6-4），并对其连接性进行了比较研究。从相关研究结果可以发现，规则格网状的街区网络具有更高的相对连接性，而具有支流形态或纯树形的街区网络的相对连接性最低（表6-6）。

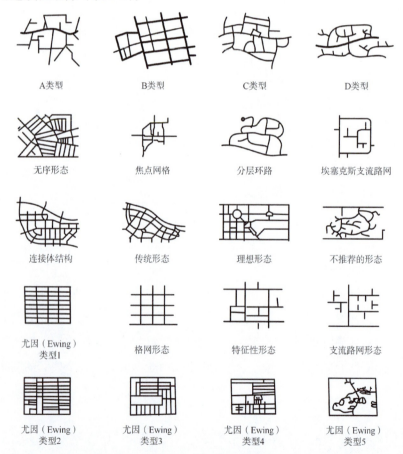

图6-4　斯蒂芬·马歇尔所做城市街道网络形态连接性研究

20 种具有特定结构特性的街道网络连接性研究　　　　表 6-6

例证网络	相对连接性	例证网络	相对连接性
尤因类型 1	0.50	尤因类型 4	0.41
焦点网络	0.50	特征型形态	0.40
B 类型	0.49	A 类型	0.39
尤因类型 2	0.47	C 类型	0.385
传统形态	0.47	分层环路	0.36
格网形态	0.46	尤因类型 5	0.35
连接体结构	0.46	埃塞克斯支流路网	0.275
理想形态	0.446	不推荐的形态	0.275
尤因类型 3	0.44	D 类型	0.265
无序形态	0.42	支流路网	0.25

通过以上研究可以发现，对于实施 TOD 模式的城市而言，优选的街区结构应是具有"主干性"特征的格网状网络结构，其具有高互连性特征，对于公共交通和步行交通而言，都能连通至最高级别的路网，同时从最低级别的接入点连接至核心网络不存在障碍，从而形成一种混合型的互连格网状结构。

3. 小尺度街区与道路系统

街区与道路系统的关键功能在于能够有效分散交通流。该系统首先必须鼓励与支持步行和自行车出行，增加公共交通站点的慢行可达性，从而替代部分小汽车出行。

高密度道路系统称为"小尺度城市格网"（街区边长一般为 100~200m）；而原来的传统道路系统称为"大尺度城市格网"（街区边长一般大于 300m）。两种类型的道路系统具有各自的适用范围，其中"小尺度城市格网"更适合于混合使用、人员密集的商业区、办公区和住宅区等，而"大尺度城市格网"适用于工业、仓储、机关院校等功能较单一的区域。两种道路系统都需要通过快速路、大容量快速公共交通系统联系在一起形成网络。

"小尺度城市格网"通常具备以下优点：一是将交通流分散到许多路线，减少主干道的交通流，同时增加路线选择机会，有利于缓解道路拥堵；二是具备宽窄合适的道路和尺度适宜的十字路口，使得行人在穿越城市道路时更容易、更安全；三是相对连接性更高，更有利于步行活动，同等情况下能大大提高公共交通的可达性，有利于增加公共交通出行的竞争力；四是小尺度的街区更具有适应性，功能布局更为灵活。

"小尺度城市路网"通过一系列街道形成了相对较小的街区模式。主要过境交通通过许多不超过 15m 的次干路来分担，或由成对的单向二分路街道分担。公共走廊为 BRT 和其他公共交通提供空间。含有宽敞人行道和自行车道的支路网为各个街区提供了慢行可达性，从而进一步完善了整个道路网络结构（图 6-5）。

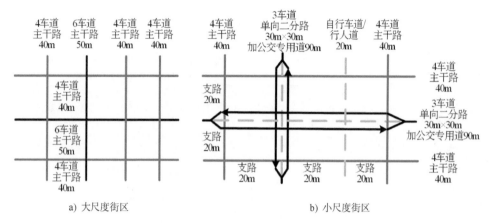

图 6-5　大尺度街区和小尺度街区道路网比较

"小尺度城市路网"一般包含单向二分路、公交走廊、大街、支路和非机动车道等 5 种道路类型。单向二分路、公交走廊承担了原主干道的交通流量，其中单向二分路承担了最大的机动车交通流；大街承担着原次干道的交通流量。成对的单向二分路宽度只有约 30m，便于行人通过；"公交走廊"40m 宽，是最宽的道路，为 BRT 设施提供专用的车道；"大街"为 4 车道线路；"支路"为 2 车道线路，增加了路网的通达性，使得网络更为完善；"非机动车专用道"改善了零售商业氛围和自行车路线。

单向二分路出平行而不同方向的单行道组成，库里蒂巴的"三重道路"系统中位于公交专用道两侧的道路就是一种单向二分路。单向二分路通常设置在城市中心地带与公共交通走廊上，两条单向车道之间一般距离 100～200m，间隔一个街区。单向二分路有效缩短了街区的长度，营造了宜人的步行环境，比同等规模的双向路拥有更高的交叉路口通行能力，为机动车的顺利通行提供了更可靠的保障。根据经验，在传统双向干道上增加交叉路口数量往往会导致交通畅通性变差，相对而言，实施单向二分路，通过使用优化的交通信号定时和协调计划，可以减少 15%～20% 的道路出行时间。单向二分路通过缩减道路尺度和最小化降低车辆冲突点的数量可明显提升行人和自行车出行效率和安全性。二分路的实施优化了包括公交车在内的各类出行模式，而且在能源消耗和碳排放上也优于传统的干路系统。

"小尺度城市路网"有利于减少机动车出行距离和次数，同时具有更高的连通性。相对于"大尺度城市路网"而言，"小尺度城市路网"增加了平行道路，从而减少了迂回路线，进而缩短出行距离。另外，对于相同地块，针对相同的交通流量，"小尺度城市格网"所占道路面积更小，约比"大尺度城市路网"所占道路面积小 22%。

近年来，我国大力提倡绿色出行、慢行交通出行，非机动车出行在出行模式中占到很大的比例，"小尺度城市路网"的应用将会为非机动车出行提供良好的环境，同时强化机动车廊道的通行效率。

（三）自行车道网络

作为一种简单、经济、低碳的出行方式，自行车是短距离出行和接驳公共交通的主要交通模式。营造安全和便捷的慢行交通环境不仅可以提高慢行出行的交通量，降低机动车尤其小汽车使用率，而且有利于打造宜居舒适的城市环境。

丹麦城市规划学者杨·盖尔指出，如果希望自行车成为一个城市更重要的出行方式，必须做好3个方面的工作：首先，改善基础设施，完善步行和自行车交通网络；其次，改善城市公共空间质量，进而鼓励人们采取自行车出行；第三，鼓励人们花更多时间去享用城市的公共空间。设置自行车道网络的关键作用之一是保障自行车的路权，应明确给自行车道以仅次于行人的高优先权。针对中国的实际情况，除了设计速度较低的支路外，所有道路都要设置自行车专用道，同时严禁机动车进入，以保障自行车出行安全。另外，禁止自行车与步行混行，以保障步行者的安全。通过系统规划完善自行车道网络，针对立交桥等复杂地段，要充分考虑自行车的通行能力，保证网络的连贯与畅通，避免造成自行车道断点。自行车专用道的间距应小于800m。为广泛推进自行车出行方式，应在建筑物出入口、公共交通车站，道路两侧配备安全的自行车停放场地和租赁设施。

为建构集生态保护和生态休闲一体化的慢行出行系统，有必要通过铺设专用彩色通道、种植乔木、设置遮蔽设施等特色化的设计，优化自行车道和等待空间，为市民提供优质出行环境的同时提供更多的生活和游憩空间。

三、紧凑互补的功能布局

紧凑混合、职住平衡是TOD城市空间功能布局的特征。城市各种功能的空间布局影响城市人口的空间分布，各类人口在不同空间的流动对城市的交通流向产生重大影响。一方面，较高的城市密度可以容纳更多的城市活动，紧凑混合的空间布局可以实现日常生活在较小出行半径内完成，填充式开发和更新开发能够最大限度地利用现有的基础设施，意味着可以用较少的土地来实现相同的建设规模和功能联系，从而达到节约土地和资源、保护公共开放空间的目的；另一方面，城市规模、密度影响交通能耗，紧凑混合的空间布局有利于低能耗与低排放的大容量公共交通和慢行交通的广泛使用，实现减少城市交通能源消耗与碳排放的目的。

平均密度是反映整个城市人口分布强度的重要指标，比之更重要的是与大容量交通相邻区域的密度状况。站点的区位和功能定位，站点周围的不同距离范围的特征，决定了TOD区域的开发密度具有分区圈层的特点（图6-6）。从区位角度而言，结合TOD车站基于区位和场地的类型分类，可以将TOD车站分为综合枢纽站

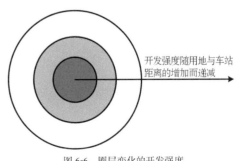

图6-6 圈层变化的开发强度

和一般站两类。综合枢纽站是指多条轨道交通接驳或多模式交通方式换乘的站点；一般站是指位于居住、商业等中心的非综合枢纽站点。从距离角度而言，根据车站区域的影响辐射范围，可以将站点周边划分为3个圈层：300m以内的高密度复合开发区，300～600m的中高密度开发区，600～1000m的中密度开发区，开发强度随用地与车站距离的增加而呈现递减趋势。

依据经济学原理，理论上存在使土地开发利润最大的最佳容积率区间（表6-7），但是由于除了经济因素，还要考虑空间布局、城市环境、人的体验等诸多因素对容积率的影响。因此，在实际中，理论计算的容积率需要进一步修正。

理论上使土地开发利润最大的最佳容积率区间　　　表6-7

类别	密度分区	容积率
整体	高密度	7.48～8.80
	中高密度	6.16～7.26
	中密度	5.06～5.94
综合站点	高密度	8.14～8.80
	中高密度	6.82～7.26
	中密度	5.50～5.94
一般站点	高密度	7.48～8.14
	中高密度	6.16～6.82
	中密度	5.06～5.50

通常来讲，以公共交通为导向的城市，往往采用变化幅度更大的区域容积率。例如，新加坡中央商务区的容积率范围是12～25，首尔是8～10，我国香港是1～12。由于各个城市的社会和经济特点各不相同，每个城市在不同区域都制定了不同的密度区间。

研究表明，一定范围内的出行距离与土地混合利用程度呈负相关关系，当土地利用混合程度较高时，会导致本区域内的居民减少跨区域的出行活动，以及缩短区域内的出行距离。另外，土地混合程度还会对出行方式的选择产生一定影响。普什卡利夫和佐潘通过研究发现，决定公交使用情况的重要因素包括高密度居住及到工作地的距离等；凯瑟琳·罗斯等人的研究也证实，高密度的居住环境会降低小汽车出行及提高非机动车出行。这主要是因为较高的居住密度会形成较为集中的客流分布，从而适合发展公共交通，限制小汽车出行；当居住地与工作地距离很近时，会大幅提高步行和自行车出行比例。因此，在城市空间规模相似的情况下，决定城市交通流量、交通出行方式的关键因素是城市功能布局，也就是城市不同用地功能的空间分布和混合程度。

四、以人为本的活动层级

TOD模式的城市空间设计中一个非常重要的关注点是重视营造步行环境和公共场所。

TOD 模式倡导提高大运量机动化出行的同时，提倡创造以人为本、适宜步行的出行环境，营造舒适的居住和工作环境。这需要优化城市空间组成中多层级活动体系之间的衔接。

城市的发展必须以人的需求为核心，将完善慢行交通系统作为一种一体化的城市策略，实现城市蓬勃、安全、可持续且健康的发展。通过完善慢行交通系统，打造舒适的慢行出行环境，能够吸引更多人在城市空间中步行、骑行和逗留，进而提升城市空间内部和周边的活力，同时提高人们出行的安全感；慢行活动有利于促进人们做更多的体力活动，从而提高人们的健康水平；如果大部分出行都能采用包括步行、自行车、乘坐公共交通在内的"绿色交通"方式，就可以大幅降低能源消耗、减少碳排放等，实现城市的可持续发展；舒适的慢行活动也为促进城市公共交通发展创造了条件，有助于形成高效、便捷、安全的公共交通系统。

1. 区域中心与大运量交通的空间耦合

大运量公共交通网络与城市空间结构的作用机理是通过公共交通线路走廊上的站点区域与相应城市空间的相互作用实现的。区域中心与大运量公共交通的空间耦合更多强调的是一定交通方式和一定城市空间之间的高度关联性。这种空间耦合突出了城市空间与城市交通之间不只是单向的导向机制，更是互馈的支撑机制。通过耦合的过程，实现区域空间布局模式与区域公交网络系统更好地融合。这种空间耦合不仅包括站点在宏观网络层面和城市中心的结合，同时还包括节点层面在土地使用和空间设计上形成的站点与城市中心的相互支撑的和谐状态。

作为城市空间结构的基本节点，城市各级公共中心通常聚集了各类公共服务功能，根据配套设施及服务范围可以分成城市中心、区域中心、社区中心等各级城市公共中心，在此基础上形成城市公共中心网络系统。大运量公共交通站点区域为城市交通结构中的基本节点，各类公共交通节点、枢纽站点等构成城市公共交通节点的网络系统。

从区位角度来讲，城市各级公共中心是城市中服务区位优越的地区。距离各级公共中心越近，服务区位的可达性就越高；各级公共交通节点地区是城市中交通区位优越的地区。距离各级交通节点越近，交通区位的可达性就越高。因此，两类中心地区的密度、功能等方面都会形成以中心地区为核心的圈层式梯度级差分布特征。两种类型节点对其周边区域的城市空间的作用表现出一致性的特点，城市公共中心具有的服务区位优势与城市大运量交通中心具有的交通区位优势的融合是促进城市形成高可达性的区域空间网络结构的必要条件。同时城市公共中心节点之间的便捷联系有利于城市区域功能的互补，这将进一步形成具有高可达性的交通走廊及整体的城市空间网络结构。

基于交通可达性的影响，大运量公共交通与城市空间之间的相互作用使得城市空间表现出围绕站点节点（交通可达性最优点）自发组织的空间特征和相关效应。有关研究表明，即使在两类节点相互分离的情况下，站点地区的可达性和人流集中的优势在空间上也会吸引原先的城市中心向站点地区的空间转移。因此，大运量交通站点地区与公共中心区的空间耦合成为基于可持续宜居发展的TOD城市空间设计中的必然要素。

根据城市空间与城市交通相互作用的互动原理，城市大运量交通站点地区与公共中心区这两类节点相互耦合所形成的高可达性，不仅有利于促进公共活动中心的发展、提升城市活力，也将为大运量公共交通提供客流，减少能源消耗与环境污染，从而最终实现城市可持续和宜居目标。

由于大运量快速公共交通站点人流量比较大，能够为公共活动中心带来充足的客流，从而促进商业、文化、娱乐等众多产业的发展，逐渐形成以"网络化""枢纽化"为特征的城市商业、文化网络。另一方面，较高的公共交通出行率符合建设大运量公共交通的目的，也体现了大运量公共交通的经济效益。因此，大运量公共交通站点的设置与各级城市中心在空间分布的充分结合是实现效用最大化的物质前提，有利于促进城市可持续宜居发展目标的实现。

2. 轨道交通与快速公交、接驳公交的网络衔接

现代道路等级体系存在的一个突出问题是将步行交通系统看成机动车交通体系中最低的一个等级，这就将步行交通强行限制在机动车交通的层化等级体系之外，导致无法与公共交通系统整合。实际上，步行通道与公共交通之间还往往存在阻隔，公共交通通常被限制于机动车路径上，无法实现与步行区域的无缝衔接。为了实现两种交通方式的有效衔接，需要将公共交通打造为步行交通的延伸。

因此，有必要基于"主干性"特征的格网状网络结构，建立具有互连型结构的公共交通网络（即换乘体系），通过接驳环线等设施，建立具有半网状结构特征的轨道交通、公共汽电车、步行区域的战略邻接性（即相应站点间的有效联系）。相对而言，层级型的连接方式对公共交通系统带来重大障碍，因为在这种基于不同交通模式的层级间换乘就意味着不得不变换交通方式（图6-7）。

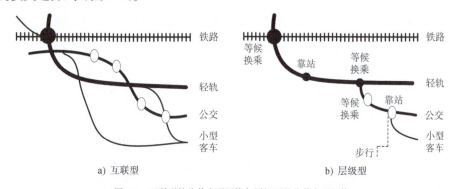

图6-7 互联型的公共交通网络与层级型的公共交通网络

3. 街区网络与交通网络的系统联系

城市是一个多层级的空间组织结构，城市公共活动中心、步行区域、道路网络和社区构成城市街区。以城市公共活动中心为例，若根据其与社区的位置分类，可以分为居中的城市核心（城市活动中心位于社区的中心）和边缘的城市核心（城市活动中心位于社区的

边缘）两类；若根据其与城市道路网络的关系分类，可以分成暴露的城市核心（城市活动中心位于主干道上或附近）和隐藏的城市核心（城市活动中心距离主干道有一定的距离）两类（图 6-8）。在此基础上，可以得到 4 种街区组织模式类型（图 6-9）。

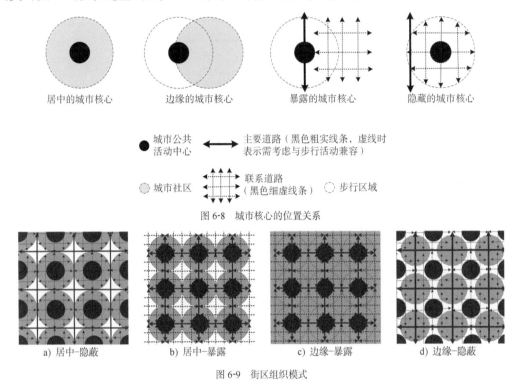

图 6-8 城市核心的位置关系

图 6-9 街区组织模式

对比 4 种街区组织类型，可以发现："居中-暴露"街区组织模式的城市空间最具有整体性，步行区域与社区的范围基本叠合，整个街区组织体系形成了一个适于步行活动的城市空间。但是该模式下的城市空间交通量较低，与大容量交通发展要求不相符；而"边缘-暴露"街区组织模式中城市公共活动中心与交通干线之间的联系最为紧密，可以有效利用城市交通引导城市的发展。但是该模式下城市空间的公共活动中心之间缺乏便捷的步行联系，无法形成一个整体的步行环境。通过引入大容量快速公共交通，可以形成一种新的街区组织类型："混合-暴露"城市核心的街区组织模式（图 6-10），对解决上述两种模式中交通量与步行联系之间的矛盾起到了积极作用。该街区组织类型提供了由城市公共活动中心和公共交通系统组成的更为复合的层次结构。

在这种街区组织模式中，位于城市中交通最便利地区的各个城市公共活动中心通过多种方式进行联系，主要包括小汽车、慢行交通以及大容量快速公共交通。城市的主要节点则主要依靠大容量快速公共交通系统进行连接。通过将大容量快速公共交通走廊与城市主干道相结合，打造形成步行友好的具有多模式交通的城市林荫大道。公共交通分担大量的机动车客流，从而一定程度上降低了街道上的小汽车出行量。城市活动中心地带的街道通过静稳化措施及立交等设施实现步行活动跨道路的连续性，进一步形成适宜步行的连续空间体系。通过这样的方式，人们在城市公共活动中心不仅可以实现零售、服务等地方可达性，而且可以借助网络延伸的大规模公共交通系统实现访问整个地区的区域可达性。

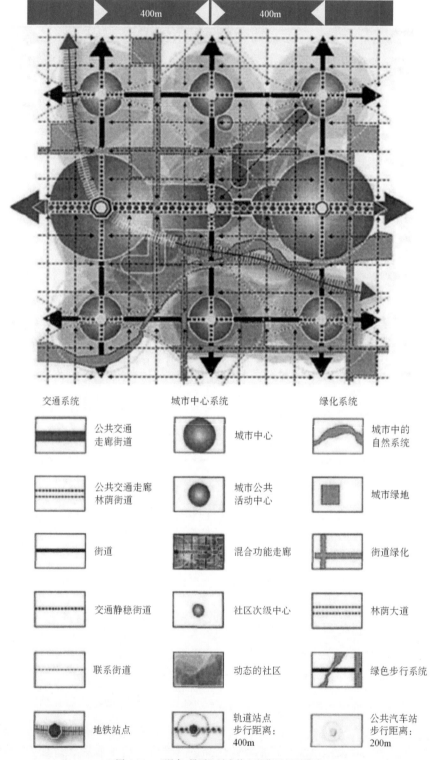

图6-10 "混合-暴露"城市核心的街区组织模式

在大运量公共交通站点周围开展高密度开发，逐渐形成由多个连续城市核心组成的混合功能城市走廊空间。构成街区的城市单元由位于城市核心的大规模公共交通站点所连接的步行区域网络取代之前的固定的邻里单元。社区范围不再受限于一定的形状，而是一种与步行区域分层叠合的多层级区域。在这些区域中，还会产生下一层级的服务中心。社区模式更多采用一种多样化的组织形式取代树状的层次结构。由线型和面状的"绿色"元素（包括公园、树带、林荫大道、河流以及主要街道十字路口的绿化景观等）构成了具有整体连续性的城市生态网络。

作为基于大运量公共交通枢纽和格网状街道形成的城市框架构建的多级系统，这种城市街区组织类型强调的是多级活动体系之间连续、可渗透、可到达的空间结构模式，并且对于更大的地域空间，这种城市街区组织类型的特征依然清晰。大小不同的围绕着城市核心的城市邻里和步行区域构成了重叠的社会和地理单元。这种由多层次元素组成的复杂交错的城市空间，体现了小汽车交通、公共交通、慢行交通间的均衡组合，以及自然环境与建成环境间的渗透融合。虽然城市的社会、经济、文化等领域都在迅速发生着变化，但是可持续宜居城市的空间结构却具有相对"永恒"的意义。从某种意义上说，它是遵循自然规律，尊重人类特性，适应城市发展的产物，其变化会因自然规律和人类特性的变化而变得非常缓慢。

第三节　宏观视角下公共交通引导城市发展规划关键要素

总体上，城市宏观层面 TOD 规划的结构形态类型复杂多样。在实践中可以发现，如果对宏观层面 TOD 结构形态不同空间特质和发展阶段缺少把握，可能会导致对不同 TOD 规划的作用产生错误理解。例如，如果以局部空间组织和利益平衡为重，过度关注某一站点或某一段线路，就会导致忽视规划区与轨道沿线整体的关系；过于关注某一条或某一类轨道线路，忽视多种公共交通复合发展对城市整体功能及形态带来的综合作用，会影响城市整体和长远利益。

研究城市层面 TOD 规划结构形态可以为规划实践和管理更准确地认知 TOD 形态提供参照，使 TOD 规划不仅着眼于站点周边和线路本身，更要从空间结构的复合性、发展时序的动态性以及建设机制的多样性等方面入手，以更加整体和综合的视角进行结构形态的构建，以保障 TOD 开发与城市整体建设的统一协调。

一、明确空间结构的复合性

如果对特定区域或线路进行观察，城市往往呈现出某种单一的 TOD 形态模式，但如果从城市整体层面进行观察，TOD规划则表现出复杂性。实际中，基于轨道交通形成的城市空间结构也可能会出现多种模式复合存在的情况。尤其对于轨道交通线网密集的特大城市，城市中心形成网络化布局，外围延伸形成新的点轴、团块状或组团模式，而城市整体层面，TOD规划形成多种结构形态复合发展的特征。

以阿灵顿县R-B走廊为例，其对于阿灵顿地区而言是一条走廊，但是对于华盛顿大都市区则是放射模式的一部分。假如未来遇到新的发展机遇或者有足够长的发展时间，这种点轴或带状模式也可能在整个华盛顿地区向放射状、网络状的结构演化。再如前文所提到的日本东京多摩地区，如果单以轨道作为观察对象，该区域是站点周边地区半径750m范围内形成的连续开发的带状模式，而如果叠加公交站点地区半径250m范围，则表现为网络模式。因此，对城市或线路层面TOD进行规划时，不仅要注重沿线地区的开发建设，更要从城市整体角度观察，注重轨道交通线路与城市空间结构的整合，使TOD规划成为优化城市整体结构空间的手段。

二、重视发展时序的动态性

时间维度也是城市TOD规划的重要因素。城市TOD规划结构形态的形成既需要空间的拓展，也需要时间的沉淀。以轨道交通为例，其规划过程往往存在多次调整和修改，其建设本身同样具有长期性，存在逐步增加线路和分阶段建设的情况。因此，公共交通建设与城市空间结构的发展并非完全同步，不同城市的发展水平也存在差异，TOD规划的形态并非一成不变，城市层面TOD规划结构形态也表现出阶段性发展的特征。

TOD模式下，无论城市公共交通采取何种规划结构，应该在建设之初，从城市动态发展视角介入，以便尽可能使城市整体从公共交通建设发展过程中受益。如日本东京这样的特大城市，在二战之前其城市形态与哥本哈根类似，同样是"指状结构"，但随着轨道交通建设和城市发展，逐渐形成了十分密集的中心城区网络结构与外围地区的放射发展相结合的复合结构。大野秀敏将2050年的东京设定为依托轨道交通形成的"纤维城市(Fiber city)"，东京这种大尺度上的"指状结构"或"纤维结构"显然要比单纯依靠相对较少线路支撑起来的放射模式要复杂得多，同样具有更大的承载力。

三、关注建设机制的多样性

除空间布局本身外，大城市不同发展建设机制也对TOD规划产生了重要影响，主要包括投融资模式、规划管理机制等多个方面。从建设机制的角度，应该将TOD开发作为城市建设协调的平台与利益博弈的载体，以统筹不同片区、不同部门、不同开发主体的利益关系。在协调和保障不同主体利益关系的同时，注重建设机制对城市形态的重要影响，关注相关规划管理技术规定对TOD地区的管理实效，保障TOD地区开发建设的可行性以及空间形态的合理性。

长期以来，日本东京的私营轨道交通建设采用溢价回收的模式，城市轨道交通建设的市场化程度很高，但在早期开发过程中，由于宏观统筹不足也曾导致线路布局的复杂与混乱。城市轨道交通建设在中心城区的网络化和复杂化以及外围区域指状拓展的形态，正是长达近百年私人铁路商业化发展建设机制的真实反映。

　　与东京不同，新加坡的新市镇规划结构十分清晰，这主要因为其更多的是基于新加坡整体城市发展规划下有序的计划安排。主要线路 MRT 的拓展与次级线路 LRT 的衔接得益于城市整体发展需求下的建设统筹，不同等级轨道交通线路站点与不同层级的新市镇和社区的空间关系及配套设施具有明确的对应关系。这样的计划安排使新加坡新市镇的开发具有更加明晰有序的结构，但是与东京和我国香港相比，其缺点是站点地区开发的活力相对不足。

　　此外，在规划管理上，TOD 模式下轨道交通站点周边地区能否进行紧凑集聚的开发，主要依赖于城市规划对 TOD 地区及其外围区域开发强度、建筑高度、用地功能等方面的控制，同时还需要从完善步行交通系统，提高自行车道连接度，美化外部环境等空间规划和小汽车出行限制等方面健全相关政策制度保障。

第七章

公共交通引导城市发展模式下的国土空间中微观规划

在城市公共交通引导城市发展的宏观规划理念指导下，需要开展城市公共交通引导城市发展的具体规划，主要以围绕站点周边地区国土空间规划为主。本章主要以特大及以上城市轨道交通站点为重点，考虑大容量快速公共交通，提出中心区站点及周边区域国土空间及交通规划、住宅区域站点及周边区域国土空间及交通规划，以及其他特殊区域站点及周边区域国土空间及交通规划。

第一节　中心区站点及周边国土空间规划

中心区由上位规划或中心区专项规划确定国土空间开发范围，相对其他区域，中心区交通流密集、交通模式多元化，功能构成通常由中心区性质、上位规划或中心区专项规划确定，主要功能一般以商业、商务、行政办公以及公共服务等为主，功能布局多表现为水平方向上的集聚和垂直方向上的混合，开发强度上往往呈现出高强度、高密度特征，空间环境应营造丰富多元的氛围、展现城市地域文化特征、提供人性化的设施，创造极具活力的中心区。在划定中心区站点地区空间范围时，应依据上位规划或专项规划，考虑道路网络、基础设施廊道、中心区边界等人工地物，山体、水体等自然地物，基于道路或步行网络来划定站点地区的空间区划边界，确定中心区站点地区实际空间范围。根据中心区站点地区规模、服务对象和区位，可细分为城市中心区站点区域、片区中心区站点区域和新城中心区站点区域。

一、城市中心区站点及周边国土空间布局规划

城市中心区指现状或规划的城市主中心或次中心地区，一般空间范围较大，商业服务、商务办公、公共服务或文化娱乐等功能高度集聚，为区域或全市提供综合性或专业性服务。城市中心区站点周边国土空间规划建设应充分利用公共交通对房地产市场的刺激作用，积极引导中心区环境改善提升和小片区土地功能调整，通过水平方向上的功能集聚和垂直方向上的功能混合，形成由多个公共交通站点支撑的连绵成片的城市核心地区。

（一）中心区站点及周边特征分析

城市中心区单个站点的服务半径通常在 500~600m，城市中心区空间范围一般大于单个站点服务范围。城市中心区，尤其是核心区多高密度商业办公综合体、商务办公设施或大型商业设施，并规划布局少量公共服务设施，过渡区多布局商业居住功能综合体、居住用地和公共服务设施，常在中心区边缘或外围布局大面积公共绿地。城市中心区多进行了高强度开发，核心区地块净容积率通常在 8 以上，香港、东京中心区综合体用地容积率超过 12。中心区外围地带，开发强度显著低于核心区，呈现显著的级差密度特征。

站点周边商业设施和公共服务设施配备齐全，大型公共绿地多设置于站区边缘或外围，中心区内部多布局集交通集散、休闲功能于一体的街头绿地或广场，中心区环境注重突出城市特色或历史文化特征。对于城市轨道交通而言，其站点大多为多出入口设置，并与周边建筑或街道融为一体。站点区域路网密度较高，道路网格间距一般不超过200m，香港、东京的高强度城市中心区道路间距最小仅为50m，路网结构特征表现为窄道路、密路网。站点区域通常利用立体步行道路系统将轨道交通站点大厅与周边商业、办公功能空间、其他交通站点紧密联系为一体。另外，城市中心区多具有便利的常规公交服务，在轨道交通站点周边步行范围内设置较多的公交站点。城市中心区通常利用建筑物地下空间设置停车场（库），并与地区功能复合的地下空间连通为一体。

（二）城市中心区站点及周边国土空间布局规划

1. 空间区划

城市中心区站点地区通常可细化为门户区、核心区以及过渡区。

门户区是指以站点出入口为基点的100m以内区域。根据典型城市经验，对于中心地区可能有两个或以上的轨道交通站点，每个站点设置多个出入口，常与周边建筑结合设置，在换乘点与不同的交通方式接驳。实际上，门户区范围通过完善的步行系统延伸至核心区，形成不规则的连片地区，基本融入核心区范围。

核心区通常是以站点中心为基点的300~400m路网距离内区域，是商业、商务功能混合集聚、各类功能混合、高强度开发的区域。核心区实际范围的确定应结合多个站点的多个出入口和地区道路网络确定，以站点出入口为基点，以步行100~300m范围为尺度，形成覆盖多个站点的连续区域。

过渡区是以站点地区核心区至中心区规划边界的区域，是随着公共交通带来的可达性改善、集聚效应作用逐步减弱，功能构成和开发强度向周边城市社区过渡的区域。

2. 国土空间利用布局

结合典型城市经验和TOD规划原理优化站点地区用地布局。城市中心区站点及周边用地布局遵循以下原则：一是城市中心区站点的功能构成由城市总体规划、分区规划或中心区专项规划确定的中心区的功能构成决定；二是城市中心区站点功能构成应将商业、办公、公共服务和住宅等多样化功能有机混合，混合方式宜采用水平混合与垂直混合方式结合，混合程度随站点距离增加逐渐降低；三是各个圈层对功能布局的优先等级由高到低依次应为：商业办公混合用地、高强度商业服务设施用地、公共管理和公共服务设施用地、商住混合用地、居住用地、交通设施用地和绿地；四是站点地区中核心区、过渡区的土地利用构成应有所差异，各分区用地构成图和比例如表7-1所示。其中门户区应结合轨道交通站点出入口形成上盖物业，内部功能以商业、商务为主，辅以公共服务功能。核心区应将商业、办公、金融等服务设施或公共管理和公共服务设施进行高密度的混合布局，形成连绵成片的核心区域。过渡区应以商住混合用地和居住用地为主，并集中布局大型绿地和停车场地。

城市中心区站点及周边各分区用地构成参考表　　　　表 7-1

站点地区	范围（m）	用地比例参考标准	
门户区	0～100	商业办公混合用地	20%～40%
		商业服务设施用地	5%～10%
		公共管理和公共服务设施用地	10%～15%
核心区	100～300	商住混合用地	10%～15%
		居住用地	10%～15%
		道路与交通设施用地	15%～25%
		绿地与广场用地	5%～10%
过渡区	300～600	公共管理与服务设施用地	5%～10%
		商业服务业设施用地	0～5%
		居住用地	50%～65%
		道路与交通设施用地	10%～15%
		绿地与广场用地	5%～15%

3. 开发强度控制

城市中心区站点地区开发强度应遵循级差密度的特征。站点地区综合开发的容积率应在原有规划规定的基础上适度上调，上调幅度通过参照经验数据合理确定，并具有一定弹性。

门户区应为高强度的商业设施、公共服务设施及综合体开发区域，容积率应高于过渡区 40%～50%，宜在 6.0 以上；核心区应为较高强度的商业设施、公共服务设施及综合体开发区域，容积率应高于过渡区 30%～40%，宜在 5.0 以上。地下空间开发应控制在站点周边约 200～300m 的半径范围，扩大地下商业空间，加强与站点的联系，加强地上与地下垂直联系节点的通畅性与舒适性；过渡区应为中高强度的居住开发区域、公共服务设施布局区域，容积率高于周边地区 20%～30%，宜在 3.0～5.0。

4. 交通系统

优先发展公共交通，构建"轨道交通+步行"为主导的交通系统。轨道交通应作为中心区集聚其他地区客流的主要交通方式，辅以常规公交，并限制私人小汽车的使用。中心区内部，步行交通应作为主要交通方式，衔接轨道交通站点和其他交通设施、各功能建筑。对于以快速公交为骨干的城市而言，快速公共交通应作为中心区集聚和其他地区客流的主要交通方式，辅以常规公交，限制小汽车出行。中心区内部，步行交通应作为主要交通方式，衔接公共交通站点和其他交通设施、各功能建筑。

城市中心区站点地区道路路网应构建外部以城市快速路、主干路或开放空间为框架，内部以窄道路、密路网的道路结构，并通过地面、地上、地下立体化、网络化的步行系统，提高公共交通站点的可达性。

门户区以城市支路为主，道路网密度应为最高，间距应为 100~200m，形成窄路面、密网格的结构；核心区道路网密度应与门户区相当，间距宜为 100~200m，形成窄路面、密网格的结构；过渡区外围为城市快速路或主干道，内部道路为城市次干道或支路，道路网密度可相对降低，道路间距不宜大于 300m。

为提高道路服务质量，一方面，对既有城市主干道、次干道、支路进行改造，重新划分路权，提升公交优先和步行优先特征。在站点地区，特别是城市中心区，通过重新划分路权增加公交车道、自行车道，通过限制路边停车等方式，提高道路使用效率；另一方面，在城市中心区更新改造过程中，增加支路和立体化的步行道路，构建网络化的步行交通系统，营造直达率高、衔接顺畅、环境优美的步行环境。

主干道宜布局于城市中心区外围，红线宽度为 40~50m，应设置公交专用道、非机动车道及步行道。现状中心区，主干道多位于核心区，以小汽车交通为主导，宜通过路权重新划分，设立公交专用道、非机动车道及步行道；次干道红线宽度为 24~30m，应将机动车道的外侧车道设置为公交专用道，及步行道或绿色交通道；支路红线宽度为 12~18m，在道路两侧设置绿化隔离带、自行车道及人行道，机动车道设置为双向两车道，或单向二分路（小汽车道+公交专用道）。

在城市中心地区，通常设置 2 个以上轨道交通、快速公交站点，各站点站厅在不同标高层面上与中心区地下空间或周边建筑有机整合，并通过地面步行道路、地下通道、空中连廊等构成的立体交通网络连通，构成有机整体，如香港尖沙咀-尖东站。

如果每个站点设置多个出入口，出入口宜直接与建筑融合，或通过地下通道、空中连廊等形式与商业、公共建筑直接衔接。

二、片区中心区站点及周边国土空间布局规划

所谓片区中心区站点地区是指位于城市中心城区，现状或规划为城市政策分区且相对独立地区或行政分区，提供公共服务、商业服务、文化娱乐及就业岗位等功能。

（一）片区中心区站点及周边特征分析

片区中心区站点地区通常具有明确的核心区，空间范围宜为站点步行 300~400m，其中为高建筑密度的商业服务、公共服务设施用地或混合功能用地。站点门户区和核心区多高密度站点综合体、商业设施、公共服务设施，过渡区多布局居住用地、低密度公共服务设施和公共绿地。核心区多进行高强度的商业设施、公共服务设施及综合体开发，过渡区进行中等强度的居住区开发。门户区、核心区的开发强度比过渡区高 30%~50%，呈现显著的级差密度特征。

站点地区商业设施和公共服务设施配备齐全，多集中在核心区范围内。站点多位于城市道路包围的地块内部，可融入建筑内部，或通过连廊等与周边建筑连通，设置多处出入口。站点地区核心区路网密度高于过渡区；核心区路网间距不超过 200m，形成窄道路、密

网格的路网结构；过渡区基本延续居住区道路结构。站点和城市道路衔接紧密，周边设置多处公共交通站点。周边结合建筑设置停车场库，为服务片区居民便利使用商业、公共服务提供停车，不限制停车换乘。

（二）片区中心区站点及周边空间布局规划

1. 空间区划

片区中心区站点地区核心区主要为商业、公共服务设施，外围为居住区，其空间范围应综合考虑公共交通对商业、办公及居住地产的影响规律。站点地区可细分为门户区、核心区以及过渡区。

门户区是指公共交通与其他交通方式和功能空间接驳转换的区域。实际范围的确定应以站点的多个出入口为基点，结合道路网络，以0～100m的步行距离划定，并通过完善的步行系统延伸至核心区，与不同的交通体系和用地功能相衔接。

核心区是指站点地区区位优势度最高，集聚效应显著的地区，是商业、公共服务功能混合集聚的高强度开发区域。核心区的概念范围一般是以站点中心为基点，在300～400m路网距离以内区域。

过渡区是指由于公共交通改善了可达性，集聚效应作用逐步减弱，功能构成和开发强度向周边城市社区过渡的区域。片区中心区的过渡区往往存在和住宅区域站点重合的情况，界限不清晰。

2. 国土空间利用布局

相较于城市中心区站点地区，片区中心区站点地区侧重于为服务片区提供生活性商业服务、公共服务或专业服务，并提供一定数量的就业岗位，其功能构成应在片区中心功能定位的基础上将商业、办公、公共服务和住宅等多样化的功能有机混合。结合典型城市经验，片区中心区站点地区用地构成如表7-2所示。各个圈层对功能布局的优先等级由高到低依次应为：商业服务业设施、公共管理与公共服务设施、居住及混合用地、交通基础设施、绿地与广场用地。

片区中心区站点地区各分区用地构成参考表　　　表7-2

区　域	用地类型	规划建设指引指标
门户区	商业服务业设施用地	20%～25%
	公共管理与公共服务用地	15%～20%
	居住用地	10%～15%
	混合用地	10%～15%
	道路与交通设施用地	25%～30%
	绿地与广场用地	5%～15%

续上表

区　　域	用 地 类 型	规划建设指引指标
核心区	商业服务业设施用地	10%～15%
核心区	公共管理与公共服务用地	15%～20%
核心区	居住用地	20%～25%
核心区	混合用地	5%～10%
核心区	道路与交通设施用地	20%～25%
核心区	绿地与广场用地	10%～15%
过渡区	商业服务业设施用地	5%～15%
过渡区	公共管理与公共服务用地	10%～20%
过渡区	居住用地	25%～30%
过渡区	混合用地	0～10%
过渡区	道路与交通设施用地	15%～20%
过渡区	绿地与广场用地	20%～25%

在门户区，可结合站点出入口建设上盖城市综合体，在垂直空间配置集商业服务、办公和住宅功能于一体的复合型建筑，以生活性商业服务功能为主。在门户区与核心影响区适当地开发地下空间，与站点出入口相结合形成生活性的商业空间；在核心影响区，用地功能以生活性商业服务、公共管理和公共服务、文化娱乐功能为主，宜提高商住混合用地的比例；在过渡区，主要以居住用地为主，配套建设中学、体育中心等低开发强度公共服务设施用地、零售商业设施用地及公共绿地。

3. 强度控制

门户区应为高强度的商业设施、公共服务设施及综合体建设区域，容积率宜比过渡区高50%左右，宜在4.0～6.0；核心区应为中高强度的居住、商业设施开发区域，容积率宜比过渡区高50%左右，宜在4.0～6.0；过渡区应为中等强度的居住开发区域，容积率比周边一般居住区高20%～30%，宜在2.0～4.0。中小学、医院、体育中心等公共服务设施容积率根据自身特征适度降低。

4. 交通系统

片区中心区站点地区为城市一定范围的居民提供就业岗位、商业服务及公共服务，与服务片区具有密集的交通流，并与城市其他地区保持便利的交通联系。片区中心区站点地区，应构建以公共交通和慢行交通为主导、适当限制私人小汽车交通、各种交通方式衔接顺畅的交通系统。

门户区道路网密度应为最高，宜采用窄街道、高密度的网格结构，增加支路网密度，道路间距宜为100～200m；核心区道路网密度适中，宜采用小尺度的道路断面或设置多条道路营造细密路网，道路间距宜为200～400m；过渡区道路结构从内向外逐渐变疏，道路等级宜为城市支路或次干道，道路间距不宜大于400m。

为提高道路服务质量，一方面应加强对既有城市主干道、次干道、支路的改造，通过重新划分路权增加公交车道、自行车道，并限制路边停车等；另一方面，应在片区中心区更新改造过程中，增加支路和立体过街设施，提高步行可达性。片区中心区站点地区主干道、次干道、支路断面改造形式可参照城市中心区站点地区道路断面。

片区中心区站点地区的轨道交通、快速公交站点，既是服务居民乘坐轨道交通、快速公交往来城市其他地区的起讫点，也可能是其他站点地区市民乘坐轨道交通、快速公交前来享受商业服务、公共服务的目的地。片区中心区站点地区站点设置可参照以下原则：一是片区中心区站点地区轨道交通、快速公交站点可设置于商业服务、公共服务地块内部，或在既有道路交叉口设站并将出入口向周边功能空间延伸；二是站点出入口要通过开放空间与步行系统、小汽车、自行车停车场顺畅衔接，辐射至站点地区；三是宜在重要建筑内部设置出入口，或通过地下通道、天桥等设施直接连通站厅和建筑物。

三、新城中心区站点及周边国土空间布局规划

新城中心区站点地区是位于城市新城区，现状或规划为新城提供综合性服务的新城中心地区，公共交通站点尤其是轨道交通站点周边适宜空间范围内应集聚商业服务、商务办公、公共服务、文化娱乐等功能。新城中心区大多留有大量建设用地，保留较大发展空间。合理规划引导，促进公共交通和新城中心协同发展，是引导我国大城市外围新城集约发展和城市空间结构优化的重要目标。

（一）典型新城中心区站点及周边特征分析

与城市中心区TOD相比较，新城中心区TOD在服务能力和影响程度上有所减弱，但仍然是城市片区的重要节点和生活服务中心，也满足中心区TOD的一般规律。土地功能更多地偏向于生活性服务，形成以休闲、文化和娱乐功能为主的新城中心，为周边居民提供多样化的服务。区域内仍存在商业金融用地，混合程度仍然较高，但商住用地、行政办公用地的比例开始明显上升，门户区和核心影响区仍然以混合用地为主，但站点辐射区住宅用地的比例显著提升。新城中心区TOD周边用地主要为商住混合、行政办公以及公共服务设施用地等，总体容积率平均在4.0～6.0。开发强度的梯度分布由于周边住宅用地的增加而更为明显。

新城中心区站点的接驳方式仍以步行为主，利用相对有利的土地使用条件营造绿化空间，改善步行环境；常规公交分布范围扩大，可设置片区性的小环线，满足周边居民的出行需求；在站点辐射区增加小汽车停车设施，提升区域可达性。

相较于城市中心区站点地区，新城中心区站点地区服务范围有限，空间规模较小。通

常可结合轨道交通站点规划布局明确的核心区，空间范围宜控制在站点周边步行300～400m距离内，门户区可融合核心区建筑或环境；核心区以外为新城居住区，界限由新城规划划定。新城中心地区不仅为居民提供商业服务、文化娱乐、公共服务等功能用地，还要布局有利于新城就近就业的商务办公用地，并为各类交通设施提供充足用地。根据案例经验，门户区和核心影响区宜布局混合功能用地、商业金融用地、公共管理和公共服务设施用地，外围布局居住用地、公园绿地等。新城核心区多进行高强度的商业设施、公共服务设施及综合体开发，过渡区进行中低等强度的居住区开发，呈现显著的级差密度特征。

站点地区商业设施和公共服务设施配备齐全，多集中在核心区范围内；大型公共绿地多设置于过渡区或外围，核心区通过小型集散广场、街头绿地改善环境。新城中心是新城内部公交车、私人小汽车、慢行交通客流交通流的主要目的地。同时，轨道交通或快速公交应作为新城中心联系主城区的主要交通方式，新城中心站点地区是居民前往主城区的交通起讫点。新城中心区公共交通站点地区，既要构建提升新城中心可达性的路网结构，以便于新城居民通过公共交通、步行及自行车、小汽车前往新城中心享受各种服务或换乘公共交通，还要为方便居民实现不同交通方式换乘提供接驳设施。

（二）新城中心区站点地区空间布局规划

1. 空间区划

新城中心区站点地区核心区主要为商业、公共服务设施，外围为居住区，其空间范围宜综合考虑公共交通对商业、办公及居住地产的影响规律。特大型城市新城中心区站点服务半径一般为步行500～800m范围。站点地区可细化为门户区、核心区和过渡区。

门户区是指轨道交通或快速公交与其他交通方式和功能空间接驳转换的区域。实际范围的确定应以站点的多个出入口为基点，结合道路网络，0～100m的步行距离划定，并通过完善的步行系统延伸至核心区，与不同的交通体系和用地功能相衔接。

核心区是指站点地区区位优势度最高，集聚效应显著的地区，是商业、公共服务功能混合集聚、高强度开发的区域。核心区的概念范围是站点中心为基点300～400m路网距离以内区域。

过渡区是指由于公共交通改善了可达性，集聚效应作用逐步减弱，功能构成和开发强度向周边城市社区过渡的区域。新城中心区的过渡区往往存在和住宅区域站点重合的情况，界限不清晰。

2. 国土空间利用布局

新城中心区站点地区侧重于为服务片区提供生产性和生活性商业服务设施、公共服务设施用地，宜将商业、办公、公共服务和住宅等多样化的功能有机混合。结合典型城市经验，新城中心区站点地区用地构成如表7-3所示。自站点向外各个圈层功能布局的优先等级依次应为：商业服务业设施、公共管理与公共服务设施、居住及混合用地、交通基础设施、绿地与广场。

新城中心区站点地区各分区用地构成参考表　　　　表 7-3

区　域	用 地 类 型	规划建设指引指标
门户区	商业服务业设施用地	20%～25%
	公共管理与公共服务用地	15%～20%
	居住用地	0～10%
	混合用地	15%～20%
	道路与交通设施用地	25%～30%
	绿地与广场用地	5%～15%
核心区	商业服务业设施用地	10%～15%
	公共管理与公共服务用地	20%～25%
	居住用地	15%～20%
	混合用地	10%～15%
	道路与交通设施用地	20%～25%
	绿地与广场用地	10%～15%
过渡区	商业服务业设施用地	10%～15%
	公共管理与公共服务用地	10%～20%
	居住用地	25%～30%
	混合用地	0～10%
	道路与交通设施用地	15%～20%
	绿地与广场用地	20%～25%

在门户区，可结合轨道交通站点出入口建设上盖城市综合体，在垂直空间配置商业服务和办公复合体；在核心影响区，主要以商业办公混合用地、商务办公用地、公共管理和公共服务设施用地及交通设施用地为主，宜提高商业设施用地的比例；在过渡区，主要以医院、大学、中小学、体育中心等中低开发强度公共服务设施用地和居住用地为主，配套零售商业设施用地及公共绿地。

3. 开发强度控制

轨道交通、快速公交的建设发展应与新城中心的土地开发同步进行，实现公共交通与新城土地的一体化开发。

门户区以高强度、功能混合的商业、休闲娱乐、商务办公、酒店式公寓等为主，其容积率较高，比核心区高 50% 左右，建议控制在 6.0～8.0；在新城中心区站点的核心影响区，可较高密度地安排中高档住宅、商业与零售业及政府机构、公共文化中心等用地，容积率比过渡区高 50% 左右，容积率建议控制在 4.0～6.0；在新城中心区站点辐射的过渡区，居住功能为主的大型社区，应保证环境的舒适性，其容积率较高，建议控制在 2.0～4.0。

4. 交通系统

新城中心地区既是新城内部交通的目的地，也是新城和主城之间交通流的起讫点。新城中心区公共交通站点地区，应鼓励常规公交、步行及自行车交通，允许出租汽车、私人小汽车接送乘客换乘轨道交通或快速公交，不限制新城居民通过小汽车前往新城中心享受各种服务或换乘公共交通。新城中心区站点地区，应围绕轨道交通、快速公交站点构建交通方式多样混合、衔接顺畅的交通系统。

根据典型城市经验，新城中心区站点地区应构建外部新城主干路或开放空间为框架，内部窄道路、密路网的道路结构，并构建有利于步行、自行车通行的慢行交通系统，提高站点的可达性。站点不同圈层，宜采用不同密度的道路格网，门户区和核心影响区宜采用窄道路、密路网的路网结构，过渡区逐渐转变为中等路网密度的居住街坊。

门户区道路网密度应较高，道路间距宜控制在 100～200m 范围内，道路以支路为主，或设置单向二分路，形成窄路面、密网格的结构；核心区道路网密度较高，道路间距宜控制在 100～200m 范围内，道路主要为支路、慢行道路，可设置单向二分路，核心区外围可设置城市干道疏散小汽车交通；过渡区道路网密度适中，道路间距应宜控制在 200～400m 范围内，外围为城市快速路或干道，内部为干道、支路。

新城中心区站点地区道路网可分为干道、支路、慢行道路，其中支路可采用单向二分路形式。在道路断面上，干道及支路应结合常规公交线路选线设置公交专用道，并设置足够宽度的步行、自行车道。

新城中心区站点地区轨道交通、快速公交站点设置可参照以下原则：一是根据新城中心规模，中心区设置 1～2 个站点；二是站点可能为地面、地下或地上高架站点，站厅应融入中心区空间环境，与中心区空间环境有机结合；三是每个站点设置多个出入口，出入口宜通过地下通道、空中连廊等与周边商业、公共建筑直接衔接。

第二节 住宅区域站点及周边国土空间规划

住宅区域站点地区指以居住生活功能为主，配套为居住区人口规模相适应的较完善的公共服务设施的轨道交通或快速公交站点地区。住宅区域站点地区是城市中数量最多、分布最为广泛的站点地区，其规划布局应突出以下特点：功能以居住为主，配建与居住人口规模和特征相对应的、较完善的商业服务、公共服务和市政公用设施；交通组织以轨道交通、快速公交为核心，其他交通方式与之便利接驳，形成环境宜人、公共设施丰富便利、邻里文化多元的居住社区。住宅区域站点地区可细分为市内住宅区域站点地区和郊区住宅区域站点地区。

一、市内住宅区域站点及周边国土空间布局规划

市内住宅区域站点地区多位于城市中心、城区或新城区，以中高密度居住功能为主，并配套相应完善的商业服务、公共服务和市政公用设施的地区。此类站点地区多位于城市建成区，轨道交通、快速公交站点滞后于居住区建设，周边呈现宽道路、大街区的路网格局，封闭式居住小区之间缺少支路，站点地区门户区、核心区、过渡区土地利用构成和开发强度均质化，未围绕轨道交通、快速公交站点建设形成明确的商业服务及公共服务中心。城市住宅区域站点地区规划建设城市更新为主，轨道交通、快速公交站点需恰当地融入已有社区，需通过对现状空间形态、功能结构和邻里环境做改造完善形成轨道交通、快速公交为导向的居住社区。

（一）典型城市住宅区域站点及周边特征分析

城市住宅区域站点地区宜为距离站点步行700~800m的空间范围，门户区与周边环境融合，界限不明晰，核心区一般为站点出入口300~400m区域，过渡区为核心区至外围主干道。门户区和核心区多高密度居住区、商业居住综合体、公共服务设施用地，过渡区多布局居住用地和公共绿地。核心区多进行了高强度的商业设施、公共服务设施及综合体开发，过渡区进行中等强度的居住区开发。门户区、核心区的开发强度比过渡区高30%~100%，呈现显著的级差密度特征。

站点地区商业设施和公共服务设施配备齐全，多集中在核心区范围内；大型公共绿地多设置与站区外围或过渡区，核心区通过街边绿地、组团绿地改善环境；一些城市通过绿道改善步行环境。轨道交通站点多位于城市主干道中间或交叉路口，欧美城市结合周边地带设置小型站点综合体，亚洲城市多采用地下站厅，设置多个站点出入口。站点地区核心区路网密度高于过渡区，路网间距不超过300m，形成窄道路、密网格的路网结构。站点和城市道路衔接紧密，周边设置多处公共交通站点，但周边一般无停车场，不鼓励停车换乘。

（二）城市住宅区域站点地区空间布局规划

1. 空间区划

结合国内外典型城市经验，城市住宅区域站点地区宜覆盖轨道交通、快速公交站点500~800m路网距离的空间范围，自站点出入口向外可划分为门户区、核心区、过渡区。空间区划应考虑站点周边地区的道路网络、区域基础设施廊道等人工地物，山体、水体等自然地物，并基于道路网络来划定站点地区的空间区划。

门户区一般为站点出入口0~100m范围，是轨道交通站厅、出入口地段及轨道交通、快速公交与其他交通方式接驳转换所处地段，是居住区中居民使用公共交通可达性最高的区域，可能受到一定程度的噪声、振动、交通干扰等负面因素影响。

核心区位于门户区以外、距站点出入口300~400m范围，站点地区中综合区位优势度最高的区域，是城市住宅区商业服务、公共服务及高强度居住功能混合度较高，开发强度

亦较高布局地段。

过渡区位于核心区外，由核心区向周边普通城市住宅区逐渐过渡地段，公共交通的可达性影响逐步减弱。

2. 国土空间利用布局

城市住宅区域站点地区总体用地构成参考我国《城市居住区规划设计标准》（GB 50180—2018）中各项用地平衡控制指标，在此基础上结合典型城市经验和 TOD 规划原理优化站点地区用地布局。站点地区中的门户区、核心区、过渡区的土地利用构成应有所差异，各分区用地构成分别如表 7-4 所示。门户区应为居住区服务的商业服务业设施用地，社区管理、文化设施等公共管理与服务设施用地，商业与居住混合用地为主，配置街头绿地、小型广场等用地。核心区应以高强度居住用地为主要功能，包括中学、体育馆、派出所等公共管理和公共服务设施用地，商业设施用地为辅，可结合用地更新设置小游园等公园绿地。过渡区应为较高比例的居住用地，公共管理与服务设施用地主要以教育类或医疗类为主，外围宜布局大型公园绿地。

城市住宅区域站点地区各分区用地构成参考表　　　表 7-4

区域	范围（m）	用地比例参考标准	
门户区	0~200	商业服务业设施用地	15%~20%
		公共管理与服务设施用地	10%~15%
		居住用地	0~10%
		商住混合用地	25%~30%
		道路与交通设施用地	20%~35%
		绿地与广场用地	5%~15%
核心区	200~400	商业服务业设施用地	0~15%
		公共管理与服务设施用地	15%~25%
		居住用地	45%~50%
		混合用地	5%~10%
		道路与交通设施用地	10%~15%
		绿地与广场用地	5%~15%
过渡区	400~800	商业服务业设施用地	0~5%
		公共管理与服务设施用地	5%~10%
		居住用地	50%~65%
		混合用地	0~10%
		道路与交通设施用地	10%~15%
		绿地与广场用地	5%~15%

3. 开发强度控制

门户区应进行高强度的商业设施、公共服务设施及综合体开发，高于过渡区 30%～50%，容积率宜在 3.0～5.0；核心区应进行中高强度的居住、商业设施开发，高于过渡区 30%～50%，站点地区容积率宜在 2.5～4.5；过渡区为中低强度的居住开发区域，高于周边非轨道交通站点地区 20%～30%，站点地区容积率宜在 1.5～3.0。

4. 交通系统

城市住宅区域站点地区交通组织以轨道交通、快速公交站点为核心，慢行交通主导与其他公交模式便利衔接的交通服务系统。在城市住宅区域站点地区，轨道交通、快速公交是住宅区居民往来城市其他地区的主要交通方式；而住宅区内部，居民前往轨道交通、快速公交站点的主要交通方式应为步行、自行车等慢行交通，辅以城市公交车或住宅区微循环公交，在一定程度上限制私人小汽车的使用。

城市住宅区域站点地区道路网布局应注重提高轨道交通、快速公交站点的步行可达性，尽可能采用小街区、大密度路网。城市住宅区域站点地区，多在城市建成区，未按照居住区的道路系统建设，道路网和城市路网系统融为一体，建议将居住小区的道路开放为步道或自行车道，纳入系统。

门户区道路网密度应为最高，道路多为城市支路，间距宜为 100～200m，形成窄路面、密网格的结构；核心区道路网密度适中，道路多为城市支路或次干道，道路间距宜为 200～300m；过渡区道路网密度可相对降低，外围为城市快速路或主干道，内部道路为城市次干道或支路，道路间距应不宜大于 400m。

城市住宅区域站点地区，一方面应对既有城市主干道、次干道、支路进行改造，重新划分路权，有机整合步行道、自行车道及道路绿化；另一方面，尝试开放现有封闭式居住小区内部主要绿化道路，与城市道路联通，营造绕路少、衔接顺畅、环境优美的步行环境。城市主干道、次干道、支路断面应进行如下改造：主干道适当缩窄机动车道宽度，将最外侧车道设置为公交专用道，在道路两侧设置绿化隔离带、自行车道及人行道；次干道红线宽度为 24～30m，应将最外侧机动车道设置为公交专用道；支路红线宽度为 12～18m，在道路两侧设置绿化隔离带、自行车道及人行道，机动车道设置为双向两车道，或单向双车道（小汽车道+公交专用道）。

轨道交通、快速公交站点通常位于城市住宅区域站点地区的中心位置，尽可能将站点融入既有社区空间环境中。受现状条件限制，城市住宅区的轨道站点出入口多设置于居住区干道交叉路口附近，应尽可能避免占据既有人行道空间。宜在道路两侧均设置站点出入口。站点出入口数量不宜少于 4 个。在条件允许的情况下，应将站点出入口与周边商业、公共服务设施或综合体整合设置（图 7-1）。

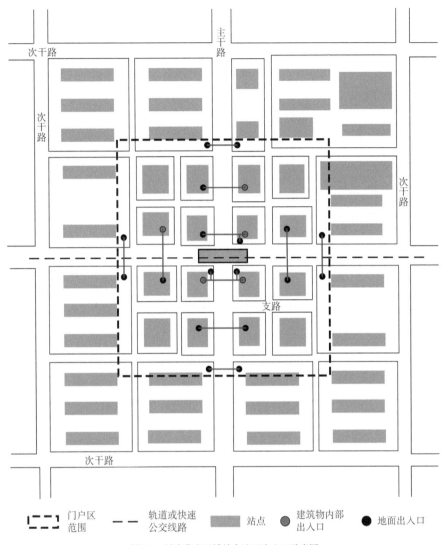

图 7-1 城市住宅区域站点地区出入口示意图

二、郊区住宅区域站点及周边国土空间布局规划

郊区住宅区域站点地区以中低密度居住功能为主,并配套建设完善的商业服务、公共服务和市政公用设施。此类站点地区多为围绕公共交通站点新建或依托既有居民点形成。目前,郊区住宅区域站点地区多保留大量非城市建设用地,建成部分多为低开发强度的村镇建设用地。一方面,为发挥公共交通"主动引导"城市发展,实践 TOD 提供了较大空间;另一方面,需要规划先行,科学布局,并合理安排公共交通、公共服务设施、住宅区建设时序,充分发挥公共交通在促进城市空间紧凑发展的作用。

(一)典型郊区住宅区域站点及周边特征分析

郊区住宅区域站点地区空间范围由社区规划限定,边缘一般为交通干道、农田或自然山水,住宅区内轨道交通、快速公交、步行服务区为 800~1000m 范围,步行区以外地带可利用自行车、公交车或私人小汽车前往轨道交通站点。轨道交通线路常为高架或地面线路，噪声、振动等影响明显，门户区界限较为清晰；为社区服务的核心区一般为站点出入口300～400m地带，过渡区为核心区至住宅区边缘。受噪声、振动等影响，站点门户区不宜布局居住功能，应多布局商业设施或公共绿地；核心区多为住宅区商业服务、公共服务设施用地及中等密度居住区，过渡区多布局低密度居住用地和公共绿地。郊区住宅区域站点地区应为居民提供舒适的居住环境，提供较主城区宽松的空间活动环境，开发强度低于城市住宅区。核心区多常为住宅区开发强度最高地带，过渡区进行低强度的居住区开发。核心区的开发强度比过渡区高20%～50%，呈现显著的级差密度特征。

站点地区商业设施和公共服务设施配备齐全且多集中在核心区范围内；公共绿地多设置于核心区，居住区周边地带拥有优美的开放空间，一些居住区通过社区绿道或郊野绿道改善休憩环境。轨道交通、快速公交线路一般位于周边居住区中心位置，与居住区道路衔接顺畅。站点门户区常为轨道交通、快速公交与常规公交、小汽车交通衔接地带，宜在站点周边设置停车场（库），或建设站厅综合体。站点地区路网形态较为自由，与自然地形相契合，道路密度较高，表现为机动车道通畅，慢行交通系统需要完善。

（二）郊区住宅区域站点及周边空间布局规划

1. 空间区划

根据国内外典型城市经验，郊区住宅区域站点地区一般为轨道交通、快速公交站点周边步行500～1000m的空间范围，并可通过自行车道路网扩展至1500m范围。空间区划应考虑站点周边地区的道路网络、区域基础设施廊道等人工地物，山体、水体等自然地物，基于道路网络来划定站点地区的空间区划。

门户区一般为站点出入口0～200m范围，是轨道交通站厅、出入口地段以及轨道交通、快速公交与其他交通方式接驳转换所处地段。

核心区位于门户区外、距站点出入口400m范围，是站点地区中综合区位优势度最高的区域，是郊区居住区商业服务、公共服务集中的地段，开发强度较高。

过渡区位于核心区外，由核心区向周边郊野开放空间逐渐过渡地段，边缘多为农田、山体或水域。

2. 国土空间利用布局

郊区住宅区域站点地区总体用地构成参考我国《城市居住区规划设计标准》（GB 50180—2018）中各项用地平衡控制指标，在此基础上结合典型城市经验和TOD规划原理优化站点地区用地布局。门户区、核心区、过渡区的土地利用构成应有所差异，具体用地构成如表7-5所示。门户区首要功能是实现多模式交通衔接和换乘，用地构成宜以公共管理和公共服务设施用地为主和商业服务业设施用地，配置公共绿地、道路与交通设施用地及部分居住用地。核心区以居住用地和绿地为主要功能，公共管理和公共服务设施用地、商业服务业设施用地为辅，绿地与广场用地多以居住区或居住小区中心绿地为主。过渡区应为较高比例的居住用地，公共管理和公共服务设施用地主要以教育类或医疗类为主。

郊区住宅区域站点地区各分区用地构成参考表　　　　　　　　表7-5

站点地区	距离（m）	用地比例参考标准	
门户区	0～200	商业服务业设施用地	10%～15%
		公共管理与公共服务设施用地	20%～25%
		居住用地	0～5%
		道路与交通设施用地	20%～25%
		绿地与广场用地	10%～15%
核心区	200～400	商业服务业设施用地	0～5%
		公共管理与公共服务设施用地	20%～25%
		居住用地	45%～50%
		道路与交通设施用地	10%～15%
		绿地与广场用地	5%～15%
过渡区	400～800	商业服务业设施用地	0～5%
		公共管理与公共服务设施用地	5%～10%
		居住用地	60%～65%
		道路与交通设施用地	10%～15%
		绿地与广场用地	5%～15%

3. 开发强度控制

门户区应进行中高强度的商业设施、公共服务设施及综合体开发，容积率受轨道交通技术形式制约，若为封闭式轨道线路，容积率宜高于核心区20%～30%，若为开放式轨道交通技术，毛容积率则低于核心区10%～30%。郊区住宅区容积率宜在2.0～3.5；核心区应进行中高强度的居住、商业设施开发，容积率宜在1.5～3.0，或高于过渡区20%～50%；过渡区应为中低强度的居住开发区域，容积率宜在1.0～2.0。

4. 交通系统

郊区住宅区域站点地区交通应形成以轨道交通、快速公交站点为核心，慢行交通系统为主导，常规公交模式便利衔接的多模式交通系统。在郊区住宅区域站点地区，轨道交通、快速公交是住宅区居民往来城市其他地区的主要交通方式，而在住宅区内部，居民前往轨道交通、快速公交站点的主要方式为步行、自行车及公交车，辅以私人小汽车。

郊区住宅区域站点地区通过外围城市主干道和内部轨道交通、快速公交与主城区联系，住宅区通过有限出入口连接城市干道。住宅区内部道路网布局应注重提高轨道交通、快速公交站点的步行可达性，应采用小街区、高密度路网结构，内部道路密度呈现均质化特征。

门户区道路网密度应为最高，道路多为城市支路，间距宜为100～200m，形成窄路面、密网格的结构；核心区道路网密度适中，道路多为城市支路或次干道，道路间距宜为200～

300m；过渡区道路网密度可相对降低，外围为城市快速路或主干道，内部道路为城市次干道或支路，道路间距宜为200～400m。

郊区住宅区域站点地区道路可分为居住区干道和居住区支路，道路断面设计时应整合步行道、自行车道及道路绿化，营造良好的步行环境。对于居住区干道，宜采用林荫道设计，红线宽度为20～30m，在道路两侧设置绿化带、自行车道及人行道；对于居住区支路，红线宽度为12～18m，在道路两侧设置绿化隔离带、人行道、绿道。

郊区轨道交通、快速公交线路常为高架线路或地面线路，站点宜结合线路技术形式设立独立的站厅。郊区住宅区空间范围可能超过800～900m，适宜步行的空间范围。应根据住宅区范围大小设置2个以上站点，并区别中心站、一般站，形成组合站服务郊区住宅区。

应高标准规划建设临近郊区住宅区中心的中心站，考虑设置尺度宜人的市民广场，同时作为轨道交通、快速公交与其他交通接驳的集散空间。门户区宜配置住宅区公交线路首末站或停靠站，同时配备便于小汽车停车换乘的停车场（库），并与住宅区步行、自行车道路顺畅衔接。条件允许情况下，可将站点与周边住宅区商业、公共服务设施或综合体整合设置。应尽可能将一般站站点融入住宅区空间环境，与住宅区步行道路、自行车道顺畅衔接。

第三节 特殊区域站点及周边国土空间规划

特殊区域站点地区是指在一定范围内，科教文体、工业仓储、风景园林等特殊功能用地规模较大、属性均质、布局连片的站点地区。这些功能用地会导致地区交通流呈现独特特征。特殊功能用地内部交通组织、用地布局、开发强度控制及环境设计等均应符合其自身性质要求。同时，特殊功能用地可能对站点地区交通衔接、其他地区用地布局和开发强度控制、公共设施配置等产生影响。特殊型站点地区空间规划应按照城市规划对特殊功能用地的相关规定，并充分考虑其对周边地区的影响，按照TOD理念进行合理引导。根据特殊型站点地区的交通影响特征，可分为大型公建型站点地区、园区型站点地区。

一、大型公建区域站点及周边空间布局规划

区域或城市级的文体、会展等大型公共设施选址所在的轨道交通、快速公交站点地区，在特定时期，受大型公共建筑影响，地区交通流呈现显著的高峰期及集中性，对站点设置及其他城市交通组织提出特殊要求。

大型公共建筑周边地区功能定位不同，轨道交通、快速公交站点地区的道路网络、用地构成、开发强度等可能呈现差异。

（一）典型大型公建区域站点及周边规划案例经验

借鉴英国的北格林尼治体育馆、英国纽卡斯尔圣詹姆斯公园球场、德国慕尼黑会展中心、我国香港红磡站和上海虹口体育中心等典型案例，总结大型公建型站点地区规划建设经验。

为实现大型公建客流快速接驳多种交通方式，在大型公建主要出入口与站点之间多建设小型集散广场，作为客流转换空间。大型公建、集散广场、交通站场及周边附属商业、休闲娱乐设施，构成轨道交通、快速公交站点的门户区。核心区和过渡区的空间区划受周边地区功能、路网特征影响。大型公建用地周边需布局配套的停车场等设施用地，大型公建还可能带动周边地区建设一定数量配套的公共管理、商业服务设施，一起构成站点核心地区。大型公建所占地块开发强度受其自身特征影响，可能对周边地区地块在开发强度、建筑限高等方面有要求。

（二）公建区域站点及周边国土空间布局模式

1. 空间区划

大型公建型站点地区轨道交通、快速公交站点与大型公共建筑衔接时可设置多个出入口。站点地区空间范围可在城市住宅区域站点基础上，根据站点出入口位置进行扩展，扩展范围应限制在距站点出入口 500~800m，从站点出入口由内向外进一步划分为门户区、核心区、过渡区。

门户区是指轨道交通、快速公交出入口与大型公共建筑衔接以及轨道交通、快速公交与其他交通方式接驳换乘所处的地段，门户区一般为站点出入口 0~100m 范围，是可达性最高的区域。

核心区是指大型公共建筑及其配套设施、为周边居民服务的商业服务、公共服务用地及高密度居住功能用地地段。核心区位于门户区以外、站点出入口步行 400m 以内地带，是站点地区中综合区位优势度最高的区域。

过渡区是指核心区向周边社区逐渐过渡且受到公共交通可达性影响逐步减弱的区段，过渡区一般位于核心区外，站点出入口步行可达范围（800~900m）。

2. 国土空间利用布局

大型公建型站点地区，需考虑大型公共建筑的性质、规模差异，对站点地区文体设施、公共绿地、商业服务设施等用地的规模和布局进行调整。结合典型城市经验和 TOD 理论，站点地区门户区、核心区、过渡区的土地利用布局模式和构成如表 7-6 所示。门户区首要功能是实现大型公共建筑及多模式交通衔接和换乘，用地构成宜围绕大型公共建筑用地类型组织，以公共管理和公共服务设施用地、商业服务业设施用地或商业居住混合用地为主，配置公共绿地、市政设施用地及少量居住用地。核心区应结合大型公共建筑，配置所需停车场地，其他地块应以居住用地和绿地为主要功能，配置中小学等公共服务设施用地和商业服务业设施用地，适当绿地、广场及文化体育设施用地。过渡区应为较高比例的居住用地，公共管理和公共服务设施用地主要以教育类或医疗卫生类为主。

大型公建型站点地区各分区用地构成参考表　　　　表 7-6

站点地区	距离（m）	用地比例参考标准	
门户区	0~200	大型公建用地	20%~25%
		公共管理与公共服务设施用地	5%~10%
		商业服务业设施用地	10%~15%
		混合用地	10%~15%
		居住用地	0~5%
		道路与交通设施用地	15%~20%
		绿地与广场用地	5%~10%
核心区	200~400	商业服务业设施用地	0~5%
		公共管理与公共服务设施用地	5%~10%
		混合用地	5%~10%
		居住用地	45%~50%
		道路与交通设施用地	15%~25%
		绿地与广场用地	5%~15%
过渡区	400~800	商业服务业设施用地	0~5%
		公共管理与公共服务设施用地	5%~10%
		居住用地	60%~65%
		道路与交通设施用地	10%~15%
		绿地与广场用地	5%~15%

3. 开发强度控制

大型公共建筑性质决定其用地开发强度指标，如果大型公共建筑对周边地带开发强度有控制要求，控制地带开发强度应遵循控制要求的上限。如果大型公共建筑对周边地区开发强度无特殊控制要求，大型公建周边地带开发强度可参照对应地区住宅区域或中心区站点地区进行调控，紧邻大型公建地带可根据用地性质适当提高容积率。

4. 交通系统

由于大型公建型站点地区在活动期通常会产生瞬时的交通高峰，交通组织应围绕公共建筑以轨道交通、快速公交站点为核心，慢行交通为主导，与常规公交、小汽车等交通模式便利衔接，提供安全、高效、灵活的交通服务系统。轨道交通、快速公交是城市其他地区往来大型公建交通流的重要集散方式，与大型公建出入口顺畅衔接，并合理疏导人流。大型公建周边居民，主要通过步行、自行车，辅以城市公交车或住宅区微循环公交前往换乘轨道交通、快速公交往来城市其他地区，在无举办活动期间，大型公共建筑的停车设施可为居民提供停车换乘便利。

大型公建站点地区道路网布局应尽可能采用小街区、密路网结构，根据公建所在区位参照对应住宅区或中心区站点地区路网布局模式和道路断面形式。为满足大型公共建筑瞬时交通需求，可对大型公建周边道路进行调整，根据大型公建占地面积适当扩大地块尺度，在大型公建非临近轨道交通侧，便于小汽车通行，并适度提高道路等级，或根据交通管理方案增加支路。

轨道交通站点站厅宜设置于大型公共建筑地下或邻近道路，应设置多处出入口，临近大型公建的轨道交通、快速公交站点出入口选址宜临近大型公建的主要步行出入通道，并预留疏散空间，如图7-2所示。在条件允许的情况下，站点出入口可与大型公建周边商业、公共服务设施或综合体整合设置。

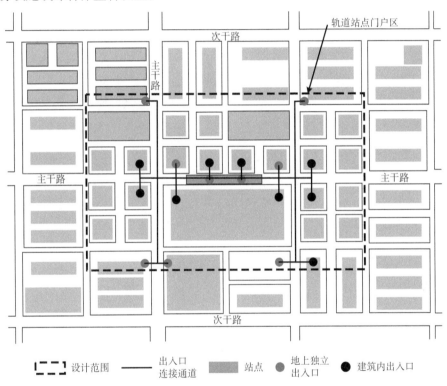

图7-2 大型公建型站点地区轨道交通站点出入口设置示意图

大型公建型站点地区，步行交通、自行车、公交车、出租汽车和小汽车等交通方式的规划布局及与轨道交通、快速公交的接驳方式，可根据公建所在区位参照对应住宅区或中心区站点地区相关原则。但是，在大型公建周边地带，需对公交车站及私人小汽车停车场（库）布局进行调整。一是常规公交站点设置方面。在大型公共建筑周边设置公交站点时，应与轨道交通、快速公交站点分设于大型公共建筑不同出入口处，公交站点宜设置于大型公共建筑侧面或背面，避免或减少公交客流与轨道交通、快速公交客流的相互交织；二是私人小汽车停车场（库）设置方面。为大型公建配建的私人小汽车、客车停车场，宜建设于门户区以外、远离轨道交通、快速公交站点的大型公建背面或侧面用地，鼓励建设立体停车库，在无活动期间可服务于周边居民通过停车换乘（P+R）方式使用轨道交通出行。

二、景园区域站点及周边国土空间布局规划

科教、工业、风景园林等功能用地连片分布的轨道交通、快速公交站点地区，这些特殊功能用地交通生成规律、地区交通流的时空波动较为平稳，但对站点地区的国土空间利用布局、开发强度控制及公共设施配套可能提出特殊要求。

（一）典型景园区域站点及周边特征分析

借鉴我国香港大学站、美国加州大学伯克利分校站、新加坡裕廊工业园站、苏州工业园站、广州汉溪长隆站等典型案例，总结景园区域站点地区规划建设经验。

轨道交通、快速公交站点与景园出入口衔接部分构成其门户区，其范围和景园出入口形态有关。与园区产业有关的重要管理、服务或展示等人流较大的设施，以及与园区工作人员生活密切相关的商业办公设施应设置于站点步行 5min（400m）左右范围，形成核心区。站点门户区宜配套布局广场、交通设施用地，为交通集散、换乘提供空间，如广州汉溪长隆站在临近园区出入口设置小型地铁广场，为轨道交通与长隆旅游度假区常规公交换乘提供空间。站点门户区和核心区宜集中布局与园区功能相关、或为园区人员服务的公共服务、商业服务设施。由于风景园区、高等院校等场所通常可为周边居民提供丰富的休憩空间及公共服务设施，因此可以适当降低周边地区公园绿地、公共服务用地比例。风景园区、高等院校、工业园区开发强度具有很强的自身特征，并可能对周边地区地块的开发强度、建筑限高等方面有要求。

轨道交通、快速公交站点和出入口设置应与风景园区或工业园区主要人行出入口衔接，也可在轨道交通出入口附近设置交通集散广场，形成轨道交通与园区常规公交、慢行系统转换的交通节点。

（二）景园区域站点及周边国土空间布局规划

1. 空间区划

景园区型站点地区轨道交通、快速公交站点地区范围一般应为站点出入口周边步行 500~800m 的区域。从站点出入口由内向外进一步划分为门户区、核心区、过渡区。

门户区是指包括特殊功能园区主要出入口所在地、轨道交通站厅和出入口地段、轨道交通及快速公交与其他交通方式接驳换乘所处地段，门户区一般为站点出入口 0~100m 范围，是可达性最高的区域。

核心区是指位于门户区以外、距站点出入口 400m 范围的区域，主要涵盖特殊功能园区的商业服务、公共服务等设施集聚地，服务周边居民的商业、公共服务用地及居住功能用地，为站点地区中综合区位优势度最高的区域。

过渡区一般位于核心区外，距站点出入口 400~800m 范围。由公交影响核心区向周边

社区逐渐过渡区段,公交可达性影响逐步减弱。

2. 国土空间利用布局

景园区型站点地区,工业仓储、科研教育、风景园林、天然水体等用地通常占据站点地区的大片土地,应遵循其专项规划,在站点周边布局园区配套的公共服务和公共管理用地、商业设施等用地。周边配套居住区用地构成参照我国《城市居住区规划设计标准》(GB 50180—2018)中各项用地平衡控制指标,根据 TOD 理论及典型城市经验优化站点地区用地布局。站点地区门户区、核心区、过渡区的土地利用构成应有所差异,各分区用地构成比例建议如表 7-7 所示。门户区首要的功能是多模式交通衔接和换乘,用地构成包括特殊功能用地及配套的商业服务业设施用地、公共管理和公共服务设施用地,配置公共绿地、广场、市政公用设施用地。核心区为特殊功能占据连片用地,其他地块以居住用地和绿地为主要功能,配置中小学等公共服务设施用地和菜市场、零售等商业服务设施用地,配以相应的道路交通用地。过渡区为特殊功能占据连片用地,其他地块,居住用地占据较高比例,公共服务设施用地主要以教育类或医疗卫生类为主。

景园区域站点地区各分区用地构成参考表　　表 7-7

站点地区	距离(m)	用地比例参考标准	
门户区	0~200	园区特殊功能用地	20%~25%
		公共管理与公共服务设施用地	10%~15%
		商业服务业设施用地	25%~30%
		混合用地	10%~15%
		道路与交通设施用地	20%~25%
		绿地与广场用地	0~5%
核心区	200~400	商业服务业设施用地	0~5%
		公共管理与公共服务设施用地	10%~15%
		园区特殊功能用地	30%~35%
		居住用地	25%~30%
		道路与交通设施用地	15%~20%
		绿地与广场用地	5%~10%
过渡区	400~800	园区特殊功能用地	30%~35%
		商业服务业设施用地	0~5%
		公共管理与公共服务设施用地	5%~10%
		居住用地	30%~35%
		道路与交通设施用地	10%~15%
		绿地与广场用地	5%~10%

3. 开发强度控制

特殊功能园区根据其自身性质、专项规划要求决定开发强度指标，历史文化街区、风景名胜区或具有特定防护要求的工业仓储园区等对周边控制地带及影响地带的建筑高度、密度有控制要求时，开发强度应遵循该控制要求。若特殊功能园区对周边地区开发强度无特殊控制要求，其他地区开发强度应遵循级差密度的特征。若大型公建对周边地区开发强度无特殊控制要求，其周边地带开发强度可参照对应地区住宅区域或中心区站点地区进行调控，紧邻景园地带可根据用地性质适当提高容积率。

4. 交通系统

景园区型站点地区交通组织应以轨道交通、快速公交站点为核心、慢行交通为主导，与常规公交、微循环公交等交通模式便利衔接，打造安全、高效、绿色的交通服务系统。轨道交通、快速公交是城市其他地区人们往来特殊功能区的重要交通方式，应与功能区主入口、园区公交接驳点等设施便利衔接，并合理疏导人流。园区周边居民主要通过步行、自行车，以及城市公交车换乘轨道交通、快速公交往来城市其他地区。

站点地区道路网布局应尽可能采用小街区、密路网结构，对于科研院校、工业园区，其路网应与城市道路系统相融合；对于风景区，可根据其形态特征调整周边城市道路，构建内部道路网络。城市道路网络结构和断面形式，可根据所在区位参照对应住宅区或中心区站点地区路网布局模式和道路断面形式。

通常位于站点地区的中心位置，尽可能将站点融入既有空间环境中。轨道交通站点站厅出入口应设置于园区主要行人出入口集散广场，且与景园区主出入口保留一定距离，预留疏散空间（图7-3）。在条件允许的情况下，站点出入口可与大型公建周边商业、公共服务设施或综合体整合设置。

景园内部交通系统与轨道交通、快速公交站点衔接时，应协同规划步行交通、自行车、常规公交车、出租车及小汽车等交通方式，站点地区交通系统与轨道交通、快速公交接驳方式及设施布局，可根据公建所在区位参照对应住宅区或中心区站点地区相关布局原则。对于轨道交通、快速公交与景园出入口衔接地区，可通过适当调整集散广场、停车场、公交站场等，使园区和轨道交通、快速公交衔接更为顺畅。一是集散广场设置方面。根据景园区性质，选择某一站点出入口，设置集散广场，并结合集散广场布局公共交通站点、自行车停车场等，便于园区工作及到访人员通过常规公交、步行、自行车换乘轨道交通、快速公交。二是公交站点设置方面。对于高校、景区、工业园区等景园区型站点地区，应将微循环公交或通勤公交作为衔接轨道交通、快速公交的重要方式，园区公交站场可设置于轨道交通、快速公交出入口集散广场或站点门户区边缘，通过整体设计接驳公交车站与轨道交通、快速公交站点出入口，实现空间上的无缝衔接。三是私人小汽车停车场设置方面。门户区内限制私人小汽车停车换乘，景园区停车场（库）应规划建设于门户区以外，或在园区内部设立单独停车场地。

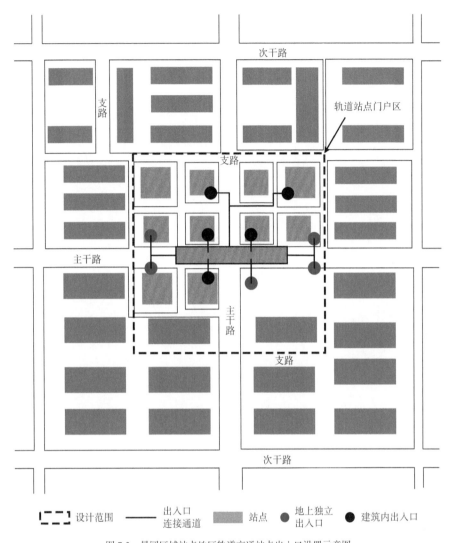

图 7-3 景园区域站点地区轨道交通站点出入口设置示意图

第八章

新型城镇化下推动公共交通引导城市发展的指标体系

针对我国城镇化发展以及居民出行的特征，研究形成基于新型城镇化背景的公共交通合理引导城市发展的评价方法。一方面，保持体系结构的完整性、均衡性、精炼性基础上，确定公共交通引导城市发展的指标体系，结合国内普遍应用的相关统计口径和数据采集技术，确定各项指标的计算方法。另一方面，通过量化评价指标的评价标准和权重，对评价指标考察值设立不同的分级标准，同时设计每个等级相应的标准区间和评分范围；选用合理的评价方法量化各项指标的贡献程度；采用主观与客观相结合的方法，根据已确定的评价指标权重系数和评价指标监测分值计算公共交通引导城市发展的指数。

第一节 美国"公共交通引导城市发展"效果的评价方法

在对"公共交通引导城市发展"成果的考评方面，美国的评价方法主要包括评价框架、评价内容与指标、评价指标特性等（图8-1）。

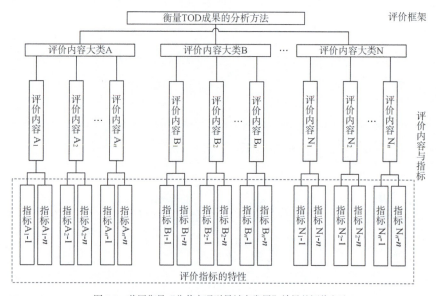

图8-1 美国衡量"公共交通引导城市发展"效果的评价方法

1. 评价框架

全球众多城市的成功案例证实，"公共交通引导城市发展"能够有效提高公共交通的利用率，缓解城市交通拥堵，合理控制城市无序蔓延，提供更多的住房选择，有利于形成多样化的社区及高质量的街坊环境，刺激地方与区域经济发展等。但是，只有建立起一个系统的评价框架才能全面准确地衡量与分析"公共交通引导城市发展"所带来的影响。

发布于2004年的《美国的"公共交通引导城市发展"：经验、挑战和前景》中，研究者对参与"公共交通引导城市发展"规划、管理、实施的全美国范围内的机构开展了一次调查，从中选择了 23 个市政府、10 个州交通发展部门、8 个重建开发机构、24 个规划机构以及 90 个公共交通机构。调查发现，这些机构正在尝试使用各种能够衡量"公共交通引导城市发展"成果的方法和指标进行决策和设计。

在该报告中，研究人员编制了一张"'公共交通引导城市发展'成果的分类和获益者"表格（表 8-1）。通过表格显示了公共部门和私人的一些利益。

"公共交通引导城市发展"效果的分类和获益者　　　　表 8-1

成果	主要利益相关者	
	公共部门的利益	私人的利益
一级	1. 对使用公共交通工具的乘客人数和交通税收的增加	5. 对提高土地价值、租金和房地产效率的贡献
	2. 为实现联合开发提供了机会	6. 为大众增加了可承受的住房
	3. 使社区重新充满活力	
	4. 经济的发展	
二级	A. 减少交通拥堵、机动车的行车里程消费以及所造成的环境污染和汽油消耗（1）	G. 增加了零售业收入（1、2）
	B. 增加了物业和商业的税费收入（5）	H. 增加了就业机会（A、6）
	C. 减缓城市的无序蔓延、保护开放空间（1、3、6）	I. 节省了停车费用（C、2）
	D. 降低道路及其他基础设施建设支出（1）	J. 增加了体育锻炼（C、E、F）
	E. 降低了犯罪率（3、4）	
	F. 提高了社会资本及公众参与度（3、4）	

随后，2005 年发布的《以公共交通为导向的城市发展：形成一种衡量成功的策略》对更大范围的相关机构所管理的网上电子资料与书面资料进行了调查。

在上述报告基础上，结合 2002 年发布的《州际范围的"公共交通引导城市发展"研究：加利福尼亚州"公共交通引导城市发展"成功的因素》以及 2003 年发布的《新泽西州的公共交通村庄：评估和可计量性的建议》中的研究成果，确定形成了分 5 种类型共 56 个指标的衡量"公共交通引导城市发展"成果的基本框架（图 8-2）。其中，"出行行为"包括出行方式选择以及停车等；"地方经济"包括公共部门以及私人的经济收益和投资；"自然环境"包括能源资源利用及空气质量等；"建成环境"包括城市规划设计品质、步行舒适性及土地利用等；"社会环境"包括社区多样性、安全性及可承受性等。

图 8-2　美国衡量"公共交通引导城市发展"效果的评价框架

2. 评价内容与指标

在整个评价框架构建过程中始终贯穿着对评价内容与指标的选取及确定。在早期开展"公共交通引导城市发展"建设中,包括那些已经接受这种概念的区域在内,数量也极其有限,很难通过基于可量化的指标来对其进行评价。

1999年,约翰·尼尔斯(John Niles)和迪克·纳尔逊(Dick Nelson)在《衡量"公共交通引导城市发展"的成功:零售市场的动态特征与其他关键因素》一文中编制了一个包含16项规划元素的表格,明确表示在对"公共交通引导城市发展"模式产生的成效进行评估时,应统筹考虑车站周边地区及区域层面。这是较早关于衡量"公共交通引导城市发展"成果的评价内容和指标的文章。但是由于这些规划元素本身就是综合性的,因此没能落实到具体的评价指标层面。

发布于2002年的《州际范围的"公共交通引导城市发展"研究:加利福尼亚州"公共交通引导城市发展"成功的因素》尽管没有提出衡量"公共交通引导城市发展"成果的评价框架以及相应的评价内容及评价指标体系,但是针对"公共交通引导城市发展"所产生的部分影响开展了评估研究,例如在研究报告的附录中提供了针对"公共交通引导城市发展"地区居民因减少小汽车出行降低汽油的消耗,对于节约能源和气候变化等方面产生的效益的评估方法。

为评估"公共交通引导城市发展"对于经济活动、生活环境、出行方式、宜居社区以及社会政策等方面的影响,研究人员在2003年发布的《新泽西州的公共交通城市:评估和可计量性的建议》中提出了用于"公共交通引导城市发展"成果监测的列表。成为衡量"公共交通引导城市发展"成果的评价内容及评价指标体系的雏形。

基于以往研究的成果,2005年发布的《以公共交通为导向的城市发展:形成一种衡量成功的策略》进行了更大规模的调研活动,最终确定了56个指标(表8-2~表8-6),形成了一个较为完整的评价内容与指标体系。

评价"出行交通行为"的指标　　　　　　　　表8-2

分　类	指　标	计量单位
停车	仅供通勤人员停放的车位数	个
	仅供商店顾客停放的车位数	个
	共享停放车位数	个
	汽车库车位数	个
	非机动车停车位数	个
公共交通	乘坐公共交通出行的人员数	人
	联系车站与其他目的地的接驳公交车辆数	辆
	居民、职员行车里程数	英里
	单人驾车出行的居民、职员数	人

续上表

分　类	指　标	计量单位
公共交通	自行车活动数量	辆
	实行交通管制与流量改进的路段数量（包括设有宁静交通设施的路段数量）	个
	自行车专用道的长度	英里
	步行活动的人数	人

评价"自然环境"的指标　　　　表 8-3

分　类	指　标	计量单位
空气质量	空气污染的情况（CO_2，PM 等）	空气污染指数（API）
能源的使用	汽油消耗量	加仑

评价"建成环境"的指标　　　　表 8-4

分　类	指　标	计量单位
设计质量	步行导向、人体尺度	主观/宽、高的比例
步行友好	经改善的景观街道长度	英尺
	为了行人安全而进行改善的道路交叉口数量	个
	经改善的街道立面长度	英尺
	经规划审核的棕地面积	英亩
	空置建筑物的数量、面积	个/平方英尺
	未充分使用的可作为绿地、娱乐空间的用地数量及面积	个/英亩
	新的或改善的公园数量	个
土地使用	混合使用的土地数量	数量/英亩
	人口、住房的密度	数量/英亩

评价"社会环境"的指标　　　　表 8-5

分　类	指　标	计量单位
社会	犯罪的数量	犯罪率
	新的文化及艺术院校或设施	个
	社区组织的数量	个
	公众的认知（管理调查）	支持率
	家庭的多样性	年龄/家庭收入
	家庭可支配收入的增加	美元
	公众可承受价格住宅数量	个/英亩

评价"地方经济"的指标 表8-6

分　类	指　标	计量单位
公共投资	市政基金	美元
	州政府基金	美元
	拨款	美元
	贷款	美元
	联邦政府基金	美元
	拨款	美元
	贷款	美元
	给予的税收减免	美元
	总的公共投资	美元
私人投资	**商业**	—
	新的或实际可以使用的零售及办公空间	平方英尺
	方便的零售店数量（包括干洗店、音像店）	个
	私人投资估算值	美元
	新产生物业税估算值	美元
	住房	—
	新的或实际可以使用的居住单元	个
	小住房改善的资金	美元
	私人投资估算值	美元
	新产生物业税估算值	美元
	物业价值的增长估算值	美元
	房间组成	—
	工作室/一间房间	户
	二间房间	户
	三间房间及以上	户
	房屋保有形式	—
	出售	户
	出租	户
	补贴单元（有收入的限制）	户
	出售	户
	出租	户

3. 指标的特性

在明确了衡量"公共交通引导城市发展"的评价框架、评价内容与指标基础上，还需要进一步明确具体指标的收集特性。主要包括：指标的有效性、数据采集的难易程度、数据采集的频率等。然而早期关于这些指标收集方面的研究内容很少。

发布于2003年的《新泽西州的公共交通城市：评估和可计量性的建议》中，因考虑到地区之间机构资源的差异性以及数据收集的困难，最终形成了一份衡量"公共交通引导城市发展"的精简版指标，可以作为指标特性研究的开始。

2004年，研究人员在《美国的"公共交通引导城市发展"：经验、挑战和前景》报告中给出了对"公共交通引导城市发展"的利益相关者调查的结论，对衡量"公共交通引导城市发展"指标的重要性进行了分析。其中，交通部门将"提高公共交通出行率"和"增加对公共交通发展的支持"作为"公共交通引导城市发展"最重要的成果，而重建开发机构、地方政府及相关机构，则将"缓解交通拥堵"和"改善街坊品质"作为"公共交通引导城市发展"最重要的成果。

2005年发布的《以公共交通为导向的城市发展：形成一种衡量成功的策略》中，研究人员对评价指标收集方面的内容进行了深入研究。他们选择了加利福尼亚州、新泽西州等一些"公共交通引导城市发展"比较成功的区域开展调查，通过调查那些直接参与"公共交通引导城市发展"建设的各类机构的专业工作者来获得"公共交通引导城市发展"指标的收集特性。调查过程中，调查人员先给专业工作者发放一个随机排列的"公共交通引导城市发展"成功评价指标列表，要求专业工作者就指标的有效性及数据采集的难易程度进行分类，同时还包括一些附加信息，如数据采集频率以及是否还有重要的数据没有列出等，最终形成了被专业工作者认可的衡量"公共交通引导城市发展"最有效的指标组合。

虽然公共交通利用率是大多数有关衡量"公共交通引导城市发展"方面的重要内容，但是调查显示，建成环境的质量以及沿步行街道出行的行人数量也同样重要。因此，对于一个周边存在着不合理的城市结构且行人很少的公共交通车站，即使其拥有大量的停车场地和高水准的公共交通利用率，也不能被认为是成功的"公共交通引导城市发展"。在确定评价指标有效性之后，对指标数据采集难易程度的确定也至关重要。通过分析专业人员的反馈信息发现，在最重要的13项评价指标中仅有5项被认为是容易采集的。研究人员最终根据以上成果，确定了9项得到调研者认可的衡量"公共交通引导城市发展"的指标，分别是：公共交通出行人数，人口及住宅密度，道路景观设计的品质，步行活动及步行环境的安全性，具有混合功能的城市结构的数量，社会财富及税收的增加，公众的感受与公共交通的衔接换乘方式，通勤者和居民共享的停车构成配置。

第二节 新型城镇化下我国 TOD 评价指标体系的构建

目前我国处于新型城镇化快速发展时期，与美国相比，在国情、背景和现状等方面差异较大，在选取评价指标时不能仅局限于国外已有的 TOD 成效评价指标，更要充分结合我国实施 TOD 的影响因素。

一、评价指标体系模型

无序的城市空间扩张、日益加剧的交通拥堵、粗放式的土地利用对人们的生活环境造成了严重破坏，同时也给人们的居住和出行带来了极大的压力（Pressure）。压力之下城市土地的结构数量和经济效益，交通所表现的道路面积和车辆数量，居民的经济水平和居住环境等，即土地、交通、居民和城市在压力之下的状态（State）。针对压力和状态所制定的相应的政策措施，投入的资金，即为响应（Response）。因此，结合"公共交通引导城市发展"所涉及的相关因素，可借助压力-状态-响应模型构建评价指标。

"压力-状态-响应"（PSR）模型，是经济合作与发展组织 OECD（Organization for Economic Cooperation and Development）提出的可持续发展评价模型。模型分为 3 类指标（图 8-3）：

（1）表征人类的经济社会活动对环境造成的压力指标，如资源利用、物质消耗以及各种产业在运作过程中所产生的物质排放等对环境产生的破坏及干扰；

（2）表征某特定时间阶段环境状态以及环境变化情况的状态指标，例如生态系统与自然环境的现状，人类的生活质量以及健康状况等；

（3）表征社会和个人用于预防、减缓、阻止以及恢复人类活动对环境造成的负面影响的对策，以及对于已经发生的不利于人类生存发展的生态环境变化进行补救措施的响应指标。

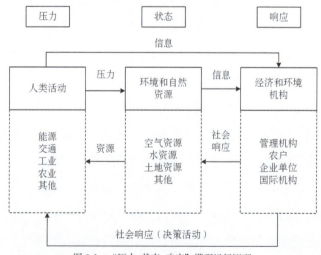

图 8-3 "压力-状态-响应"模型运行原理

借助于 PSR 框架模型能够显著表达 TOD 实施过程中人、土地以及交通之间的相互关系，可以清晰地描述 TOD 实施过程中相关影响因素的因果关系，从而为相关对策措施的制定奠定基础，并借助"作用-反馈-再作用"的循环过程，不断提高 TOD 实施成效。

二、评价指标体系建立的原则

1. 以人为本确定评价目标

公共交通引导城市发展体现公共交通在城市发展中的基础性、服务性以及公益性地位。通过公共交通来引导城市发展能够有效缓解交通拥堵、优化城市交通发展方式、提升居民生活品质、提高政府基本公共服务水平，是构建资源节约型、环境友好型社会的战略选择。党的十八大进一步提出走新型城镇化道路的国家战略，《国家新型城镇化规划（2014—2020）》，再次把优先发展公共交通放在城市发展的全局高度和重要位置。我国政府对城市公共交通地位和作用的高度评价与定位，决定了城市公共交通发展的目标是多元化的，公共交通引导城市发展的模式也不是固定不变的。公共交通引导城市发展水平评价的主要目标，就是充分发挥公共交通对城市发展的正确导向作用。

2. 以科学发展观为指导确定评价重点

与发达国家的城市相比，我国 TOD 还处于起步阶段，而发达国家 TOD 经过多年的发展，大多数已进入成熟阶段。因此，在对我国 TOD 效果评价指标体系设计时，应紧密结合我国国情和城市发展的阶段特点，以及未来一个时期国家对城市发展的目标要求，科学合理地确定评价重点。评价重点应覆盖以下几个方面，一是要体现 TOD 的合理性及科学性，围绕现阶段我国城市发展存在的突出矛盾、短板，以及国家对城市发展目标的要求，通过对评价指标的考核，推动城市沿着正确的方向发展。二是引导城市政府部门把职能重点放在提高城市吸引力与竞争力上。三是要强化城市政府部门的 TOD 理念与认识，促进城市 TOD 法规政策体系的加快建立与有效实施，引导城市政府科学选择城市发展模式，加强对 TOD 各项政策落实情况的考核，避免或减少城市的形象工程、面子工程及拍脑袋工程。四是要充分反映 TOD 在城市发展中的重要地位和作用，如在促进城市化方面取得的成果，在缓解城市交通拥堵、减少能源消耗与改善空气质量等方面所做的贡献。

3. 保持体系结构的完整性、均衡性、精炼性

在确立评价目标与评价重点的基础上对指标体系进行具体设计，需要处理好完整性、均衡性与精炼性的关系。

完整性：指标体系应能够系统、全面地反映评价目标多元化的要求，涵盖当前及未来一个时期 TOD 发展方向与工作重点。

均衡性：在保证指标体系完整性的基础上，要合理配置反映 TOD 不同方面以及每个方面各要素构成的指标数量，使被选指标既能准确地反映当前及未来一个时期城市发展过程中各领域的评价重点，又能兼顾指标数量整体分布的相对均衡。

精炼性：在满足完整性、均衡性要求的前提下，尽可能选择发展导向明确、信息含量丰富的指标，避免出现评价内容相同或相似的冗余指标。

三、评价指标体系的构建

根据上述压力-状态-响应模型，结合公共交通引导城市发展实施的影响因素，在遵循上述指标体系建立原则的基础上，充分考虑指标的全面性、典型性、可量化性，构建适合我国城市实际情况的 TOD 评价指标体系。评价指标体系应该能够涵盖公共交通引导城市发展的各个方面。目前，国内公共交通引导城市发展仍处于初级阶段，政府重视程度、基础设施建设等方面仍然需要加强，故应注重相关指标的选取。

在选取具体指标之前，需要先对评价指标体系的结构进行分层，确定评价所主要针对的内容，然后再针对各个方面开展详细的指标筛选，确保没有遗漏。按照层次分析法将指标体系分为目标层、准则层和指标层，将压力指标、状态指标以及响应指标纳入准则层，最终确定指标层共计 20 个指标（表 8-7）。

基于 PSR 模型的 TOD 成效评价指标体系　　表 8-7

目标层 A	准则层 B	指标层 X	指标特征
"公共交通引导城市发展"效果	压力指标B_1	城市人口密度 X_1（人/km²）	反映人口对土地利用的压力
		城市人口年龄结构（年龄中位数）X_2（岁）	反映人口对交通及土地的需求
		人均家庭交通及居住年度总支出 X_3（元）	反映居民住房和交通压力
		千人私人小汽车拥有量 X_4（辆/千人）	反映城市交通压力
		早晚高峰时段小汽车平均出行速度 X_5（km/h）	反映城市交通压力
		早晚高峰时段公共交通平均出行速度 X_6（km/h）	反映城市交通压力
	状态指标B_2	城镇居民年度人均可支配收入 X_7（元）	反映居民经济状态
		城镇居民人均现住房总建筑面积 X_8（m²/人）	反映居民居住环境
		每万人城市建设用地面积 X_9（km²/万人）	反映城市土地利用程度
		人均人行道面积 X_{10}（m²/人）	衡量交通设施完善程度
		万人自行车道里程 X_{11}（km/万人）	衡量交通设施完善程度
		人均道路面积 X_{12}（m²/人）	衡量交通设施完善程度

续上表

目标层 A	准则层 B	指标层 X	指标特征
"公共交通引导城市发展"效果	状态指标B_2	城市公共交通机动化出行分担率 X_{13}（％）	反映公共交通利用率
		城市万人公共交通车辆保有量 X_{14}（辆/万人）	衡量交通设施完善程度
		地均 GDP X_{15}（亿元/km²）	衡量土地的经济效益
	响应指标B_3	城市公共交通规划编制和实施情况 X_{16}	鼓励公共交通发展所采取的措施
		公共交通优先发展配套政策制定情况 X_{17}	鼓励公共交通发展所采取的措施
		地均固定资产投资 X_{18}（亿元/km²）	衡量城市可持续发展采取的措施
		交通运输业固定资产投资 X_{19}（万元）	衡量交通设施完善程度所采取的措施
		公共交通用地综合开发制度 X_{20}	鼓励公共交通发展所采取的措施

四、指标描述

城市人口密度X_1：指城市单位面积土地上居住的人口数量，等于城市人口与城市建成区面积之比。人口密度越大，单位面积土地上居住的人口越多，土地压力越大，因此，该指标主要表征人口对土地利用的压力。

城市人口年龄结构X_2：指城市人口中各年龄段人数的占比，城市中青年人群结构占比越大对交通出行的依赖性就越大，用人口年龄中位数表示。反映人口对交通及土地的需求，即城市土地利用压力。

人均家庭交通及居住年度总支出X_3：指每年每个家庭的交通和居住总支出与家庭人口数之比。该数值越大，说明居民在交通及住房方面的压力越大。因此，该指标主要用于表征城市居民的住房和交通压力。

千人私人小汽车拥有量X_4：指每千人拥有的私人小汽车数量，居民私人小汽车拥有量越多，潜在的城市交通出行压力越大。因此，该指标用于反映城市交通压力。

早晚高峰时段小汽车平均出行速度X_5：指早晚高峰时段小汽车实际平均运营车速，车速越低说明城市交通越拥堵。因此，该指标反映城市交通压力。

早晚高峰时段公共交通平均出行速度X_6：指早晚高峰时段公共交通工具实际平均运营车速，车速越低说明城市交通越拥堵以及城市公共交通发展滞后。因此，该指标反映城市交通压力。

城镇居民年度人均可支配收入X_7：指城镇居民家庭年度全部收入中可用于日常生活的

部分，家庭人均可支配收入=（家庭总收入-交纳的所得税-社保支出-记账补贴）/家庭人口。该指标值越高表明居民经济条件越好。因此，该指标用于表征居民的经济状态。

城镇居民人均住房总建筑面积X_8：指城镇居住人口平均每人所拥有的住房建筑面积。该指标值越大说明居民居住环境越好。因此，该指标主要反映居民的居住状态。

每万人城市建设用地面积X_9：指城市总的建设用地面积与城市总人口（万人）之比。该指标值越大表明城市的建设越密集，城市土地利用越集约。因此，该指标衡量城市的土地利用程度。

人均人行道面积X_{10}：指城市道路两侧专供行人通行的道路面积与城市人口的比值。该值越大表明城市的步行环境越好，根据城市规模及类型由专家给定区间，最大面积为城市道路长度与自行车道最大规划宽度乘积。因此，该指标反映城市交通设施的完善程度。

万人自行车道里程X_{11}：指城市路侧自行车道设置里程与城市人口（万人）的比值。万人里程越长说明自行车出行环境越好，根据城市规模及类型由专家给定区间，单向最大长度为城市道路长度。因此，该指标反映城市交通设施的完善程度。

人均道路面积X_{12}：指城市平均每人所拥有的道路面积，等于城市道路总面积与城市总人口之比。该指标反映城市道路面积的合理性和交通设施的完善程度。

城市公共交通机动化出行分担率X_{13}：指城市居民选择公共交通的出行量占机动化出行总量的比例。城市公共交通机动化出行分担率越高，说明公交搭乘率越高。因此，该指标反映公交利用率。

城市万人公共交通车辆保有量X_{14}：指城市每万人所拥有的公共交通运营车数量。城市万人公共交通运营车辆越多，说明城市交通设施越完善。因此，该指标衡量城市交通设施的完善程度。

地均 GDP X_{15}：指城市单位建成区面积上的生产总值，等于城市生产总值与建成区面积之比。该值越大表明单位土地面积的经济产出越大。因此，该指标衡量城市土地的经济效益。

城市公共交通规划编制和实施情况X_{16}：指城市应当编制并实施的公共交通规划。应将城市公共交通规划纳入城市总体规划中，并保证城市公共交通规划与城市土地利用总体规划、控制性详细规划和综合交通规划的衔接。因此，该指标反映城市鼓励公共交通发展所采取的措施，以及公共交通在城市发展的功能定位。

公共交通优先发展配套政策制定情况X_{17}：指促进公共交通优先发展的政策措施制定及实施情况，保障公共交通用地政策措施的制定及实施情况，交通需求管理政策措施的制定与实施效果，城市交通拥堵评价与监测体系的建立及应用情况等。因此，该指标反映城市鼓励公共交通发展所采取的措施以及公共交通在城市发展中的功能定位。

地均固定资产投资X_{18}：指城市建成区单位面积固定资产投资额，等于城市固定资产投资与建成区面积之比。地均固定资产投资越高，表明单位面积土地上投入的资金越大，城市发展越能持续。因此，该指标用于衡量城市可持续发展采取的措施。

交通运输业固定资产投资X_{19}：指国家各级部门对交通运输业的固定资产投入。该值越大表明交通服务设施越完善。

公共交通用地综合开发制度X_{20}：指国家对公共交通用地综合开发的相关政策措施。通过政策支持，实现公共交通用地综合开发，增加公共交通行业收入，减少国家财政负担，同时通过综合用地开发实现便民、利民的目的。因此，该指标反映城市鼓励公共交通发展所采取的措施，以及公共交通在城市发展的功能定位。

第三节 基于指标体系的评价方法选择及应用

通过分析其他相关指数的计算和评价方法，可以总结出指数计算的步骤，具体包括指标值无量纲化、确定权重、计算指数。

一、指标值无量纲化

TOD 评价指标体系中各指标的度量单位（量纲）不一致，有些度量单位相同的指标代表的实际意义不尽相同。另外，各指标的属性也不一致，有些指标的值越大表示效果越好，有些指标的值越小越表示效果好，也有些指标值越趋于中间某个值效果越好。由于各项指标存在上述不一致，不能直接用于计算和比较。因此，需要通过某种数学方式来将不同属性的指标值变换成无量纲的数值，以便于对指标进行求和以及对各指标进行直接对比评价。

目前可用于无量纲化评价指标的方法很多，大体分为 3 种：直线型、折线型和曲线型。直线型无量纲化假定实际值与评价值之间为线性关系，评价值会随实际值的变化按一个相应的比例发生改变。代表方法有极差法、标准化法（Z-score）、指数法、阈值法和比重法等。折线型无量纲化方法主要有 3 种：凸折线型、凹折线型和三折线型。

本研究利用极差法对每个指标进行无量纲化处理。具体操作的步骤如下：

对于取值越大效果越优指标的无量纲化处理公式为：

$$v_i = \frac{x_i - x_{\min}^i}{x_{\max}^i - x_{\min}^i} \tag{8-1}$$

对于取值越小效果越优指标的无量纲化处理公式为：

$$v_i = \frac{x_{\max}^i - x_i}{x_{\max}^i - x_{\min}^i} \tag{8-2}$$

对取值越靠近中间某个值效果越优指标的无量纲化处理公式为：

$$v_i = \begin{cases} \dfrac{x_i - x_{\min}^i}{x_{\mathrm{mid}}^i - x_{\min}^i}, & x_{\min}^i \leqslant x_i < x_{\mathrm{mid}}^i \\[2mm] \dfrac{x_{\max}^i - x_i}{x_{\max}^i - x_{\mathrm{mid}}^i}, & x_{\mathrm{mid}}^i \leqslant x_i < x_{\max}^i \end{cases} \quad (8\text{-}3)$$

式中，$x_{\max}^i$、$x_{\min}^i$、x_{mid}^i 分别代表第 i 个指标的最大值、最小值和中间最适值；v_i 为无量纲化后的评价指标值。

二、确定权重

1. 指标权重确定方法分类

在对指标无量纲化处理之后需要对指标进行权重设置，评价指标的权重设置是多目标决策的一个关键环节，这是由于多目标决策的基本思想是将各个目标的实际值或效用值通过一定的方法、技术、规则整合为一个合理的综合值，或将多目标决策问题通过一定的方法、技术、规则转化为单目标决策问题，按单目标决策原理进行决策。

指标权重表征评价过程中各指标所反映的不同重要程度，用于决策（或评估）问题中对指标相对重要程度的一种主观评价和客观反映的综合度量。权重的赋值是否合理将对最终评价结果的科学性和合理性有着至关重要的作用。因此，为了能够保证指标权重的赋值客观、合理，需要根据不同问题确定合适的赋值方法。

目前国内外有关评价指标权重系数的确定方法有数十种，根据确定权重系数时原始数据来源和计算过程的不同，可大致分为三类：主观赋值法、客观赋值法以及主客观综合赋值法。实际应用中以专家会议法、专家打分法（德尔菲法）、灰色关联度法为多。其中专家打分法应用尤为广泛。

专家打分法是指以匿名的方式向有关专家征询意见，并对专家意见进行统计、处理、分析和归纳，客观地综合多数专家的主观判断，对大量难以通过技术方法做出定量分析的因素给出合理的估算，经过多轮意见征询、反馈和调整后，形成最终分析结论的方法。专家打分法的程序如下。

Step1：确定评价指标内容和取值范围，确保每位专家的评价内容、范围一致；

Step2：选择若干具有丰富实践经验并且对评价内容比较了解，能够实事求是的专家组成评价小组；

Step3：建立评分标准，设计征询意见表；

Step4：向专家提供相关资料，请专家以匿名的方式对各项标准打分；

Step5：对专家打分结果进行汇总分析，将统计结果（或利用概率加权法处理后的评价结果）反馈给专家；

Step6：专家组讨论并分析产生分歧的原因，由专家组成员重新对之前的打分结果进行独立修正，如此重复几次，直到专家意见分歧程度低于要求值；

Step7：形成最终评分结果。

2. 选择不同城市征求专家意见

根据不同城市的 TOD 情况，选择有代表性的城市征求专家意见，请相关领域专家给出各指标的权重。

本书分别选择长沙、郑州、济南、武汉、乌鲁木齐、哈尔滨和南京等地的专家对评价指标权重进行打分。综合指标权重的总分值为 100 分（附录 A）。

3. 专家打分处理

获得专家对评价指标权重的打分结果后，通过求平均值对每个指标的权重进行计算。

首先，去除每个指标中的一个最小值和一个最大值，对于分歧较大的指标进行讨论，重新确定权重；

其次，针对每个指标，对所有专家填写的各种权重值进行平均，得出权重的概率分布；

最后，进行归一化处理，使得所有指标权重的总和为 100。

三、计算指数

通过构建推动 TOD 发展的综合评价指标体系，并基于指标体系的取值进行无量纲化处理，得到每个指标的无量纲化值；然后利用专家打分法确定指标权重，通过加权平均法计算评价体系中每个指标的权值。用每个指标的权值与无量纲化值的乘积表示该指标在指标体系总分值中的得分状况，对各个指标值进行加权求和，得到评价的综合评价指数，其计算公式为：

$$V = \sum_{i=1}^{n} \omega_i v_i \tag{8-4}$$

式中，ω_i 为指标 i 的权重，v_i 为指标 i 无量纲化后的值。TOD 综合评价指数 V 越大，说明该城市 TOD 的总体水平越高。

第四节 评价结果发布及反馈

为充分发挥公共交通引导城市发展评价的作用，给相关各方决策者提供依据和参考，应当对推动城市公共交通引导城市发展的评价结果及反映发展状况的一系列指标进行公开发布。评价结果应由相应的发布主体在适当的时间通过科学的程序，在适当的平台上以一定的周期公开发布。发布主体可以借助合理的反馈渠道及时了解受众的反应及相应的意见和建议，从而促使发布机制更加健全、实用。

一、发布程序

为使评价结果能够平稳、循序渐进地调节城市公共交通引导城市发展,在公开发布评价结果的相关信息前,需要相关机构按规范程序共同把关,以确保发布的信息准确、可信并具有权威性,具体的发布程序如图 8-4 所示。

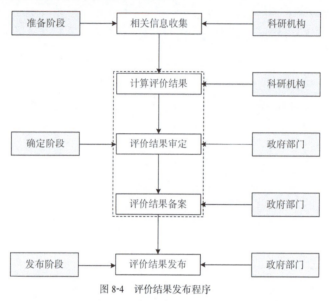

图 8-4 评价结果发布程序

二、发布方式

评价结果为我国城市公共交通引导城市发展提供决策参考,因此所发布的信息必须具备权威性、可靠性。由于信息发布的时间、地点和方式不同,以及接收者状态的差异,导致所产生的效果往往也不一样。根据发布机构的不同,目前常用的信息发布方式有以下几种(表 8-8):政府发布,研究机构发布,企业发布,协会发布,研究机构、协会和企业联合发布,由于城市公共交通引导城市发展涉及居民出行的切身利益,具有较强的公益性,需要发布机构具有权威性,因此由政府部门或其指定的机构发布比较合理。

不同发布方式及其优缺点　　　　　表 8-8

发布方式	优　点	缺　点
政府发布	具有权威性;获取信息容易;易操作;易推广	额外工作量大;时效性差;基础信息易失真
研究机构发布	可信度高;准确性高;客观;企业容易参与	获取信息渠道有限;不易收集基础数据;与行业联动性较差
企业发布	获取信息容易;时效性强	权威性较差;信息获取渠道有限;可信度较差;信息单一;不宜推广
协会发布	易推广;易获取信息	投入大;时效性较差

续上表

发 布 方 式	优　　点	缺　　点
研究机构、协会及企业联合发布	具有权威性；可信度高；获取信息渠道丰富；基础数据全面	机构过多；协调性差
政府监管	易推广；影响力大	—

三、发布周期

鉴于推动城市公共交通引导城市发展评价的主要目的是为城市的合理发展提供参考依据，为了确切把握评价结果所包含的规律，从评价结果的准确性出发，初步确定发布周期为两年。

四、发布反馈载体

发布推动城市公共交通引导城市发展评价结果的目的是要让社会公众知晓相关信息，并提供反馈信息，以促进城市健康可持续发展。确定评价结果后，可通过报刊、图书、互联网、会议等多种形式对外发布，随着微信等手机App便捷通信的普及使用，微博、微信逐渐被更多人接受和认可，为评价结果发布提供更加广泛和便捷的通道。

随着城市的发展和社会服务水平的提高，越来越多的公众开始注意到城市公共交通的重要性。为了提高发布公共交通引导城市发展评价结果的影响力，增强评价结果的权威性，以便于更好地发挥其指导城市发展的作用，可以建立推动城市公共交通引导城市发展评价结果发布平台，推动发布渠道的多元化发展。

第九章

典型城市TOD成效分析

针对不同城市，重点在指标体系的合理性、指导性方面，以及城市公共交通引导城市发展等方面，对我国新型城镇化下的公交都市典型案例进行分析，并从城市公共交通规划、建设、运营、管理等方面的制度、政策、法规、标准规范、发展指数、技术方法等提出相应的发展对策。

第一节　典型城市 TOD 分析

欧洲、亚洲和拉丁美洲有很多城市的发展采用了 TOD 模式，取得了可供借鉴的成功经验。由于我国城市化起步较晚，TOD 理论及实践还未形成体系，在借鉴国外相关经验的基础上，国内部分城市开始注重公共交通在引导城市发展中的作用。以济南和深圳为例，对其 TOD 进行简要介绍，分析其经验和不足，为我国新型城镇化下的 TOD 发展提供借鉴。

一、济南

（一）济南市公共交通概况

济南市总面积 10244.45km^2，建成区面积 760.6km^2。截至 2019 年底，全市常住人口 890.87 万人，常住人口城镇化率为 71.21%，属于特大城市。

2012 年 10 月，济南市被列为国家公交都市建设示范工程首批 15 个创建城市之一。按照《济南市"公交都市"建设实施方案》，济南市多措并举，全力推进公交都市十大工程。2020 年 9 月 2 日，被评为国家公交都市建设示范城市。

1. 健全交通规划体系

为推广 TOD 理念，健全城市交通规划体系，做好交通规划与城市规划之间的衔接。济南市组织编制了《济南市城市轨道交通近期建设规划（2015—2019 年）》《济南市城市综合交通体系规划》《济南市城市公共交通规划》《济南市无轨电车系统发展规划》等各项规划，各项规划所确定的公交枢纽、场站等基础设施，将结合城市控规的修编予以优先保障。另外，《济南市无轨电车系统发展规划》将无轨电车作为中运量公共交通的实现形式，积极争取利用亚行贷款建设"三横五纵"的现代无轨电车网络。

2. 完善路网结构

一是济南市不断调整路网结构，完善路网功能，为公交网络的拓展提供有力支撑。二是结合交通走廊建设，积极推进无轨电车系统建设，打造济南市快速交通走廊及中运量公共交通走廊。三是按照济南市治理城市交通拥堵 3 年行动计划的总体部署，加快推进主、次、支路建设改造工程。四是推进社区交通微循环改造，保障步行、自行车、公交的优先通行权，达到小改造、速见效的效果；同时结合社区微循环改造，开通社区公交线路，构建支线公交服务网络。

3. 优化公交走廊

一是全面开展轨道交通建设。二是持续建设地面公共交通走廊。三是不断完善城市公交专用道网络。四是不断加强公交专用道监管力度。

4. 推进枢纽场站建设

一是稳步推进综合交通枢纽建设，济南市积极申请并成功入选全国综合运输服务示范城市，已建成西客站综合客运枢纽、火车站北广场综合客运枢纽，下一步将重点推进新东站、国际机场等综合交通枢纽建设。二是公交枢纽场站建设成效显著，目前奥体立体公交停车场、二环西路立交桥BRT公交停车场、唐冶公交换乘枢纽、凤凰路中段公交停车场、清河南路公交停车场、济泺路43号地块等公交停车场，已全部投入使用，截止到2017年8月，济南市公共汽电车进场率已达75%。三是落实公共交通设施配建标准，出台了《济南市城市公共交通条例》，以立法的形式规定了"城市规划区内的开发和改造项目，符合规划要求且具备条件的，应将公共交通基础设施配套建设纳入土地招拍挂条件。配套建设城市公共交通设施应当与建设项目主体工程同步设计、同步建设、同步验收"。

5. 打造绿色公交

一是优化车辆结构，规模化推广使用清洁能源公交车，适度发展混合动力公交车。目前济南市新购车辆全部为清洁能源公交车，使用年限超过8年的黄标公交车辆已全部淘汰报废，截至2017年7月底，市区营运公交车辆5194辆（折合6540标台），其中清洁能源及新能源车达3234辆，绿色公共交通车辆比例由2013年的22.15%提升至50%。二是利用国际金融资金推进现代无轨电车系统建设，2021下半年建成"三横五纵"现代无轨电车网络，线网总长度为111.2km。该项目建成后，预计将减少小汽车出行距离149万km/d。按每辆小汽车市内耗油10L/100km计算，每天可减少燃油消耗约为105.8t，折合标准煤为155.7t/d，年节约能源折合标准煤5.68万t。

6. 升级常规公交系统

一是优化公交网络。济南市启动了公交线网优化专题研究工作，完成了《济南市公交线网优化方案研究》，推进建立分区-分层-分级的公交网络服务模式，构建由快线、干线、支线组成的"3个层次、3级线网"的公交网络。通过增开"零时公交""守时公交""社区公交""定制公交"等措施，不断拓宽常规公交服务领域，努力满足市民多种形式的出行需求。近年来，济南市每年都新开、调整公交线路20条以上。截至2017年7月，济南市共有公交线路248条，机场班线1条，旅游线路7条，定制公交25条，线路长度4258.4km，线网长度1314.4km。二是加快推进城乡一体化建设。根据交通运输部和省市政府要求，加快推进"省会都市圈"建设，目前已经实现济南与莱芜之间公交IC卡的互联互通。目前，泰安、聊城和济南已按照相同标准进行了车载机升级，正在进行山东省城市公共交通互联互通结算中心筹备建设工作。

7. 改善慢行环境

济南市积极倡导绿色交通出行，努力构建以人为本的综合交通体系。城市规划方面，济南市已完成了综合交通体系慢行交通规划，明确了慢行及自行车系统建设的目标、策略、分区和重点区域，在老城区规划打造"一横四纵"长度约 28km 的泉城之路慢行通道，串联古城商埠、四大泉群、特色街道及千佛山、泉城公园等，勾勒泉城生活韵味。同时还制定慢行设施规划指引，对道路横断面、交叉口、无障碍设施、环境设施设计提出了详细要求，充分保障慢行交通的路权优先。交通管理方面，在经七路、泺源大街、和平路、历山路等城市主、次道路沿线取消路边停车，通过增设隔离护栏等措施保障慢行环境。工程建设方面，改造旅游东路等城市道路，增设慢行一体化车道；优化步行和自行车过街设施，增设奥体中心、邢村立交等多座人行过街天桥。

8. 建设智能化公共交通

一是完善公交企业应用平台。已完成 BRT 信息系统建设，实现了 BRT 与常规公交调度一体化；完善现有物资仓储管理系统，扩展公交车辆维修管理功能，基本完成公交企业机务管理系统的框架需求；完善公交站台导乘板（电子站牌）信息服务系统；完善视频监控系统，实现了车载监控、场站监控、站台监控的整合。二是建设完成公交出行信息服务系统。利用网站、智能手机应用、呼叫服务热线、公交电子站牌等多种方式提供公交出行信息服务。三是开展"智慧公交"终端系统建设。升级 4715 辆公交车的车载终端，完善自动语音播报功能；新增车载终端设备 1936 套，车载信息设备实现全覆盖，报站器和收费机实现了互联互通；选择 20 条线路、100 辆公交车辆作为试点，安装了公交专用道违法监测系统。四是完成了公交行业管理、公交综合监控与应急指挥调度、公交行业决策分析三大系统的主体建设任务，在全国 37 个试点城市中，济南市的建设进度居于前列，推动实现了济莱公交 IC 卡的互联互通。

9. 健全法规标准体系

一是出台实施了《济南市城市公共交通条例》（以下简称"条例"），为公交都市建设及公交事业发展提供了强有力的法规保障。二是加强公共交通技术标准体系建设，编制了《公共汽电车运营线网设置和调整规则研究及标准制定》等交通运输部标准计量及质量研究项目 4 项、山东省质量技术监督局标准化项目 3 项、山东省交通运输厅委托标准规范项目 2 项，制定了《城市公共汽电车车站设施功能要求》《快速公共汽车配置要求》《城市公共汽电车客流调查方法》以及《城市公共汽电车驾驶员星级服务规范》《城市公共汽电车客运服务规范》等标准，进一步完善了公交企业管理和监督体系，为公交行业健康、稳定及可持续发展提供了保障。

10. 创新企业管理

一是以强化企业成本控制为突破口，加强人力资源管理和财务管理，改革薪酬分配制度和物资采购办法，完善绩效管理体系和内部竞争机制，着力提高企业活力，实现良性发展。二是以提高公交出行分担率为抓手，改革公交运营管理模式，优化资源配置，在 20 余条郊区线路上推出"定点发车、准时到站"的"守时公交"服务举措。三是利用智能调度系统，提高城市公交车辆运营调度水平，进一步加强对公交线路客流特点的调查分析、站点信息采集、行车数据统计等工作，通过驻站调查和跟车调查等方式，全面掌握线路每一个站点上下车乘客数和车辆停靠站点的时间长短，记录车辆通过每一个路口、信号灯和易堵车路段所需的行驶时间，确保线路运行时刻的准确性。四是实施公交票制优化改革，取消公交月票，全面推行IC卡乘车制度，同时实施65周岁以上老年人免费乘车政策，并于2015年10月1日实施60～64周岁老年人半价乘车政策，公交资源配置更加合理，使公交发展的成果惠及更多市民。

（二）济南市TOD成效评价

1. 评价指标数值

通过查阅历年《济南市统计年鉴》及实地调研，获得2017年各评价指标具体数据，详见表9-1。

济南市公共交通引导城市发展评价指标体系实测数据　　表9-1

指　标　X	实测数据
城市人口密度 X_1（人/km²）	2127
城市人口年龄结构 X_2（岁）	33
人均家庭交通及居住年度总支出 X_3（元）	201
千人私人小汽车拥有量 X_4（辆/千人）	281
早晚高峰时段小汽车平均出行速度 X_5（km/h）	14
早晚高峰时段公共交通平均出行速度 X_6（km/h）	16.39
城镇居民年度人均可支配收入 X_7（元）	43052
城镇居民人均现住房总建筑面积 X_8（m²）	39
每万人城市建设用地面积 X_9（km²/万人）	0.94
人均人行道面积 X_{10}（m²/人）	2.66
万人自行车道里程 X_{11}（km/万人）	1.41
人均道路面积 X_{12}（m²/人）	27.03
城市公共交通机动化出行分担率 X_{13}（%）	41.86
城市万人公共交通车辆保有量 X_{14}（辆/万人）	16.77
地均GDP X_{15}（亿元/km²）	1.41
城市公共交通规划编制和实施情况 X_{16}	1
公共交通优先发展配套政策制定情况 X_{17}	0.8
地均固定资产投资 X_{18}（亿元/km²）	0.85
交通运输业固定资产投资 X_{19}（万元）	92.22
公共交通用地综合开发制度 X_{20}	0.3

根据济南市城市发展规划目标确定指标的合理区间范围，利用指标无量纲化处理方法

对获取的评价指标体系实测值进行无量纲化处理，得到如表9-2所示的无量纲化值。

济南市公共交通引导城市发展评价指标体系无量纲化结果 表 9-2

指　标　X	实测数据	无量纲化值
城市人口密度 X_1（人/km²）	2127	0.53
城市人口年龄结构 X_2（岁）	33	0.7
人均家庭交通及居住年度总支出 X_3（元）	201	0.51
千人私人小汽车拥有量 X_4（辆/千人）	281	0.47
早晚高峰时段小汽车平均出行速度 X_5（km/h）	14	0.67
早晚高峰时段公共交通平均出行速度 X_6（km/h）	16.39	0.8
城镇居民年度人均可支配收入 X_7（元）	43052	0.72
城镇居民人均现住房总建筑面积 X_8（m²）	39	0.5
每万人城市建设用地面积 X_9（km²/万人）	0.94	0.47
人行道面积 X_{10}（m²/人）	2.66	0.65
万人自行车道里程 X_{11}（km/万人）	1.41	0.52
人均道路面积 X_{12}（m²/人）	27.03	0.2
城市公共交通机动化出行分担率 X_{13}（%）	41.86	0.7
城市万人公共交通车辆保有量 X_{14}（辆/万人）	16.77	0.84
地均 GDP X_{15}（亿元/km²）	1.41	0.47
城市公共交通规划编制和实施情况 X_{16}	1	1
公共交通优先发展配套政策制定情况 X_{17}	0.8	0.8
地均固定资产投资 X_{18}（亿元/km²）	0.85	0.28
交通运输业固定资产投资 X_{19}（万元）	92.22	0.46
公共交通用地综合开发制度 X_{20}	0.3	0.3

2. 结果计算

根据公式（8-4）对上述指标的无量纲化值与对应的指标权重相乘求和，得到综合评价结果为 60.2 分（满分为 100）。

3. 结果分析

从整体评价结果来看，济南市公共交通对城市发展的引导性作用还相对较差，城市整体结构布局还不尽合理，城市中心区交通拥堵严重，公共交通出行效率较低，这与济南市近年来的城市开发建设具有一定的关系。目前济南市城市公共交通系统处于中级模式，轨道交通还处于建设施工阶段，机动车数量迅猛增加，导致城市交通拥堵日益严重；与此同时交通需求管理政策尚未形成体系，仍未出台引导小汽车合理使用的相关政策，公交专用道里程增长缓慢，公交出行时耗不断增加，公交出行相比私人交通出行吸引力和竞争力明显不足，公交出行分担率提升难度较大。随着城市轨道交通的建成运营，通过对城市常规公交线网的优化调整，城市的空间结构将会得到显著提升，公共交通对城市发展的引导性作用会逐渐明显。另外，济南市公共交通基础设施仍以公交企业投资建设为主，没有形成多元的投融资模式，公交设施用地综合开发缺少相关的指导及实施细则，公共交通场站综合开发还明显不够，公交基础设施建设进展缓慢。

二、深圳

（一）深圳市公共交通现状

"十二五"期间，深圳市公共交通发展持续发力，在公交都市建设工作过程中，围绕"全面落实公交优先发展战略"和"打造国际水准公交都市"的总体目标，贯彻落实《国务院关于城市优先发展公共交通的指导意见》（国发〔2012〕64号）文件精神，探索公交服务供给侧结构性改革，发展轨道网-公交网-慢行网紧密结合的"三网融合"创新机制。全面推进路网建设、轨道建设、智能公交等各项建设工程，目前已基本形成"轨道交通为骨架、常规公交为网络、出租汽车为补充、慢行交通为延伸"的多层次公共交通体系。截至2017年8月，深圳市公共交通日均客运量达1040万人次，公交机动化出行分担率56%，居全国城市前列，公共交通成为群众出行的首选。

1. 强化公交专用道建设及管理力度

2014年，深圳市在全国率先提出实施"公交提速1.5战略"，力争将市民公交全程出行时间降低至小汽车1.5倍以内。2013—2017年期间，深圳累计新增公交专用道约300km。截至目前，全市专用道总里程达512.1km，位居全国第二。此外，为了确保公交专用道的效率，有关部门还在全市公交专用道安装了134套抓拍设备，覆盖了全市70%以上的公交专用道，构建了全市公交专用道抓拍平台。据统计数据显示，目前，深圳市部分或全部在专用道上运行的公交线路共有903条（占全市92.6%），高峰期有190余万人公交乘客受益（占全市高峰期公交乘客总量279万人的68%）；高峰期常规公交车速从2010年的15.9km/h提高到2017年的22.9km/h，提高了44.0%，人均公交出行时间较2010年的38min节省了约11min。通过对公交路权可靠性和速度的有效保障，公交出行效率持续提升，使得公交体系的吸引力和竞争力明显提高，越来越多的市民开始青睐便捷的公交出行方式，同时也对城市交通结构的优化起到了积极作用。

2. 加强轨道交通主体地位，完善公共交通衔接换乘

深圳市围绕打造"轨道交通为骨架、常规公交为网络、出租汽车为补充、慢行交通为延伸"一体化公共交通体系的目标，积极推进公交服务提升。截至2016年底，深圳市公共交通日均客运量突破1000万人次，较2013年的854万人次提升了17.2%。轨道交通运营里程已达285km，位居全国第四，全球第十，日均客运量从336万人次跃升至448万人次，奠定了其在城市公交系统中的骨干地位。此外，在建轨道交通线路4条、延长线路8条，截至2021年底，深圳建成12条线路，总里程约431km。过去5年来，深圳市累计优化调

整公交线路 1064 条，解决出行热点和覆盖盲区等 562 处，通过"短平快"措施高效及时地解决市民出行难题，并开通社区微型公交线路近百条，为罗湖、宝安、龙岗、龙华、坪山和光明等区域居民提供了微循环公交出行服务；开通将近 1100 条 e 公交和 40 条优点预约公交线路，为市民提供更多样、更便捷、更畅达的公交服务。近年来，共享单车成为城市公共交通的新增长点。自 2016 年 10 月，互联网租赁自行车在深圳快速发展。截至 2017 年 8 月，全市互联网租赁自行车企业共有 10 家，车辆规模约 89 万辆，日均使用量 453 万人次。深圳在国内率先出台了《关于鼓励规范互联网自行车的若干意见》，明确要求共享单车投放规模要与全市或者区域设施承载能力、市民出行需求以及企业线上线下管理水平相适应，促进共享单车的良性发展。随着全市轨道、公交、慢行三大网络的蓬勃发展，公共交通的三网融合也在进一步加速。《五年实施方案》落实期间，深圳市共完成轨道三期 57 个轨道站点交通接驳设施建设，累计优化、调整与轨道竞争的公交线路 100 余条，使轨道-公交一次接驳率达到 75.2%。

3. 大力推进现代化新型公交场站建设

公交场站建设是公共交通发展的基本保障。面对全市土地资源日趋紧张和政府财政吃紧的约束，以及公交都市建设对公交服务水平及公交场站建设的高要求，近年来，深圳大胆创新，提出"综合车场+配建首末站"的公交场站建设思路，有效缓解公交场站用地困境。目前月亮湾等 13 个新能源立体公交综合车场已启动建设工作。深圳市还积极落实交通影响评价制度，大力推进配建公交首末站建设。新建改建了南山中心区公交总站、科技园公交总站、上横朗新村公交总站、大宝北路公交总站、白石厦公交首末站等一批公交首末站，场站面积较 2013 年增加了约 50hm^2。此外，深圳市大力开展公交"四站"设施建设与维护工作，提升公交站点通行能力。全市新一代公交候车亭共计 4578 座，基本实现了二、三圈层主干道新一代公交候车亭全覆盖；完善分站式公交中途站站牌指引信息，基本解决了全市分站式公交站台乘车指引不清晰的难题；完成 200 余个公交停靠站扩容，升级，改造无设施站 130 座，迁移、改造停靠站 460 座，公交停靠站服务水平显著提升，站点平均通行能力提升 20%～40%（由 50 辆/h 提升至 60～70 辆/h）。

4. 提高公交通智能化水平

近年来，通过智能公交的前期建设，深圳市有效加强了城市公共交通行业运输与服务监管，完善了城市公共交通运行状态与数据采集系统，提高了城市公共交通行业动态监测、分析决策与服务监管能力。目前，全市所有公交车辆已完成符合深圳地标要求的车载调度终端更新改造工作，所有公交车辆数据汇总至数据中心，通过整合各类数据资源，建立可拓展的地理信息数据库并制定"交通一张图"，含 12 大类交通地理信息数据，26 大类的基础地理信息数据，叠加公交线路、公交停靠站点、公交场站、公交专用道各图层，对各版块设施进行统一编码和矢量化，存储各实施属性信息，实现公交基础设施数字化管理。通过实时接入全市公交车 GPS 和北斗终端的运行数据及视频数据，深圳已实现对常规公交车辆的实时定位跟踪、位置查询、在线车辆实况分布监控、车辆运行轨迹回放等实时监测功能；接入公交企业发车班次数据，实现了对公交企业班次完成情况的监测，提高公交行业监管水平。据统计，深圳每天积累 600 万深圳通 IC 卡数据、300 万公交 GPS 数据，面对如此庞大的数据量，公交管理决策支持系统将公交 IC 卡、GPS 数据转化为公交客流指标和出行特征，可通过上下车客流量、换乘量、断面客流、出行 OD 等形式展现出来，也可进行不同空间层次（站点、线路、线网）和时间粒度分析，提供丰富的展现形式，准确、直观展示各项指标，有效支持了 2017 年上半年 68 条公交线路优化调整工作，为公交线网调整和运营组织优化提供量化依据。为了更好地为市民提供公交出行服务，近期，深圳市公共交通管理局开发了"鹏城公交"App。该 App 整合了多个交通信息软件的优势资源并且进行个性化处理，实现了"只用一软件，出行功能都具备"的目标。

（二）深圳市 TOD 成效评价

1. 评价指标数值

通过查阅历年《深圳市统计年鉴》及实地调研，获得 2017 年各评价指标具体数据，详见表 9-3。

深圳市公共交通引导城市发展评价指标体系实测数据　　　　表 9-3

指标 X	实测数据
城市人口密度 X_1（人/km²）	5962
城市人口年龄结构 X_2（岁）	32.5
人均家庭交通及居住年度总支出 X_3（元）	2136
千人私人小汽车拥有量 X_4（辆/千人）	220.1
早晚高峰时段小汽车平均出行速度 X_5（km/h）	25
早晚高峰时段公共交通平均出行速度 X_6（km/h）	23
城镇居民年度人均可支配收入 X_7（元）	52938
城镇居民人均现住房总建筑面积 X_8（m²/人）	34
每万人城市建设用地面积 X_9（km²/万人）	0.74
人均人行道面积 X_{10}（m²/人）	2.13
万人自行车道里程 X_{11}（km/万人）	2.26
人均道路面积 X_{12}（m²/人）	10
城市公共交通机动化出行分担率 X_{13}（%）	56.5
城市万人公共交通车辆保有量 X_{14}（辆/万人）	44
地均 GDP X_{15}（亿元/km²）	11.23
城市公共交通规划编制和实施情况 X_{16}	1
公共交通优先发展配套政策制定情况 X_{17}	0.8
地均固定资产投资 X_{18}（亿元/km²）	2.58

续上表

指 标 X	实 测 数 据
交通运输业固定资产投资 X_{19}（万元）	508.75
公共交通用地综合开发制度 X_{20}	0.8

利用指标无量纲化处理方法对获取的评价指标体系实测值进行无量纲化处理，得到如表 9-4 所示的无量纲化值。

深圳市公共交通引导城市发展评价指标体系无量纲化结果　　表 9-4

指 标 X	实测数据	无量纲化值
城市人口密度 X_1（人/km²）	5962	0.85
城市人口年龄结构 X_2（岁）	32.5	0.75
人均家庭交通及居住年度总支出 X_3（元）	2136	0.57
千人私人小汽车拥有量 X_4（辆/千人）	220.1	0.5
早晚高峰时段小汽车平均出行速度 X_5（km/h）	25	0.5
早晚高峰时段公共交通平均出行速度 X_6（km/h）	23	0.53
城镇居民年度人均可支配收入 X_7（元）	52938	0.76
城镇居民人均现住房总建筑面积 X_8（m²）	34	0.14
每万人城市建设用地面积 X_9（km²/万人）	0.74	0.49
人均人行道面积 X_{10}（m²/人）	2.13	0.89
万人自行车道里程 X_{11}（km/万人）	2.26	0.71
人均道路面积 X_{12}（m²/人）	10	0.67
城市公共交通机动化出行分担率 X_{13}（%）	56.5	0.94
城市万人公共交通车辆保有量 X_{14}（辆/万人）	44	0.88
地均 GDP X_{15}（亿元/km²）	11.23	0.75
城市公共交通规划编制和实施情况 X_{16}	1	1
公共交通优先发展配套政策制定情况 X_{17}	0.8	0.8
地均固定资产投资 X_{18}（亿元/km²）	2.58	0.86
交通运输业固定资产投资 X_{19}（万元）	508.75	0.85
公共交通用地综合开发制度 X_{20}	0.8	0.8

2. 结果计算

根据公式（8-4）对上述指标的无量纲化值与对应的指标权重相乘求和，得到综合评价结果为 72.9 分（满分为 100）。

3. 结果分析

目前深圳市公共交通系统属于发展中的高级模式，即"步行+骑行+常规公交+公交专用道+轨道交通+综合换乘枢纽"。通过对综合评价结果分析发现，随着深圳市对公共交通发展投入的持续增加，公交系统在网络规模、设施规模、运力规模等方面，与新加坡等国际先进城市相比差距日趋缩小；但在系统的整体运行效率、乘客出行体验、与小汽车的竞争力等方面仍存在较大差距，主要体现在以下3方面：

（1）公共交通与城市空间、土地利用协调不足。一是轨道交通建设滞后，轨道交通对既有城市就业中心和策略发展区支撑不足。二是轨道周边用地规划建设整合不足。职住分离的趋势进一步加剧。

（2）公共交通"门到门"出行链关注不够，全过程环节难以整合。一是换乘枢纽规划建设滞后，影响公共交通一体化、效率、服务提升；二是多元公交网络融合程度有待提升，步行、自行车等慢行交通出行环境较差。

（3）运营服务整合困难，融合缺乏基础条件。一是轨道交通和接驳公交线路的运营计划、时刻表、输运能力匹配衔接不足；二是一体化换乘信息服务完善程度不足，市民难以预测出行时间。

4.战略对策

对策一：交通用地融合。发挥交通先导作用，建立宏观、中观、微观多层次互动、高效耦合的交通与土地协调机制，推动土地利用与交通建设协调发展，形成有利于公共交通一体化发展的城市形态。

对策二：设施融合。按照枢纽辐射模式，加快枢纽场站的一体化规划建设，支撑公共交通网络的协同优化，实现公共交通的无缝、高效换乘。

对策三：网络融合。协调公共交通体系内各方式间的关系，一体化集成公共交通网络，提高公共交通网络的服务品质和运营效率。

对策四：运营融合。通过对公共交通体系内部各方式票价、运营时刻表、信息服务等的整合，提升市民全过程出行体验，并保证出行费用的可承受。

第二节　TOD 的经验与启示

一、树立 TOD 的发展理念

结合案例分析不难发现，目前我国大部分城市尤其中小城市私人小汽车的数量依然处于快速上升过程中，导致城市交通压力过大，道路拥堵严重。从西方发达国家以及我国的城市建设中不难看出，仅仅加大城市交通设施投入效果不明显，甚至出现相反的效果。TOD模式能够有效融合城市和交通发展，以此来降低人们对私人小汽车的依赖。这是解决我国城市交通问题的重要手段。

TOD 的发展理念是将城市或者某一区域看成一个整体，通过合理的公共交通系统规划建设来推动城市空间布局的合理发展。TOD 的目标是通过建立城市公共交通系统及其内部的高密度 TOD 社区，促进更多的人选择公共交通工具出行。通过科学合理的换乘衔接规划，能够让那些远离公共交通系统的居民乘坐接驳公交或者是借助自行车道抵达公共交通站点。通过这样的方法，逐步提高公共交通出行分担率，逐渐改善甚至是解决城市交通拥堵问题。

因此，城市的规划者，尤其新区的规划者、管理者和决策者应当从观念上意识到 TOD 模式的重要意义和作用，深入贯彻 TOD 理念、推进优先发展公共交通战略。

二、完善 TOD 体制、机制及配套政策

TOD 的实施过程涉及土地开发、交通服务以及设施运转等多个机构，其中制度的完善和过程的协调至关重要。在公共交通站点周边的土地开发中，统一有效的政策文件、科学的管理制度以及审查机制的不健全，导致 TOD 模式的土地开发难以实施。因此，在 TOD 实施前地方政府或区域规划机构需要予以更多的制度性许可和授权，有必要建立跨机构的工作组与委员会，以保证对 TOD 项目的顺畅审查以及协调决策。

1. 成立 TOD 综合管理机构

TOD 的实施涉及交通建设、土地开发、财政管理等多个政府部门。同时还需要其他建设单位的配合，才能开展联合开发。

通过对外国 TOD 的实施经验分析发现，要能够推动 TOD 的正确实施并达到预期成果，离不开政府有关部门的规划、配合和管理。因此，应当成立 TOD 实施的专门组织机构，对 TOD 进行系统化的管理：

第一，开展 TOD 整体规划，征求政府相关部门的意见并得到批准，以此为依据确定城市空间布局及形态。

第二，在政府规划的基础上成立专业的 TOD 规划、管理小组，加大 TOD 规划、管理力度，将 TOD 的理念深入城市交通的开发中。

第三，积极与政府相关部门配合，通过设计一套完整的、系统化的开发政策，指导公共交通站点周边土地综合利用开发。

第四，设计具体的 TOD 管理、实施制度，做好每个阶段的工作。

2. 建立健全 TOD 配套政策

第一，提高对城市交通规划的实施效力，强化规划的协调和反馈机制。重视城市交通规划阶段性成果，对各个阶段的城市交通规划进行修订，切实增强城市交通规划实施效力。

第二，加大对土地利用的控制力度，健全土地储备机制。在初期制定土地开发的规划政策时，要使之与城市经济发展情况相一致，合理控制土地开发力度并建立完备的土地储备机制。为避免土地过度开发，政府要完善土地收回政策。

第三，建立灵活的规划奖励机制。立足 TOD 区域，借助容积率手段获取开发商投资，

推动住房和基础设施建设的同步进行,以创造舒适的空间环境,并有利于高密度的住房设施开发。在参考国内外相关奖励机制基础上,研究并落实容积率的奖励内容、奖励条件以及奖励范围。

第四,完善相关政策、法规和技术标准。全面推动城市公共交通发展制度向着合理化、科学化方向发展,切实增强制度的可行性;通过修改《城市规划编制方法》等政策规章加强城市交通发展规划内容的控制力度,通过建立系统的技术措施弥补技术不足问题;在相关规划方案中,要明确城市交通路线以及车站的具体规划措施,提高 TOD 模式的法定效力;建立健全《城市用地分类与规划建设用地标准》等制度文件,强化城市土地的控制管理,进一步提高城市土地综合利用开发;不断完善《城市规划管理技术规定》,细化每一项规定内容,制定满足城市发展需求的指标体系。

第五,加强公众对规划的参与力度。在城市规划的整体编制过程中,通过互联网、座谈会等方式鼓励相关企业以及政府相关部门等加强沟通交流与互动,鼓励其积极参与城市规划编制。

第六,大力引导公共交通出行,合理控制小汽车使用量。积极鼓励城市居民选择公共交通工具出行,提高公共交通出行分担率。通过制定有关的法律法规,减少私人小汽车的使用次数。

第七,创新土地使用权出让机制。根据相关政策规定,目前城市土地还只能用于城市开发,不能直接开展城市交通建设,而属于交通建设用地的地铁沿线、公共交通车站周边的土地难以强制改为商业用地。但是根据《中华人民共和国物权法》的相关规定,地铁的地上和地下空间都可进行开发。通过对地铁地下空间的交通建设与地上空间的商业服务开发,从而使城市交通与商业发展有机结合为一体。创新城市地铁的建设模式,最大限度地利用城市土地的使用权,促进城市交通建设向多层空间的方向发展。

第八,进一步优化财政对公共交通的扶持机制。一方面,加大公共交通的资金扶持力度,确保政策的稳定性,保证资金专款专用,确保财政补贴数量和资金到位;另一方面,完善公共交通财政补贴的监管考核制度、优化财政补贴的使用方式、提高财政补贴的使用效率。

三、注重 TOD 规划与土地使用

通常 TOD 是由多个独立开发项目共同组成,其中有些项目需要间断缓慢推进,实施过程较长。TOD 项目的承担企业往往在较长时间的实施过程中会遇到很多干扰与困难。因此,地方政府及管理机构应立足长远、提前开展高质量的 TOD 规划。

在开展 TOD 项目规划设计时应给予开发商较大的自由度,允许其通过土地混合使用提高开发强度,公共部门要提供明确的规划承诺并严格遵守承诺。鉴于 TOD 的公共产品属性,普通的商业开发区划难以适用于 TOD 开发,因此需要根据实际情况对区划做出调整、修改。

在 TOD 实施时需要敢于推出新政策。如分类停车统计、弹性停车配置、浮动影响收费等停车政策。由于在 TOD 实施过程中，会对原有的设计、形式以及建筑法规等要求造成一定的挑战，需要提前做好统筹规划。

公共交通站点周边地区的规划要强调营造有吸引力的、可记忆的、人性化尺度的环境，同时强调居民生活质量。

在 TOD 理念指导下，最大限度地开展土地开发，不断完善城市的交通网络，从微观、中观、宏观这 3 个层面来开发城市土地，从而满足 TOD 对城市管理提出的实际要求。微观层面，要充分按照城市车站所在区域的土地开发性质，借助 TOD 理念来促进发展；中观层面，要认识到区域发展间的差异性，建立一套标准，并在充分考虑城市密度的基础上，进行地域性的评估，划出重点发展区域；宏观层面，要建立健全城市 TOD 的发展政策，进一步扩大城市的发展空间。

四、面向 TOD 实施的经济财务与合作

TOD 的成功实施离不开相关领域尤其是财政领域的合作。对于重新开发的地区，通过多方合作能够获取相对充足的资金，可以降低资金不足带来的风险。

对于因交通投资而增值的土地收益，政府应该征取税收，并将其用于改进其他附属设施，例如改造站点周边地区的景观环境、步行道以及其他公共场所。

通过创造性的财政经济合作分散投资风险，借助政府财政的优势为其他合作者提供担保。通过专项财政资金的设立加强金融服务创新，采取联合开发模式实施 TOD。

1. 设立专项财政资金，加强金融服务创新

TOD 项目的实施离不开大量资金的投入，仅靠政府部门的财政拨款远远不够，还需要通过向银行贷款、相关企业投资等方式筹集资金，提供资金保障。地方政府可以采取向 TOD 项目提供土地资源、政府信用以及多样化的优惠条款等方式获得银行及其他企业的资金赞助，这是现阶段落实 TOD 项目开发的重要渠道。具体可采取以下几种方式：

第一，设立专项财政资金。由于 TOD 项目建设资金数额巨大，应设立专项财政资金保障项目的实施。为确保财政资金补贴数量和补贴到位，应保证资金专款专用；为提高财政补贴的使用效率，应完善公共交通财政补贴的监管考核制度以及合理的财政补贴使用方式。

第二，多种融资模式并举，开展创新型融资模式。由于单一的融资手段无法满足 TOD 项目对巨额资金的需求，应在传统信贷业务基础上充分发挥融资平台的作用，拓展融资模式，积极发行企业债、中期票据、非公开定向融资票据等，甚至可尝试打包资产做资产证券化。探索成立"TOD 发展基金"，强化政府指导和监管力度，在尊重市场规律、加强专业化管理的基础上，通过制定相应的 TOD 项目，将城市产业、交通产业以及经济发展创造性融合成为一个有机体，为城市交通项目筹集资金，促进城市良性发展。通过"TOD 发展基

金"，充分利用土地资源进行城市开发，政府可以按照最佳的比例计算土地让出金额、基本的配套设施和房地产开发项目所获得的资金，并以此当作基金的主要资金来源。

2. 采取联合开发模式

从已有的城市 TOD 发展经验来看，我国香港在进行城市开发、城市建设过程中，能够通过香港特区政府赞助政策获得特区政府的大力支持，并获得一套完整的开发模式及经营机制。在明确分工、权益的基础上，给予城市交通建设充足的资金赞助。对于我国新型城镇化下的城市发展而言，要在实施 TOD 的发展模式时获得政府的赞助，就需要在保证公共利益的基础上进一步完善鼓励政策，改进合作措施，充分考虑实际情况，建立满足实际需求的联合开发保障模式，激发社会和市场的内在动力。政府要牢牢把握住城市公共交通的定位，为开发企业提供充足的发展空间，促进 TOD 模式的真正实现。

五、TOD 设计面临的挑战

在进行 TOD 模式下的城市设施规划设计时会面临很多挑战。例如，合理的停车设计及配置政策对于避免汽车与行人之间的冲突具有重要作用，对于土地是用于停车还是开发应取决于其对 TOD 站点开发模式的可达性是否会造成影响。如果处理不当，停车反而会对 TOD 造成巨大障碍，导致站点地区与周边社区隔离，从而对步行环境以及空气质量造成严重影响，并严重影响联合开发。

作为 TOD 模式重要内容的土地综合利用无论从设计、经济还是租赁角度都要优于单一功能，但是合理的土地综合利用模式面临很多挑战，科学的设计同样面临重重困难，需要格外谨慎。目前，底层为零售、上部办公或居住的垂直混合土地利用模式几乎被所有的 TOD 的设计者采纳。

虽然轨道交通站点同时拥有交通和商业功能的开发模式被认为是合理和可行的，但是会对其步行通行环境造成一定的限制，而步行的可达性、通行的质量及环境对于 TOD 非常重要，因此在轨道交通站点规划设计时需要解决多方面的困难。

六、TOD 的影响

TOD 的重要影响是通过提高人们对于公共交通出行的自我选择进而提高公共交通出行分担率。通过研究发现，自我选择对公交分担率具有非常重要的影响，这主要取决于公共交通政策是否注重解决影响居民选择公共交通出行的阻碍。因此，TOD 实施过程中应当注重允许居民方便地进出公交导向的邻里社区中。

地价的提升是 TOD 对经济利益影响的重要反映。虽然，合理的规划、网络的发展以及整个系统的成熟度的提高往往也是地价提升的重要因素。不过 TOD 的经济利益的产生必须基于一定的有利环境，通常为经济快速发展、交通状况拥挤的地区。经验表明，如果一个地区经济增速较快、交通状况恶化，那么通过对公共交通站点周边开展紧凑的、混合利用开发，可以吸引相当数量的小汽车出行人群去选择公共交通出行，从而降低交通拥堵、改善环境质量。

　　TOD 的潜在利益受多种因素共同作用影响，并非仅靠一个地区的经济或交通条件就能独立影响。那些房地产市场条件良好并且实施了长远规划地区的土地会随着系统网络拓展产生更大的增值。

附录 A

TOD评价指标权重打分结果

指标权重打分结果

类 别	序号	指标项目	单 位	权重（%）
\multicolumn{5}{c}{专家所在城市：长沙}				
城市公共交通引导城市发展指标	1	城市人口密度 X_1	人/km²	4
	2	城市人口年龄结构 X_2	岁	6
	3	人均家庭交通及居住年度总支出 X_3	元	3
	4	千人私人小汽车拥有量 X_4	辆/千人	5
	5	早晚高峰时段小汽车平均出行速度 X_5	km/h	3
	6	早晚高峰时段公共交通平均出行速度 X_6	km/h	8
	7	城镇居民年度人均可支配收入 X_7	元	4
	8	城镇居民人均现住房总建筑面积 X_8	m²/人	3
	9	每万人城市建设用地面积 X_9	km²/万人	3
	10	人均人行道面积 X_{10}	m²/人	5
	11	万人自行车道里程 X_{11}	km/万人	6
	12	人均道路面积 X_{12}	m²/人	4
	13	城市公共交通机动化出行分担率 X_{13}	%	8
	14	城市万人公共交通车辆保有量 X_{14}	辆/万人	6
	15	地均 GDP X_{15}	亿元/km²	5
	16	城市公共交通规划编制和实施情况 X_{16}	—	7
	17	公共交通优先发展配套政策制定情况 X_{17}	—	6
	18	地均固定资产投资 X_{18}	亿元/km²	2
	19	交通运输业固定资产投资 X_{19}	万元	5
	20	公共交通用地综合开发制度 X_{20}	—	7
		共计		100
\multicolumn{5}{c}{专家所在城市：郑州}				
城市公共交通引导城市发展指标	1	城市人口密度 X_1	人/km²	5
	2	城市人口年龄结构 X_2	岁	8
	3	人均家庭交通及居住年度总支出 X_3	元	2
	4	千人私人小汽车拥有量 X_4	辆/千人	4
	5	早晚高峰时段小汽车平均出行速度 X_5	km/h	4
	6	早晚高峰时段公共交通平均出行速度 X_6	km/h	7
	7	城镇居民年度人均可支配收入 X_7	元	3
	8	城镇居民人均现住房总建筑面积 X_8	m²/人	4
	9	每万人城市建设用地面积 X_9	km²/万人	2
	10	人均人行道面积 X_{10}	m²/人	7

续上表

类　别	序号	指　标　项　目	单　位	权重（%）
城市公共交通引导城市发展指标	11	万人自行车道里程 X_{11}	km/万人	5
	12	人均道路面积 X_{12}	m²/人	3
	13	城市公共交通机动化出行分担率 X_{13}	%	6
	14	城市万人公共交通车辆保有量 X_{14}	辆/万人	7
	15	地均 GDP X_{15}	亿元/km²	6
	16	城市公共交通规划编制和实施情况 X_{16}	—	8
	17	公共交通优先发展配套政策制定情况 X_{17}	—	5
	18	地均固定资产投资 X_{18}	亿元/km²	3
	19	交通运输业固定资产投资 X_{19}	万元	6
	20	公共交通用地综合开发制度 X_{20}	—	5
共计				100
专家所在城市：济南				
城市公共交通引导城市发展指标	1	城市人口密度 X_1	人/km²	5
	2	城市人口年龄结构 X_2	岁	5
	3	人均家庭交通及居住年度总支出 X_3	元	2
	4	千人私人小汽车拥有量 X_4	辆/千人	6
	5	早晚高峰时段小汽车平均出行速度 X_5	km/h	4
	6	早晚高峰时段公共交通平均出行速度 X_6	km/h	7
	7	城镇居民年度人均可支配收入 X_7	元	5
	8	城镇居民人均现住房总建筑面积 X_8	m²/人	4
	9	每万人城市建设用地面积 X_9	km²/万人	2
	10	人均人行道面积 X_{10}	m²/人	6
	11	万人自行车道里程 X_{11}	km/万人	5
	12	人均道路面积 X_{12}	m²/人	3
	13	城市公共交通机动化出行分担率 X_{13}	%	6
	14	城市万人公共交通车辆保有量 X_{14}	辆/万人	7
	15	地均 GDP X_{15}	亿元/km²	6
	16	城市公共交通规划编制和实施情况 X_{16}	—	6
	17	公共交通优先发展配套政策制定情况 X_{17}	—	7
	18	地均固定资产投资 X_{18}	亿元/km²	3
	19	交通运输业固定资产投资 X_{19}	万元	6
	20	公共交通用地综合开发制度 X_{20}	—	5
共计				100

续上表

类别	序号	指标项目	单位	权重（%）
专家所在城市：武汉				
城市公共交通引导城市发展指标	1	城市人口密度 X_1	人/km²	3
	2	城市人口年龄结构 X_2	岁	7
	3	人均家庭交通及居住年度总支出 X_3	元	4
	4	千人私人小汽车拥有量 X_4	辆/千人	4
	5	早晚高峰时段小汽车平均出行速度 X_5	km/h	5
	6	早晚高峰时段公共交通平均出行速度 X_6	km/h	7
	7	城镇居民年度人均可支配收入 X_7	元	6
	8	城镇居民人均现住房总建筑面积 X_8	m²/人	4
	9	每万人城市建设用地面积 X_9	km²/万人	4
	10	人均人行道面积 X_{10}	m²/人	4
	11	万人自行车道里程 X_{11}	km/万人	4
	12	人均道路面积 X_{12}	m²/人	5
	13	城市公共交通机动化出行分担率 X_{13}	%	6
	14	城市万人公共交通车辆保有量 X_{14}	辆/万人	4
	15	地均GDP X_{15}	亿元/km²	4
	16	城市公共交通规划编制和实施情况 X_{16}	—	5
	17	公共交通优先发展配套政策制定情况 X_{17}	—	8
	18	地均固定资产投资 X_{18}	亿元/km²	4
	19	交通运输业固定资产投资 X_{19}	万元	4
	20	公共交通用地综合开发制度 X_{20}	—	8
共计				100
专家所在城市：乌鲁木齐				
城市公共交通引导城市发展指标	1	城市人口密度 X_1	人/km²	3
	2	城市人口年龄结构 X_2	岁	8
	3	人均家庭交通及居住年度总支出 X_3	元/人	5
	4	千人私人小汽车拥有量 X_4	辆/千人	3
	5	早晚高峰时段小汽车平均出行速度 X_5	km/h	4
	6	早晚高峰时段公共交通平均出行速度 X_6	km/h	6
	7	城镇居民年度人均可支配收入 X_7	元	6
	8	城镇居民人均现住房总建筑面积 X_8	m²/人	5
	9	每万人城市建设用地面积 X_9	km²/万人	4
	10	人均人行道面积 X_{10}	m²/人	4

续上表

类 别	序号	指标项目	单位	权重（%）
城市公共交通引导城市发展指标	11	万人自行车道里程 X_{11}	km/万人	4
	12	人均道路面积 X_{12}	m²/人	6
	13	城市公共交通机动化出行分担率 X_{13}	%	6
	14	城市万人公共交通车辆保有量 X_{14}	辆/万人	4
	15	地均 GDP X_{15}	亿元/km²	6
	16	城市公共交通规划编制和实施情况 X_{16}	—	6
	17	公共交通优先发展配套政策制定情况 X_{17}	—	5
	18	地均固定资产投资 X_{18}	亿元/km²	4
	19	交通运输业固定资产投资 X_{19}	万元	6
	20	公共交通用地综合开发制度 X_{20}	—	5
		共计		100
		专家所在城市：哈尔滨		
城市公共交通引导城市发展指标	1	城市人口密度 X_1	人/km²	7
	2	城市人口年龄结构 X_2	岁	5
	3	人均家庭交通及居住年度总支出 X_3	元	4
	4	千人私人小汽车拥有量 X_4	辆/千人	4
	5	早晚高峰时段小汽车平均出行速度 X_5	km/h	5
	6	早晚高峰时段公共交通平均出行速度 X_6	km/h	7
	7	城镇居民年度人均可支配收入 X_7	元	3
	8	城镇居民人均现住房总建筑面积 X_8	m²/人	5
	9	每万人城市建设用地面积 X_9	km²/万人	4
	10	人均人行道面积 X_{10}	m²/人	4
	11	万人自行车道里程 X_{11}	km/万人	4
	12	人均道路面积 X_{12}	m²/人	3
	13	城市公共交通机动化出行分担率 X_{13}	%	6
	14	城市万人公共交通车辆保有量 X_{14}	辆/万人	5
	15	地均 GDP X_{15}	亿元/km²	4
	16	城市公共交通规划编制和实施情况 X_{16}	—	5
	17	公共交通优先发展配套政策制定情况 X_{17}	—	7
	18	地均固定资产投资 X_{18}	亿元/km²	4
	19	交通运输业固定资产投资 X_{19}	万元	6
	20	公共交通用地综合开发制度 X_{20}	—	8
		共计		100

续上表

类别	序号	指标项目	单位	权重（％）
专家所在城市：南京					
城市公共交通引导城市发展指标	1	城市人口密度 X_1	人/km²	4
	2	城市人口年龄结构 X_2	岁	4
	3	人均家庭交通及居住年度总支出 X_3	元	6
	4	千人私人小汽车拥有量 X_4	辆/千人	3
	5	早晚高峰时段小汽车平均出行速度 X_5	km/h	6
	6	早晚高峰时段公共交通平均出行速度 X_6	km/h	9
	7	城镇居民年度人均可支配收入 X_7	元	3
	8	城镇居民人均现住房总建筑面积 X_8	m²/人	5
	9	每万人城市建设用地面积 X_9	km²/万人	4
	10	人均人行道面积 X_{10}	m²/人	6
	11	万人自行车道里程 X_{11}	km/万人	4
	12	人均道路面积 X_{12}	m²/人	3
	13	城市公共交通机动化出行分担率 X_{13}	％	7
	14	城市万人公共交通车辆保有量 X_{14}	辆/万人	6
	15	地均 GDP X_{15}	亿元/km²	6
	16	城市公共交通规划编制和实施情况 X_{16}	—	5
	17	公共交通优先发展配套政策制定情况 X_{17}	—	5
	18	地均固定资产投资 X_{18}	亿元/km²	4
	19	交通运输业固定资产投资 X_{19}	万元	4
	20	公共交通用地综合开发制度 X_{20}	—	6
共计				100
权重平均值					
城市公共交通引导城市发展指标	1	城市人口密度 X_1	人/km²	5
	2	城市人口年龄结构 X_2	岁	6
	3	人均家庭交通及居住年度总支出 X_3	元	4
	4	千人私人小汽车拥有量 X_4	辆/千人	4
	5	早晚高峰时段小汽车平均出行速度 X_5	km/h	5
	6	早晚高峰时段公共交通平均出行速度 X_6	km/h	7
	7	城镇居民人均年度可支配收入 X_7	元	4
	8	城镇居民人均现住房总建筑面积 X_8	m²/人	4
	9	每万人城市建设用地面积 X_9	km²/万人	3
	10	人均人行道面积 X_{10}	m²/人	5

续上表

类 别	序号	指 标 项 目	单 位	权重（%）
城市公共交通引导城市发展指标	11	万人自行车道里程 X_{11}	km/万人	5
	12	人均道路面积 X_{12}	m²/人	4
	13	城市公共交通机动化出行分担率 X_{13}	%	6
	14	城市万人公共交通车辆保有量 X_{14}	辆/万人	6
	15	地均 GDP X_{15}	亿元/km²	5
	16	城市公共交通规划编制和实施情况 X_{16}	—	6
	17	公共交通优先发展配套政策制定情况 X_{17}	—	6
	18	地均固定资产投资 X_{18}	亿元/km²	4
	19	交通运输业固定资产投资 X_{19}	万元	5
	20	公共交通用地综合开发制度 X_{20}	—	6
共计				100

附录 B

TOD 评价指标的区间测度范围

济 南 市

指 标 X	区 间
城市人口密度 X_1（人/km²）	0～4000
城市人口年龄结构（年龄中位数）X_2（岁）	20～40 (30)
人均家庭交通及居住年度总支出 X_3（元）	100～300
千人私人小汽车拥有量 X_4（辆/千人）	100～300
早晚高峰时段小汽车平均出行速度 X_5（km/h）	10～16
早晚高峰时段公共交通平均出行速度 X_6（km/h）	10～18
城镇居民年度人均可支配收入 X_7（元）	0～60000
城镇居民人均现住房总建筑面积 X_8（m²/人）	33～45
每万人城市建设用地面积 X_9（km²/万人）	0～2
人均人行道面积 X_{10}（m²/人）	0～3
万人自行车道里程 X_{11}（km/万人）	0～2
人均道路面积 X_{12}（m²/人）	0～30 (15)
城市公共交通机动化出行分担率 X_{13}（%）	0～60
城市万人公共交通车辆保有量 X_{14}（辆/万人）	0～20
地均 GDP X_{15}（亿元/km²）	0～3
城市公共交通规划编制和实施情况 X_{16}	0～1
公共交通优先发展配套政策制定情况 X_{17}	0～1
地均固定资产投资 X_{18}（亿元/km²）	0～3
交通运输业固定资产投资 X_{19}（亿元）	0～200
公共交通用地综合开发制度 X_{20}	0～1

深 圳 市

指 标 X	区 间
城市人口密度 X_1（人/km²）	5694～7500
城市人口年龄结构（年龄中位数） X_2（岁）	20～40 (30)
人均家庭交通及居住年度总支出 X_3（元）	1000～3000
千人私人小汽车拥有量 X_4（辆/千人）	200～350
早晚高峰时段小汽车平均出行速度 X_5（km/h）	20～30
早晚高峰时段公共交通平均出行速度 X_6（km/h）	15～30
城镇居民年度人均可支配收入 X_7（元）	0～70000
城镇居民人均现住房总建筑面积 X_8（m²/人）	33～40
每万人城市建设用地面积 X_9（km²/万人）	0～1.5
人均人行道面积 X_{10}（m²/人）	0～3
万人自行车道里程 X_{11}（km/万人）	0～4
人均道路面积 X_{12}（m²/人）	0～20 (15)
城市公共交通机动化出行分担率 X_{13}（%）	0～60
城市万人公共交通车辆保有量 X_{14}（辆/万人）	0～50
地均 GDP X_{15}（亿元/km²）	0～15
城市公共交通规划编制和实施情况 X_{16}	0～1
公共交通优先发展配套政策制定情况 X_{17}	0～1
地均固定资产投资 X_{18}（亿元/km²）	0～3
交通运输业固定资产投资 X_{19}（亿元）	0～600
公共交通用地综合开发制度 X_{20}	0～1

参 考 文 献

[1] 张梦婕, 孔博涵, 常春林. 新型城镇化的影响因素及评价[J]. 中国市场, 2015, (34): 152-154.

[2] 王姣娥, 金凤君, 莫辉辉. TOD 开发模式解析及研究述评[J]. 交通与运输, 2007, (z2): 19-22.

[3] David A Hensher, Peter Stopher, Philip Bullock. Service quality-developing a service quality index in the provision of commercial bus contracts [J]. Transportation Research Part A, 2003, 37: 499-517.

[4] Beirao G, Sarsfield-Cabral J A. Understanding attitudes towards public and private car: a qualitative study [J]. Transport Policy, 2007, 14(6): 478-489.

[5] 樊杰, 刘毅, 陈田, 等. 优化我国城镇化空间布局的战略重点与创新思路[J]. 中国科学院院刊, 2013, 28(1): 20-26.

[6] 王建涛, 伍晓红, 孙清. 超限径厚比下高强薄壁钢管混凝土柱抗震性能研究 [J]. 西安交通大学学报, 2020, 54(10): 151-159.

[7] 李程骅. 新型城镇化战略下的城市转型路径探讨[J]. 南京社会科学, 2013, (2): 7-13.

[8] 李凤军. 对公交引导城市发展的思考[J]. 城市交通, 2006, 4(02): 47-48.

[9] 黄新民, 吴晓. 公共交通建设与城市可持续发展[J]. 城市问题, 2007, (8): 37-41.

[10] 徐朝晖. 公交优先破解城市拥堵难题[N]. 金华日报, 2006-12-06(3).

[11] 2014 年城市公交市场发展现状[EB/OL]. http://www.chyxx.com/industry/201602/386867.html.

[12] 马隆·博内特, 尼古拉斯·康平. TOD 在圣迭戈[J]. 国外城市规划, 2000, (4): 38-41.

[13] 马强. 近年来北美关于 TOD 的研究进展[J]. 国外城市规划, 2003, 5(18): 45-50.

[14] 冯建栋, 王昊. 郑州市公交乘客特性及出行意愿调查分析[J]. 交通科技与经济, 2015, 17(4): 64-70.

[15] Hollie M. Lund, Robert Cervero, Richard W. Willson. Travel Characteristics of Trans-it-Oriented Development in California [M]. CalTrans Transport Grant, Oakland, California, 2004.

[16] Arrington, G. B, Cervero, R. TCRP Report 128: Effects of TOD on Housing, Parking, and Travel [R]. Transportation Research Board of the National Academies, Washington, D. C., 2008: 3.

[17] Tumlin, J. Millard-Ball, A. How to make transit-oriented development work [J]. Planning, 2003, 69(5): 14-19.

[18] Nasri A, Zhang L. Impact of metropolitan-level built environment on travel behavior [J]. Transportation Research Record Journal of the Transportation Research Board, 2012, 2323 (-1): 75-79.

[19] Zhang, M. Can transit-oriented development reduce peak-hour congestion? [J]. Transportation Research Record Journal of the Transportation Research Board, 2010, 2174 (-1) : 148-155.

[20] 张贝贝, 刘云刚. "卧城"的困境、转型与出路: 日本多摩新城的案例研究[J]. 国际城市规划, 2017, 32(1): 130-137.

[21] 高橋賢一. 多摩ニュータウン開発における計画と事業の変遷過程に関する研究-職住近接型ニュータウンの萌芽過程と計画·事業手段の変遷- [J]. 土木史研究, 1993, 13: 129-144.

[22] 東京都都市整備局. 多摩 NT 地区の人口動向[R/OL]. (2011-06-29) http://www.toshiseibi.metro.tokyo.jp/bosai/tama/pdf/tama09.pdf.2018-9-30.

[23] 代艳萍. 国内外 TOD 开发案例分析及昆明 TOD 现状及实施建议[J]. 价值工程, 2016, 35(12): 17-23.

[24] 李华东, 王晓京. 城市空间与交通——哥本哈根的策略与实践[J]. 建筑学报, 2011, (1): 5-9.

[25] Robert Cervero. The Transit Metropolis: A Global Inquiry [M]. Washington, D. C: Island Press, 1998.

[26] 赵坚, 赵云毅. "站城一体"使轨道交通与土地开发价值最大化[J]. 北京交通大学学报(社会科学版), 2018, 17(4): 38-53.

[27] 吴晓. 斯德哥尔摩战后新城的规划建设及其启示[J]. 华中建筑, 2008(9): 164-170.

[28] 孙晓强. 浅谈斯德哥尔摩地铁交通[J]. 工程建设与设计, 2012, (S1): 96-100.

[29] 母睿. 国外公交导向发展保障措施及其借鉴性探讨[J]. 大连交通大学学报, 2014, 35(6): 102-105.
[30] 王丹, 王士君. 美国"新城市主义"与"精明增长"发展观解读[J]. 国际城市规划, 2007, (2): 61-66.
[31] 单皓. 美国新城市主义[J]. 建筑师, 2003, (3): 4-19.
[32] 董宏伟, 王磊. 美国新城市主义指导下的公交导向发展: 批判与反思[J]. 国际城市规划, 2008, (2): 67-72.
[33] Rui Mu, Martin de Jong. Establishing the conditions for effective transit-oriented devel-opment in China: the case of Dalian [J]. Journal of Transport Geography, 2012, 24(4): 234-249.
[34] Pierre Merlin, Jean-Pierre Traisnel. Energie, environnement et urbanisme durable (the Chinese translation edition) [M]. Paris: PUF, coll, 1996.
[35] 郑捷奋, 刘洪玉. 新加坡城市交通与土地的综合发展模式[J]. 经济研究, 2003, (11): 4-7.
[36] 朱炜. 公共交通发展模式对城市形态的影响[J]. 华中建筑, 2004, 5(22): 104-106.
[37] 金广君, 许光华. TOD发展模式解析及其创作实践[J]. 规划师, 2003, 19(12): 68-70.
[38] 林艳, 邓卫, 葛亮. 以公共交通为导向的城市用地开发模式 TOD 研究[J]. 交通运输工程与信息报, 2004, 2(4): 90-94.
[39] 刘丽亚, 邓大洪. 巴西的快速公交系统[J]. 中国建设信息, 2004, (7): 63-65.
[40] 冯浚, 徐康明. 哥本哈根 TOD 模式研究[J]. 城市交通, 2006, 4(2): 41-46.
[41] 林群, 宗传苙. 深圳公交导向发展规划实践[J]. 城市交通, 2006, 4(3): 5-10.
[42] 于百勇. "轨道主导型"TOD: 南京城市轨道交通可持续发展的支点[J]. 城市规划, 2006, (5): 43-48.
[43] 吴良镛. 大北京地区空间发展规划遐想[J]. 北京规划建设, 2001, (1): 9-12.
[44] 齐康. 我看城市[J]. 现代城市研究, 2002, (6): 4-7.
[45] 梁鹤年. 城市理想与理想城市[J]. 城市规划, 1999, 23(7): 24-30.
[46] 杨吾扬, 梁进社. 高等经济地理学[M]. 北京: 北京大学出版社, 1997, 4.
[47] 周众, 徐建刚. "数字城市"对我国城市交通和土地利用的影响研究[A]. 中国国际数字城市建设技术研讨会暨 21 世纪数字城市论坛, 2001, 9.
[48] 曹小曙, 薛德升, 阎小培. 城市交通运输地理发展趋势[J]. 地理科学, 2006, 26(1): 111-117.
[49] 陆化普. 城市土地利用与交通系统的一体化规划[J]. 清华大学学报(自然科学版), 2006, 46(9): 1499-1504.
[50] 陈智慧. 论绿色交通与交通的可持续发展[J]. 现代城市研究, 2003, (S2): 18-20.
[51] 陈秉钊. 21世纪的上海城市规划构想[J]. 城市规划学刊, 1996, (2): 1-9.
[52] 蔡源培. 台北捷运场站周边土地价格变动之研究[D]. 台北: 中山大学, 2003.
[53] 惠英. 轨道交通车站地区规划与建设[D]. 上海: 同济大学, 2001.
[54] 阎小培. 高密度开发城市的交通系统与土地利用[M]. 北京: 科学出版社, 2006.
[55] 郑明远. 轨道交通时代的城市开发[M]. 北京: 中国铁道出版社, 2006.
[56] 徐巨洲. 现实主义的城市土地利用与发展观[J]. 城市规划, 1999, 23(1): 9-13.
[57] 张志斌. 城市土地利用面临的挑战与对策探讨[J]. 人文地理, 1999, 14(3): 36-40.
[58] 钱林波. 城市土地利用混合程度与居民出行空间分布[J]. 城市研究, 2000, (5): 17-20.
[59] 游士兵, 任静儒, 赵雨. 我国人口老龄化加速发展对城市化发展速度的影响[J]. 中国人口资源与环境, 2016, 26(6): 169-176.
[60] 单刚, 王晓原, 王凤群. 城市交通与城市空间结构演变[J]. 城市问题, 2007, (9): 37-42.
[61] 汤飞. 基于城市规划经济学视角的新型城镇化发展策略研究[D]. 天津: 天津大学, 2014: 129-133.
[62] 纪颖波, 窦玉丹. 新型城镇化与交通基础设施协调发展[J]. 学术交流, 2016, (7): 127-132.

[63] 李善同, 王菲. 我国交通基础设施建设对城市化的影响及政策建议[J]. 重庆理工大学学报(社会科学), 2017, 31(4): 1-5.

[64] 江曼琦. 对城市群及其相关概念的重新认识[J]. 城市发展研究, 2013, 20(5): 30-35.

[65] 郭丽娜, 王友双. 城市土地利用与交通协调关系研究[J]. 山西科技, 2006, (6): 92-94.

[66] 陈红, 孙一挥, 徐永刚. 小城镇用地布局与交通系统互动关系研究[J]. 交通标准化, 2007, (5): 172-175.

[67] 赵晶. 适合中国城市的TOD规划方法研究[D]. 北京: 清华大学, 2008.

[68] 孔令琦. 城市交通导向型发展(TOD)及其成效评价研究 [D]. 西安: 长安大学, 2013.

[69] 顾克东. 公共交通导向的城市土地开发研究[D]. 南京: 东南大学, 2004.

[70] 吴心宏. 以公共交通发展引导上海城市发展[J]. 城市交通, 2008, 22(1): 16-17.

[71] Kang Zhou, Shiwei He, Rui Song, et al. Optimization Model and Algorithm of Empty Pallets Dispatching under the Time-Space Network of Express Shipment [J]. Journal of Advanced Transportation, 2018, 2018: 1-9.

[72] 李德毅. 知识表示中的不确定性[J]. 中国工程科学, 2000, 2(10): 73-79.

[73] 戴朝华, 朱云芳, 陈维荣, 等. 云遗传算法及其应用[J]. 电子学报, 2007, 35(7): 1419-1424.

[74] 张珂, 王玉凡, 苑津莎, 等. 基于云模型和关联分析法的电力营销目标市场模糊评价[J]. 华北电力大学学报, 2009, 36(4): 30-34.

[75] 陈琳, 朱敏, 李众. 基于LabVIEW的云模型发生器的设计与实现[J]. 淮海工学院学报(自然科学版), 2012, 21(4): 45-48.

[76] 周康. 铁路单元化快捷货运服务下的集装器具共用组织优化研究[D]. 北京: 北京交通大学, 2017: 50-53.

[77] 李德毅, 孟海军, 史雪梅. 隶属云和隶属云发生器[J]. 计算机研究与发展, 1995, 32(6): 15-20.

[78] 杨锋, 刘俊华, 刘春青. 新型城镇化背景下的城市可持续发展研究[J]. 标准科学, 2013, (6): 10-13.

[79] John S. Niles, Dick Nelson. Measuring the Success of Transit-Oriented Development Retail Market Dynamics and Other Key Determinants[C]. American Planning Association National Planning Conference, 1999: 1-15.

[80] GB Arrington. Statewide Transit-Oriented Development Study: Factors for Success in California[R]. California Department of Transportation, 2002: 140-171.

[81] Jan Wells, John Renne. Transit Villages in New Jersey: Recommendations for Assessment and Accountability [EB/OL]. http://policy.rutgers.edu/vtc/documents/TOD.Transit_Villages_Assessment_ Tool.pdf, 2003: 6-13.

[82] John Renne, Jan Wells. Transit-Oriented Development: Developing a Strategy to Measure Success (Research Results Digest 294) [EB/OL]. http://online pubs.trb.org/online pubs/nchrp/nchrp_rrd_294.pdf, 2005:11-23.

[83] Cervero, Robert et al. TCRP Report 102: Transit-Oriented Development in the United States: Experiences, Challenges, and Prospects [M]. Washington: TRB, 2004: 1-11, 445-463.

[84] 李宏, 王红梅, 史晓. 基于PSR与主成分分析法的哈尔滨市耕地集约利用评价及配置模式探讨[C]//. 2009中国土地学会学术年会论文集. 中国大地出版社: 2009, 654-659.

[85] 陈燕, 张盛. 上海公交都市建设情况和若干建议[J]. 交通与港航, 2015(4): 29-33.

[86] 吴放. 基于可持续宜居城市发展的TOD城市空间设计策略研究[D]. 杭州: 浙江大学, 2014: 172-261.

[87] 李国平, 杨军, 等. 网络化大都市——杭州市域空间发展新战略[M]. 北京: 中国建筑工业出版社, 2009: 125.

[88] 孙斌栋. 我国特大城市交通发展的空间战略研究: 以上海为例[M]. 南京: 南京大学出版社, 2009: 35-87.

[89] Cervero R, Landis J. Suburbanization of jobs and the journey to work[M]. Berkeley: The University of California Transportation Center, 1991.

[90] 过秀成, 吕慎. 大城市快速轨道交通线网空间布局[J]. 城市发展研究, 2001(1): 58-61.

[91] 顾克东. 公共交通导向的城市土地开发研究[D]. 南京: 东南大学, 2004: 25-31.

[92] Mehaffy M, Porta S, Rofe Y, Salingaros N. Urban nuclei and the geometry of streets: The 'emergent neighborhoods' model [J]. Urban Design International, 2010, 15 (1): 22-46.

[93] 斯蒂芬·马歇尔. 街道与形态[M]. 苑思楠, 译. 北京: 中国建筑工业出版社, 2011: 134-187.

[94] 彼得·卡尔索普, 杨保军, 张泉. TOD 在中国: 面向低碳城市的土地使用与交通规划设计指南[M]. 北京: 中国建筑工业出版社, 2014: 25-141.

[95] 铃木博明, 罗伯特·瑟夫洛. 公交引导城市转型[M]. 赵晖, 李春艳, 王书灵, 译. 北京: 中国建筑工业出版社 2013: 47-154.

[96] 钱林波. 城市土地利用混合程度与居民出行空间分布的关系研究——以南京主城为例[J]. 城市交通, 2000(1): 7-11.

[97] 扬·盖尔. 人性化的城市[M]. 欧阳文, 徐哲文, 译. 北京: 中国建筑工业出版社, 2010: 14-34.

[98] 潘海啸, 任春洋. 轨道交通与城市公共活动中心体系的空间耦合关系——以上海市为例[J]. 城市规划学刊, 2005, 4: 76-82.

[99] 李春亮. 轨道站点地区与城市公共中心区空间耦合程度研究[D]. 广州: 华南理工大学, 2010: 14-70.

[100] 日建设计站城一体开发研究会. 站城一体开发——新一代公共交通指向型城市建设[M]. 傅舒兰, 田乃鲁, 译. 北京: 中国建筑工业出版社, 2014.

[101] 冯浚, 徐康明. 哥本哈根 TOD 模式研究[J]. 城市交通, 2006(2): 41-46.

[102] OHNO H. Tokyo 2050 fiber city [R]. Tokyo: Ohno Laboratory, the University of Tokyo, 2006.

[103] 铃木博明, 瑟夫洛 R, 井内加奈子. 公交引导城市转型——公交与土地利用整合促进城市可持续发展[M]. 赵晖, 李春艳, 王书灵, 译. 北京: 中国建筑工业出版社, 2013.

[104] 李盛. 新加坡邻里中心及其在我国的借鉴意义[J]. 国外城市规划, 1999(4): 30-33.

[105] 徐涛. 基于溢价效应的城市轨道交通站点地区空间规划和发展模式研究[D]. 武汉: 武汉大学, 2016: 136-223.

[106] 邓明莉, 丁力敏. 城市轨道交通站点地区地域性设计策略——以青浦区外青松公路地铁站周边地块城市设计为例[J]. 规划师, 2014: 0(S4): 15-19.

[107] 周康, 彭虓, 宋瑞. 城市公共交通发展水平发布机制研究[J]. 公路, 2018, 63(12): 188-192.

[108] 杨燕燕. 广州地铁客流疏导信息发布机制初探[J]. 企业技术开发, 2014, 33(21): 66-67.

[109] 李菲菲. 基于风险认知和信息需求的食品安全信息发布机制研究[D]. 天津: 天津大学, 2012.

[110] 童燕. 构建货运公共信息平台[J]. 中国物流与采购, 2006, (1): 47-48.